"十二五"普通高等教育本科国家级规划教材
国家精品课程配套教材

创业通论
（第四版）

主　编　卢福财
副主编　梅小安　宁　亮

CHUANGYE
TONGLUN

The General
Theory of
Entrepreneurship

中国教育出版传媒集团
高等教育出版社·北京

内容提要

本书是"十二五"普通高等教育本科国家级规划教材和国家精品课程配套教材。

本书主要内容包括：导论，创新、企业家精神与创业精神，创业机会，商业模式，创业团队，创业计划，创业资源与创业融资，创业企业管理，大学生创业。本书通俗易懂，关注中国故事，配有大量案例，并通过二维码链接了重要知识点的讲解视频。

本书适合作为高等院校创新创业教育教学用书，也可作为社会人士参考用书。

图书在版编目（CIP）数据

创业通论 / 卢福财主编. —4版. —北京：高等教育出版社，2023.3（2025.1重印）

ISBN 978-7-04-060157-2

Ⅰ. ①创… Ⅱ. ①卢… Ⅲ. ①创业–高等学校–教材 Ⅳ. ①F241.4

中国国家版本馆 CIP 数据核字（2023）第 035306 号

| 策划编辑 | 刘自挥 | 熊柏根 | 责任编辑 | 熊柏根 | 封面设计 | 张文豪 | 责任印制 | 高忠富 |

出版发行	高等教育出版社		网　　址	http://www.hep.edu.cn
社　　址	北京市西城区德外大街4号			http://www.hep.com.cn
邮政编码	100120		网上订购	http://www.hepmall.com.cn
印　　刷	上海新艺印刷有限公司			http://www.hepmall.com
开　　本	787mm×1092mm　1/16			http://www.hepmall.cn
印　　张	14.75		版　　次	2007年10月第1版
字　　数	314千字			2023年3月第4版
购书热线	010-58581118		印　　次	2025年1月第5次印刷
咨询电话	400-810-0598		定　　价	34.00元

本书如有缺页、倒页、脱页等质量问题，请到所购图书销售部门联系调换

版权所有　侵权必究
物　料　号　60157-00

前　言

"科技是第一生产力、人才是第一资源、创新是第一动力",党的二十大报告高度重视科技人才、创新创业人才的培养,对高校的创新创业教育提出了新的要求。为了普及创业知识,提高创业技能,我们对《创业通论》(第三版)进行了修订,旨在培养广博知识、开阔视野,能够将青春写在中国大地上的创新创业型人才。

《创业通论》教材自2007年第一版问世,经不断修订完善,取得了不少教学成果。2010年,以教材为基础的相关专业课程申报国家精品课程成功;2015年,教材第二版被评为"十二五"普通高等教育本科国家级规划教材。为了适应新时代的教学要求,我们对《创业通论》教材进行再次修订。

本次修订对框架结构进行了调整,在第三版的基础上增加了撰写创业计划书的基础知识。全书共分三个部分9章,第一部分(第一章与第二章)着重阐释创新创业的相关概念和导入创新创业的理念精神;第二部分(第三、四、五、六、七、八章)按创业的一般过程将创业机会识别、商业模式设计、创业团队建设、计划书撰写、创业资源配置及创业后企业管理等必备知识各成一章进行编写;第三部分(第九章)编写了大学生群体创业过程中关心的政策及活动。

作为一本通识类教材,我们在编写过程中非常注重内容的简约通俗,突出阐释创业过程中需要掌握的基本知识点,使其易于学习和掌握;融入党的二十大精神,立足课程思政教育,非常注重突出时代主题,讲好中国故事,选取了大量近期的中国案例,贴近大学生的生活实际;非常注重学练结合,在课后安排有大量的习题及案例,利于创业思维及精神的培养。同时,本教材配有慕课资源,学生可登录中国大学MOOC网站(www.icourse163.org),在线学习江西财经大学"创业管理"课程;教材中通过二维码链接了重要知识点的讲解视频,利于学生掌握要点。

在本书的编写与修订过程中,我们参考了大量的国内外专家学者的研究成

前　言

果,并从中借鉴和吸收了许多有价值的理论和观点。在此,我们对所有的文献作者表示衷心的感谢!

《创业通论》(第四版)由卢福财任主编,梅小安、宁亮任副主编。参加编写的人员和具体分工为:第一章由卢福财编写;第二章由郭英编写;第三章由刘克春编写;第四章由周林编写;第五章由何炜编写;第六章、第七章由梅小安编写;第八章由赖勤编写;第九章由宁亮编写。

本书主要为高校各类专业的学生编写,广大有志于创业的社会人士也可参考此书。由于作者的水平有限,书中尚存许多不足之处,恳请广大读者和专家学者批评指正。

编　者

于江西财经大学蛟桥园

2023 年 3 月

目 录

第一章 导论 ··· 001

    学习目标 / 001

    考核要求 / 001

    引导案例 张一鸣的创业史 / 002

    第一节 创业概述 / 002

    第二节 创业者 / 009

    第三节 创业教育 / 017

    本章小结 / 023

    课堂讨论 / 024

    案例分析 / 024

第二章 创新、企业家精神与创业精神 ····················· 027

    学习目标 / 027

    考核要求 / 027

    引导案例 新东方的转型之路 / 028

    第一节 创新概述 / 029

    第二节 企业家与企业家精神 / 033

    第三节 创业精神与创业伦理 / 039

    第四节 社会创业与绿色创业 / 045

    本章小结 / 051

    课堂讨论 / 051

    案例分析 / 052

第三章 创业机会 ··· 054

    学习目标 / 054

    考核要求 / 054

    引导案例 填补市场的空隙 / 055

    第一节 创业机会概述 / 055

    第二节 创业机会的识别与评价 / 067

    本章小结 / 074

    课堂讨论 / 075

目　录

案例分析 / 075

第四章　商业模式 …… 078

学习目标 / 078

考核要求 / 078

引导案例　小米科技商业模式 / 079

第一节　商业模式概述 / 080

第二节　商业模式设计 / 085

第三节　商业模式创新 / 092

本章小结 / 097

课堂讨论 / 098

案例分析 / 098

第五章　创业团队 …… 101

学习目标 / 101

考核要求 / 101

引导案例　易步的昙花一现 / 102

第一节　创业团队组建 / 103

第二节　创业团队领导 / 108

第三节　创业团队激励 / 112

本章小结 / 115

课堂讨论 / 116

案例分析 / 116

第六章　创业计划 …… 119

学习目标 / 119

考核要求 / 119

引导案例　凭一纸计划书成功获得500万投资 / 120

第一节　创业计划概述 / 120

第二节　创业计划的内容 / 127

第三节　创业计划的编制 / 133

本章小结 / 136

课堂讨论 / 137

案例分析 / 137

第七章　创业资源与创业融资 …… 139

学习目标 / 139

考核要求 / 139

引导案例　每日优鲜危局 / 140

第一节　创业资源 / 140

第二节　融资的基础知识 / 146

第三节　创业融资的需求 / 153

第四节　创业融资的原则与策略 / 165

本章小结 / 170

课堂讨论 / 171

案例分析 / 171

第八章　创业企业管理 …… 176

学习目标 / 176

考核要求 / 176

引导案例　员工："不加薪就离职" / 177

第一节　新创企业的成长 / 178

第二节　创业失败与重塑 / 185

第三节　二次创业 / 192

本章小结 / 196

课堂讨论 / 197

案例分析 / 197

第九章　大学生创业 …… 199

学习目标 / 199

考核要求 / 199

引导案例　从"知识界的淘宝"到"线上社会大学" / 200

第一节　大学生创业概述 / 201

第二节　大学生创业的准备 / 206

第三节　大学生成功创业 / 215

本章小结 / 223

课堂讨论 / 223

案例分析 / 223

主要参考文献 …… 225

专栏目录

专栏1-1	经典理论：创业过程的模型	008
专栏1-2	创客	013
专栏1-3	中国90后创业精英	015
专栏2-1	克里斯坦森：领先企业如何被新兴企业颠覆？	030
专栏3-1	蜜雪冰城魔性出圈	056
专栏3-2	明阳智能：全球能源转型中国方案	057
专栏3-3	大疆无人机的成功	069
专栏4-1	e袋洗的平台商业模式	084
专栏4-2	拼多多商业模式分析	089
专栏4-3	如家酒店以蓝海战略的思维创造商业模式的新价值	093
专栏5-1	数字化领导力构建	111
专栏7-1	尽职调查典型提纲	152
专栏7-2	常用的财务分析公式	160
专栏7-3	字节跳动的融资历程	170
专栏9-1	视美乐——我国第一家在校大学生创立的公司	201
专栏9-2	江西省大学生创新创业优惠政策	205
专栏9-3	大学生创业大赛	211
专栏9-4	大学生创业可以选择曲线创业	217
专栏9-5	孵化器的历史与现状	219
专栏9-6	大学生创业之互联网＋餐厅"饿了么"	221

第一章 导 论

学习目标

1. 掌握创业的概念
2. 理解创业者的概念
3. 了解创业教育概况

考核要求

要求学生能够了解互联网时代的创新创业案例,了解案例中的时代要素。

第一章 导 论

> **引导案例**

张一鸣的创业史

2012年,张一鸣创办今日头条,凭借"机器算法"这一颠覆式创新,在互联网江湖里,硬是杀出了一条成功之路。从一名程序员,到创业者,再到世界知名科技巨头的CEO,张一鸣一路狂奔,飞速成长。在2021胡润全球富豪榜中,张一鸣以3 500亿元人民币的财富进入中国富豪榜前五,排在全球第26位。在今日头条成功前,他还经历过四次创业。

第一次创业:2005年大学毕业,组建团队开发企业的协同办公系统,以失败告终。第二次创业:2006年,进入旅游搜索网站酷讯,负责酷讯搜索研发。2008年离开酷讯,去了微软。第三次创业:2008年9月,离开微软,以技术合伙人身份加入饭否创业,负责饭否的搜索、消息分发、热词挖掘、防作弊等方向。第四次创业:饭否被关闭后,2009年10月,张一鸣开始第一次独立创业,创办垂直房产搜索引擎"九九房"。

是什么支撑张一鸣不断创业呢?他总结道"在参与酷讯创业时,可能一天有几十万人搜索某一个特定东西的需求;在做海内饭否的时候,我体验到了社交产品的力量,它给人与人之间的交流分享带来了便利;在做今日头条时,一个月改变几千万人、每天改变一两千万人的信息获取效率。随着产品被更多人使用,每次使用的频率更高、时间更长,我的成就感就会不断地加强。而在这个过程中,我的期望值也在不断提高,以前可能有几万人使用,我就很高兴了,但现在肯定希望更多的人去使用。"

思考题: 张一鸣的创业史体现了创业的哪些特征?

创业已经成为经济发展与解决就业的重要途径,成为研究人员与公共政策决策者们的关注热点。创业不仅需要资金和知识,更重要的是需要一种创业精神,因此,创业者要取得成功,首先要把握创业的本质,提高创业的能力,尤其是培养自身的创业意识和创业精神。

第一节 创业概述

一、创业的概念

(一)广义的创业概念

创业有广义与狭义之分,广义的创业是指所有具有开拓性和创新性特征的、能够增进经济价值或社会价值的活动。

第一节　创　业　概　述

《辞海》关于创业的解释是：创立基业。《孟子·梁惠王》中有：君子创业垂统，可为继也。诸葛亮《出师表》中曰：先帝创业未半，而中道崩殂。这里的"创立基业"是广义的创业，"基业"指"事业的基础、根基"，既可以是"帝王之业、霸王之业"，也可以是百姓的家业和家产。"创业"即指开拓、创新的业绩，恰好与"守成"相对应，"守成"是指保持前人已有的成就和业绩。

关于"业"字，《现代汉语词典》有如下解释：行业；职业；学业；事业；产业等。由此看来，"业"字的内涵极为丰富。从性质上看，既可以是学业，也可以是产业，甚至是事业；从类别上看，有各行各业、各种职务和岗位，有所谓的"三百六十行"；从范围大小看，有个人的小业、家业，有集体的产业、企业、大业，国家和社会的各项事业；从过程看，"业"有草创阶段、发展阶段、成就阶段和保持阶段等。因此，"创业"的内涵也极为丰富，有性质、类别、范围、过程阶段等不同方面的区别和差异。

原江西省委书记孟建柱关于创业有一个独到的提法：百姓创家业、能人创企业、干部创事业。这一提法可以作为广义创业概念的一个很好注释。

由此可见，广义的创业概念具有如下特征：

(1) 创业主体的自主性。任何一项创业都必须由人来完成，承担创业责任的人就是创业主体，这个主体可能只是一个人，也可能是由几个人或一群人组成的团队。但无论这个主体是单个人还是一个团队，他们都具有独立地作出创业决定和创业计划以及采取创业行动的权利，只要他们的行为符合国家的法律、法规和政府的政策，就不受任何组织或个人的强迫或阻挠。

(2) 创业领域的广泛性。创业不仅仅在商业领域和产业领域中进行，创业也可以在教育、科技、文化、服务等各个社会领域中进行。社会的每一个领域中都存在创业的机会和可能，都有创业者大显身手的地方。

(3) 创业途径的多样性。我们不要简单地认为只有创办企业才是创业，其实创业的途径和方式多种多样。开工厂办公司是创业，开书店，办敬老院、托儿所也是创业；自己当老板是创业，帮别人开创新事业也是创业。是不是创业，判别的标准不是自己是不是法人代表，也不是从事的活动能不能给自己带来丰厚的经济报酬，而是从事的活动对社会是不是具有积极意义、是不是具有开创性或创新性特点。

(4) 创业手段的灵活性。手段是为目的服务的，创业方式的多样性决定了创业手段的灵活性，不同的创业方式应当采取不同的创业手段。可以用自己的资金创业，也可以借资、融资或贷款创业，还可以"借鸡生蛋""引水灌田""移花接木"和"众人拾柴"，但不管采用何种手段，都必须做到合法、高效，既取信于人也取信于己。

(5) 创业成果的可测性。由于创业的开创性或创新性特点，创业的成果具有不确定性。但是，不确定性并不等于不可测性。每一个创业主体在决定某项创业之前对选择的创业项目、创业方式和所采用的创业手段都必须心中有数，对可能遇到的困难和风险都必须有所了解并且做好应对措施。创业之初，创业者对创业的结果必须有一个比较清楚的预测；在每一个创业阶段结束之后，创业者对本阶段的创业成绩应当有一个准确的了解。在整个创业过程中，创业者应当经常性地对创业活动进行必要的评估,以保证创业预期目标的实现。

总之,广义的创业内容十分丰富,外延也非常广阔,创业形式多种多样,创业机会随处可见,创业手段灵活多样。

(二) 狭义的创业概念

狭义的创业是指创办企业,即指能够创造劳动岗位、增加社会财富的活动。关于狭义的创业同样具有不同的概念,我们列举下列具有代表性的概念:

(1) 罗伯特·荣斯戴特认为:创业是一个创造增长财富的动态过程。

(2) 霍华德·H.斯蒂文森认为:创业是一个人——不管是独立的还是在一个组织内部追踪和捕获机会的过程,这一过程与其当时控制的资源无关;创业可从六个方面的企业经营管理活动来理解:发现机会、战略导向、致力于机会、资源配置过程、资源控制、管理和回报。斯蒂文森进一步指出:创业就是察觉机会、追逐机会的意愿及获得成功的信心和可能性。

(3) 杰弗里·A.蒂蒙斯认为:创业是一种思考、推理和行为方式,这种行为方式是机会驱动、注重方法和与领导相平衡。创业导致价值的产生、增加、实现和更新,这不只仅与所有者,也与所有的参与者和利益相关者相关。

(4) 由美国巴布森商学院和英国伦敦商学院联合发起,加拿大、法国、德国、意大利、日本、丹麦、芬兰、以色列等10个国家的研究者应邀参加的"全球创业监测"项目,把创业定义为:依靠个人、团队或一个现有企业,来建立一个新企业的过程,如自我创业、一个新的业务组织或一个现有企业的扩张。

(5) 宋克勤认为,创业是创业者通过发现和识别商业机会,组织各种资源提供产品和服务,以创造价值的过程。

(6) 李志能等在他们的《创业学》中指出:创业是一个发现和捕捉机会并由此创造出新颖的产品、服务或实现其潜在价值的过程。这一观点对广义的创业概念作出了理论解释。

以上各个关于创业的概念虽然都具有广义创业的特征,但是它们的概念外延都限制在商业和产业领域中,其核心是捕捉商机,其目的是建立企业,其结果是实现价值(财富)增值,其效果是增加了劳动就业岗位,促进经济和社会发展。

从上述关于狭义创业的定义中,我们可以看出狭义创业概念的核心内容是:商业机会,价值(财富)增值,创立企业。

狭义创业与广义创业的区别主要有以下两点:

(1) 领域不同。广义创业的领域比狭义创业的领域要广泛得多,狭义创业的领域只是广义创业的领域的一部分。

(2) 目的不同。狭义创业的目的是追求(财富)价值的增值,其标志是赚取财富的数量,广义创业的目的是追求自我价值的实现,其标志是社会的认可度。所以,狭义的创业目的只是广义的创业目的的一种特殊表现形式。

二、创业的类型

按照不同的标准,可以将创业分成不同的类型。了解创业类型有利于我们在创业决策中进行比较,选择最适合自己条件的创业类型。

(一) 按创业所包含的自主产权的多少划分

如果我们按创业所包含的自主知识产权的多少分类,可以把创业分为创造型创业、创新型创业和继承型创业。

(1) 那些核心技术属于完全自主知识产权的创业活动被称为创造型创业,比如王选发明激光照排、袁隆平创立杂交水稻种植技术、比尔·盖茨创立微软、我国的"两弹一星"制造、美国的阿波罗登月行动、法国的协和飞机制造等。

(2) 那些在部分关键技术上有自主知识产权的创业活动被称为创新型创业,比如我国的大庆油田开发、三峡水利工程建设、歼击系列战斗机制造等。

(3) 继承型创业是指利用别人的核心技术和关键技术,运用自己的创新思维和开拓性行动进行的创业活动,大部分创业属于继承型创业。继承型创业构成了促进社会发展的基础,而创新型创业,特别是创造型创业是牵引社会前进的"火车头"。一个国家的创新型创业能力和创造型创业能力标志着这个国家的发展能力和竞争能力。

一个国家,要有大量的继承型创业,更要有自己的创新型创业和创造型创业,就像一列火车一样,既要有长长的车体更要有强大的车头。火车的动力是发动机,能量来自电能或热能,创业的动力是人才,能量来自创新。"创业过程的核心是创新精神",所以,创业的本质特征就是创新与开拓。

(二) 按创业的方式划分

狭义创业的类型还可以根据其创业的方式分为:

(1) 独立创业,即创业主体白手起家进行的创业;

(2) 母体脱离,即公司或企业内部的管理者从母公司中脱离出来,新成立一个独立的公司;

(3) 企业内创业,即企业的管理者或员工在企业内进行的创业,比如开拓新市场、发明新产品、创造新技术、采用新战略、实行新管理等。

三、创业的一般过程

创业的一般过程可以划分为六个阶段:创业动机的产生、创业机会的识别、资源的整合、企业的创建、新创企业管理、创业收获,如图1-1所示。

图 1-1 创业的一般过程

(一) 创业动机的产生

创业是有价值的创业机会与富有创业精神的人的结合,创业活动的主体是创业者。创业动机强烈的人会投入较大的精力探寻创业机会，或者说，由于潜在收益的诱惑，激发了创业动机，使之成为一名创业者或创业团队成员。

影响个人创业动机，或者说一个人是否能成为创业者，直接受三方面因素的影响。第一是个人特质。事实上，每个人都具有创业精神，但其创业精神的强度不同，强度的大小有遗传的成分，更受到环境的影响。温州人有强烈的创业动力，其中环境起到了很大作用，成功的创业者受到普遍的尊敬，人们可以随时与创业者接触，自然就培育了更多的创业者。这种情况在公司内部也是如此，勇于变革、创新的创业文化氛围会培养出更多的变革型领导者，通用电气公司就是典型的例子。第二是创业机会。创业机会的增多会形成巨大的利益驱动，促使更多的人创业。社会经济转型、技术进步等多方面的因素在使创业机会增多的同时，也降低了创业门槛，进而形成了更大的创业浪潮。第三是创业的机会成本。创业者创业的机会成本一般较低。也就是说，如果不创业而从事其他工作，他们获得的收入和需求的满足程度会比自己创业低。创业者的机会成本往往是他们的时间和劳动的投入。比较起来，那些在国有企业有较高的职位和稳定收入的人"下海"创业，似乎机会成本很高，但凭借他们的能力和经验，即使创业不成功，也不会有太大的损失，他们还可以谋求稳定的工作，实际上的机会成本并不高。

随着社会保障体系的建立和健全，以及产权体制改革的深化，原来因为体制差别形成的特殊利益会逐渐减少，并进一步降低创业成本，激发人们的创业动机。

（二）创业机会的识别

无论新创企业从事何种事业，创业者对机会的识别都起着举足轻重的作用。国家产业政策的调整、新技术的出现、人口和家庭结构的变化、人的物质精神的需要变化、流行等都可能形成商业机会。作为创业者，应该具有敏锐的嗅觉，能够及时准确地识别创业机会。

创业机会的识别可以分为两个层次：一方面，创业机会的把握离不开对宏观环境的分析；另一方面，创业机会的识别也需要对行业状况和已有资源进行分析。只有这样才能做到有的放矢，根据掌握的资源选择行业、确定项目和业务范围，这也是减少创业风险的需要。

（三）资源的整合

拥有新产品或服务的创意、识别到一个机会后，需要作出继续向前走的初步决定，针对创意或机会积极采取行动。创业之所以产生，是因为特定个体做出了创业决策并采取行动。在他们看来，理解创业者的动机是理解整个创业过程的关键。决定创建一个企业是一回事，实际去做是另外一回事。未来的创业者会发现他们必须整合一系列必要资源：基本信息（有关市场、环境和法律问题）、人力资源（合作者、最初的雇员）和财务资源。整合这些资源是创业过程极为关键的阶段，除非成功地完成这个阶段，否则无论多么有吸引力的机会，或者有多好的新产品和服务创意，创业都很难顺利进行。

（四）企业的创建

创业者在形成创意、识别机会、整合资源之后，就开始着手创建企业。企业的创建需要进行大量的准备工作，其中创业计划、创业融资和注册登记尤为关键。

一个别出心裁的创意、一个稍纵即逝的点子、一件意想不到的突发事件都有可能成为创业的契机，但创业的关键是看这些"创意""点子"和"事件"能否形成一个周密的创业计划。创业计划是对创建企业的基本思想的阐述以及相关事项的总体安排，通常以商业计划书的形式出现。

创业计划不仅是创业者对创业思想及具体事宜的归纳和整理，而且能够成为风险投资者选择项目的依据，直接影响新创企业的融资，尽管可供选择的融资渠道和融资方式很多，但是获得资金上的支持绝不是一件容易的事情。获得资金支持往往成为新创企业的"瓶颈"。因此，创业融资在企业的创建过程中至关重要。

当创业者完成创业计划并获得融资之后，就可以按照法定的程序进行注册登记。该部分包括确定企业的组织形式、设计企业名称系统、向工商行政管理机关提出企业登记注册申请、领取企业法人营业执照等内容。

（五）新创企业管理

新创企业在市场上的地位相对稳定后，面对市场需求的变化和竞争的升级，如何在保持原有技术、服务、管理等方面优势的前提下，在企业营销策略、组织调整、财务稳健管理等经营管理方面更上一层楼，是企业成长管理的重要内容。

根据企业成长的需要进行组织机构的调整，是新创企业成长过程管理的不可或缺的环节之一。因为新创企业的内外环境发生变化后，企业战略也必然要随之变化，而新的战略必须有相应的组织机构来支持和保证。

新创企业在成长中要不断寻找到最适合自己的细分市场作为目标市场，并集中自己的比较优势，创造出具有独特性质的新产品，以满足目标顾客群的需求。建立有效的营销体制，采用灵活的市场营销策略，逐步形成自己的经营特色和品牌。企业走向成熟的标志之一是能够建设好自己的品牌，形成名牌，在品牌、知识和企业文化等方面形成竞争优势。

新创企业在财务稳健的前提下取得的成长才是安全和可持续的。适度的负债与优化的财务结构是财务稳健的关键。企业要建立和健全财务监控体系，特别要抓好现金流量管理，确保财务结构的动态优化。

（六）创业收获

追求回报是创业活动的主要目的。对创业者来说，回报可能是多种多样的，对回报的满意程度在很大程度上取决于创业者的创业动机。对于创业者来说，创业动机并不唯一，多数创业者的创业动机首先是自己当老板，然后才是追求利润和财富，对这些人来说，当老板的感受就是回报。在最后的阶段，创业者选择一种退出策略，以

第一章 导论

收获他们通过时间投入、努力和才能所挣得的回报。有很多方法可以收获创业成功所带来的利益,创业者必须从中进行仔细选择,以便使利益最大化。对于以追求财富为主要动机的创业者来说,把自己创建的企业在短期内培养成为一家快速成长企业,并成功上市,可能是理想的获取回报的途径。

专栏 1-1 经典理论:创业过程的模型

加特纳模型

加特纳提出的创业管理模式,主要包括个人、组织、环境和创业过程四个方面。他提出所谓的创业管理其实就是对以上四方面的要素实现有效管理,通过它们之间自发组合,实现综合效用最大化。

加特纳提出的创业过程理论模型(图1-2)率先从创业过程复杂性出发,比较全面地概括了创业过程的构成要素,为后续的创业过程理论模型提供了雏形。然而,加特纳模型最主要的不足在于只对一系列的构成要素进行集合,使模型显得非常复杂,未能清晰阐释各要素之间的相互作用关系。

图 1-2 加特纳的创业过程理论模型

威廉模型

威廉试图改进加特纳模型,从影响新企业成败因素的视角提出了略有不同的创业过程理论模型(图1-3),包括人、机会、环境、风险与回报等要素。这一模型相对于加德纳模型而言,对于人的定义范围更广,提出除针对创业团队外,还包括提供关键服务和重要资源的外部人士,并且特别强调了机会对于创业的重要性,提出发掘机会、评估机会和掌握机会是创业过程的核心等观点。此外,威廉模型还提出了有关面对风险和追求创业回报也会直接影响创业行为的观点。然而,威廉模型仍然没有关注创业过程的动态性,因此缺乏对创业实践的解释力。

图 1-3 威廉的创业过程理论模型

蒂蒙斯模型

蒂蒙斯在他所著的《开创新企业》一书中,提出了新的创业过程理论模型(图1-4),他认为,成功的创业活动,必须将机会、团队和资源三要素进行最适当的搭配,并且要随着企业发展而相应做出动态平衡。机会、资源与团队是创业过程的关键构成要素，其中机会是创业过程的核心要素，创业过程实质上是发现与开发机会的过程；资源是创业过程的必要支持，是开发机会谋求收益的基础；团队是在创业过程中发现和开发机会、整合资源的主体，是新创企业的关键构成要素。

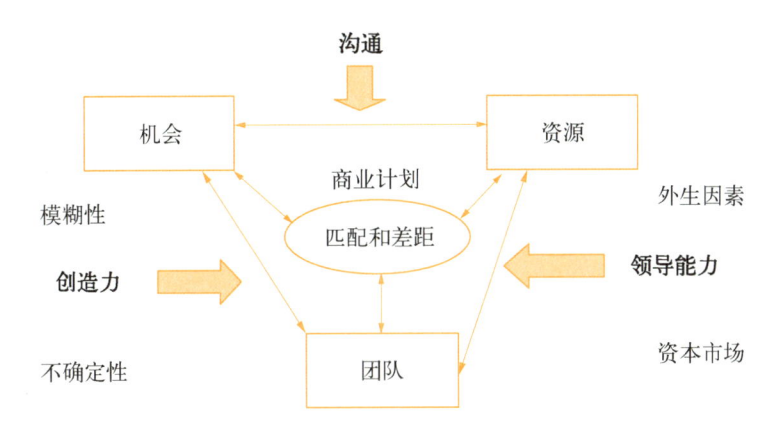

图 1-4 蒂蒙斯的创业过程理论模型

思考题：比较上述经典理论，请阐述创业的核心过程。

第二节 创 业 者

一、创业者的概念

创业者是指从事创业活动的人。由于创业有广义和狭义之分，所以创业者也有广义和狭义之别。广义的创业者是指在各种不同的领域和行业内创造性地工作并取得业绩的人。因此，广义的创业者不仅仅是企业家，它可能是工程师、医生、教师、保育员、公务员或清洁工等各种劳动者。但狭义的创业者一般是指创办企业或事业的企业家或领导人。

创业者与我们前面提到的创业主体在很大程度上是一致的，但也有区别。一方面，创业主体是相对于创业客体而言的，它是在创业者的概念提出来之前用的一个概念；另一方面，创业者是指创业主体中的个人，而创业主体可能还指进行创业的某一个组织或团体。

按照王树生的概念，创业者就是自主创业，在追求个人富足和自身价值实现的同时，创造社会财富和吸纳劳动力，切实为国家经济发展和社会进步作出积极贡献的群体。

创业者既是创新者，又是继承者。创业者不论是创建新企业，还是在原有企业中采用新战略、开发新产品、开辟新市场、引进新技术或运用新资源，都是不同程度的创新活动，因而创业者首先是创新者，要具有创新的思维和能力。同时，任何创新活动

第一章 导 论

都不能脱离实际,一方面要根据企业的原有条件、现实状况及未来发展方向去进行;另一方面,创业活动也是创业者本人的知识、经验和文化观念的反映,因此创业具有传承性,创业者也是继承者。

创业者既是生产者,又是消费者。创业是创建或运营经济实体,因而具有生产性。其生产的产品可以是有形的物质产品,也可以是无形的精神产品,但都应具有满足社会和人类某种需要的特性,否则,创业就是无价值的和无意义的,也就不能被称为创业。另外,创业既然是从事生产活动,就一定要消耗上游产品作为继续加工的原料。因而创业过程是生产活动和消费活动的统一体,创业者也就成为生产者和消费者的统一体。

创业者既是管理者,又是劳动者。创业者通常在企业中居于管理者的位置,从事企业的日常经营与战略决策。在竞争日益激烈的市场经济条件下,可以说,管理者掌管着企业生死存亡的命脉。因而创业者是企业的领导者和带头人,引领企业的发展方向。但同时,创业者又是普通的劳动者,具有普通劳动者的需要和特征。如希望通过诚实劳动获得收入,提高生活质量,博得相应的社会地位和社会承认与尊重,在劳动过程中实现自我价值等。

王树生的创业者概念不仅仍然属于狭义的创业者概念,而且与我们前面提到的创业主体概念相同。我们所指的创业者与创业主体的区别是个体与群体的区别,广义的创业者概念应当在这些特征基础上,更具普遍性,即不仅仅限于生产领域,也属于其他各个领域。

二、创业者的类型

(一)按创业类型划分

根据创业的类型,创业者也可相应地分为若干类型。对于进行创造型创业的创业者我们称之为创造型创业者;相应地,我们把其他两类创业者分别称为创新型创业者和继承型创业者。

固然所有创业者都具有一些共同的特征,比如,所有创业者都具有敢于探索、敢于承担风险的心理品格。但不同类型的创业者也存在一些不同的特点。比如,创造型创业者的创造力与创新能力一般要比继承型创业者强,继承型创业者的保持力可能比创造型创业者强。研究不同类型创业者的特性,可以帮助我们更好地甄别自己的创业个性,以利于更好地选择创业目标。

由于广义创业概念的宽泛性,上面提到的三种创业者类型概念也显得比较宽泛,为了使我们的分类更加具体一点,下面我们将从创业者的身份特征来进一步对创业者进行分类。

(二)按创业者身份划分

(1)自主创业者,即企业的创始人或事业的发起者。自主创业者从策划到实施、从企业或事业组织的组建到运行管理都担负着主要或领导责任。自主创业者一般都是企业或事业组织的法人代表,是直接创造劳动岗位的人。自主创业者的创业形式可以是单独创业,也可以是合伙创业;可以是母体脱离、另辟蹊径,也可以是独立创业、开宗立祖。自主创业者是创业大军中的中坚力量,是促进经济社会发展的先锋。

(2)从属创业者,即跟随自主创业者进行创业的人。从属创业者一般是自主创业者的合伙人或主要帮手,在大型企业或事业组织中一般是高层管理者。

(3)内部创业者,即在本职岗位上进行工作创新、管理创新、技术创新或新产品开发的人。内部创业者不同于前两类创业者的地方是,前两类创业者创造劳动岗位,而内部创业者不创造劳动岗位,但能使已有劳动岗位变得更有价值。内部创业者构成了创业大军的主体,是人数最多的创业队伍。

在自主创业者和内部创业者之中,既有创造型或创新型创业者也有继承型创业者,但作为从属创业者,由于他们对自主创业者的从属地位,使得他们很难成为创造型或创新型创业者。

三、创业者的职能

(1)探索、发现的职能。进取性和冒险性是所有创业者具有的共同特征,探索新事物、发现新机会是创业者的基本职能,任何一个创业者都会不停地探索与思考,以便发现机会。

(2)创新、创造的职能。创业者的好奇心和进取精神不仅仅停留在探索与发现的阶段,当机会降临时,创业者会毫不迟疑地抓住机会将其转变成事实。而且,创业者常常不满足于现存的机会,他们不断地创造机会,将潜在的机会转变成现实的机会。因此,创业者具有创新和创造的职能。

(3)实践、管理的职能。创业者是忠实的实践者,他们相信任何理想都必须通过实际努力才能实现,他们认为,不付诸实践的想法只是空想或者幻想。因此,创业者都是实践家或践行者。创业者通过领导、管理企业或事业组织或者亲自参与企业或事业组织的运营来实现自己的想法,达成自己的目标。

(4)改进、提高的职能。创业艰难,守业更难,每一个成功的创业者大概都明白这个道理。只顾创业不顾守业的创业者即便成功也难以保持立于不败之地。无论是初创的企业还是事业,都不可能完美,一定存在某些缺陷,如果不加以改进和完善,成功的可能性就要大打折扣。所以,创业者决不能忘记改进和提高的职能。

(5)发展、进步的职能。任何一个创业者都不会满足于已有的成绩,随着创业成就的获得,创业者的志向会越来越大,他们会追求更高的目标,寻求更大的发展。这就是创业者的发展、进步职能。

四、创业者与其他工作者的区别

(一)创业者与企业家的区别

第一,创业者不一定是企业家,根据我们对创业者的定义,创业者可能是企业创始人，也可能是事业组织的领导人，还可能是医生、教师、工程师、公务员或服务员等。第二，企业家一般被理解为是成功的企业创始人，它不仅创办了企业，而且还获得了成功，取得了成就。而创业者，即使创办了企业，也不一定取得成功，他可能还是一个默默无闻的小人物，正在进行艰苦奋斗。第三，大型国有企业的领导人可以称为企业家，但是他们不是自主创业者，有的人可能也不是广义创业者。

（二）创业者与科学家的区别

创业者不一定是科学家，这个道理很明白。但科学家一定是广义的创业者，因为科学家一定在他的岗位上做出了非凡的业绩，根据广义创业者的定义，创办企业、开辟事业、创造业绩的人都是创业者，所以科学家一定是创业者。

（三）创业者与发明家的区别

跟创业者与科学家的区别一样，创业者不一定是发明者，但发明者一定是创业者。然而，前面我们讲过创业与创新的关系，创业的核心是创新，那么创新与发明究竟有什么不同呢？

前面说过，通过人的努力，创造出前人没有过的东西就叫作创新，而这里"东西"一词的含义很广，可以是理论、方法、技术，也可以是制度、思想、组织，还可以是其他有形的或无形的东西。所以，创新是一个比较宽泛的概念。但是，发明一般是专指技术发明，发明是有专利权的，受专利法保护。当然，某些创新，比如知识创新也有知识产权，也受法律保护。

由此可见，创新比发明更加普遍，我们可以要求人人有创新，但决不能要求人人有发明。除此以外，"发明家以他们的创造力著称，而常常缺乏必要的管理技巧和商业技能"。

（四）创业者与管理者的区别

自主创业者都是本企业或本事业组织的管理者，但管理者不一定是创业者，他们可能是守业者，也可能是雇员。广义的创业者也不一定是管理者，他们可能不担负任何管理职责。但是，作为一个有抱负的管理者应该努力使自己不仅忠实地履行管理职责，同时还要发挥自己的创新精神和创造能力，创造出新的业绩，成为创业者。

"经理人控制、监督并确保企业的顺利运行，他们的管理技巧很高超，效率也很高，但不一定具有创造力。虽然经理人和创业者的管理技巧有些部分是重叠的，但经理人主要是为了守业，而创业者主要是受商机驱动。"

（五）创业者与领导人的区别

领导人一般是指政治组织、经济组织或事业组织中的，担负起决策或组织、指挥责任的人，是一个组织的最高管理者或某一方面的最高管理者。自主创办企业或事业组织的领导人就是自主创业者或主要从属创业者。因此，创业者与领导人的区别是显而易见的。

第二节 创业者

专栏1-2 创客

创客的含义

"创客"英文词汇为"maker",特指酷爱科技、热衷实践的个人或群体。他们常以分享创意和交流思想为乐。"创客"一词由2009年科幻作家科利·多克托罗创作的同名小说——Makers。小说预言:"资本主义正在自食其果。市场在运行,而市场一旦运行起来就会把一切东西商品化或淘汰掉。这并非说无钱可挣,但是从整齐划一的生产线那里挣不到。大公司主导的时代已经终结。创建小企业的无数机遇有待于拥有创意的聪明人去发现和开拓。这个有待'发现和开拓'的世界正是创客大有可为的世界。"小说全文没有使用makers这一词语,但其名称为Makers显然是用来统称小说中所描述的这样一群人:即便经济走向崩溃也要快乐地摆弄计算机硬件和软件以不断创新的人。

在中文释义里,"创"的含义是:开始做,创造,首创,开创,创立。它体现了一种积极向上的生活态度,同时有一种通过行动和实践去发现问题和需求,并努力找到解决方案的含义在里面;"客"则有客观、客人、做客的意思。客观,体现的是一种理性思维。客人、做客则体现了人与人之间的一种良性互动关系,有一种开放与包容的精神在里面,而开放与包容体现在行动上就是乐于分享。创客的标准定义其实是未经最终确认的,有着多元化的理解,目前所说的中国创客也是不仅包含了"硬件再发明"的科技达人,还包括了软件开发者、艺术家、设计师等诸多领域的优秀代表。

创客理念

创客理念是在创客兴起过程中由两个标志性事件所宣扬开来的:一是由戴尔·多尔蒂于2005年创办期刊 Make;另一个是克里斯·安德森于2012年出版专著 Makers: The New Industrial Revolution。正是这一刊一书启迪了普通大众对创客的理解和热望。2012年,克里斯·安德森所著中文版《创客:新工业革命》迅速登陆中国,引起国内大众及相关专家对创客的关注与研究。安德森不仅是成功的杂志主编,同时也是身体力行的真正创客,创建了DIY Drone社区和3D Robotics公司,与人分享创意并专门开发航空机器人。

分享是创客极为重要的一种理念。没有分享,就没有人类社会的整体进步。作为人类社会的一分子,分享和传播知识是每个人应尽的义务,将分享作为乐趣则是一种良好的品格和习惯。但分享绝不意味着不尊重别人的劳动成果,或鼓励抄袭和盗版。恰恰相反的是,分享必须建立在尊重首创精神的坚实基础上,否则创新会变成建立在流沙上的建筑。创客鼓励创新各种分享盈利模式,在分享的同时,保护首创者的利益和积极性。

思考题:查阅关于创客的资料,分析创客与创业者的异同。

五、创业型人才

(一) 创业型人才的概念

"创业型人才是指具有创业意识和创新精神并且掌握了较好的专业知识和基本的创业知识与创业技能,具有发现机会、把握机会的能力和创造业绩、创立事业的潜能的人。创业型人才比一般的专业人才更富有主动性、创造性和敢冒风险的性格。创业型人才可能还不是现实的创业者,但一定是潜在的创业者。创业型人才更具备德智体美全面发展的特征,是新时代社会主义事业的建设者和接班人。"

对创业型人才还可以有下面的解释:创业型人才的概念并不是知识型人才的相对概念,它是建立于知识型人才之上的新人才观。创业型人才是指具有很强的创新意识和创新能力,能在社会和生产实践过程中创造性地完成任务,把知识、科技创新的成果物化为一种新产品、新服务,开发出一种新的市场需求,创造出一种新的工作岗位,乃至创建出一种新的企业,从而创建自身事业的人。

创业型人才不仅限于开创企业的企业家,更应当包括所有能创造性地开创自身事业的个人,他们包括所有非企业创建人群中具有首创、冒险精神,具备创业技能和独立工作能力以及相应的技术、社交、管理技能的人才,他们不仅在其岗位上有良好的表现,也具备一定的企业家特质,这些人才在今天的商业环境中越来越受到用人机构和个人的重视。

创业型人才具有计划选择、组织等方面的能力,善于发现机会并通过各种创新活动,动员和组织生产要素,抓住机会实现自己理想和追求。这种通过计划组织利用资源创建自身事业的能力就是创业综合素质,它是创业型人才的根本特征。作为社会高级人才的重要组成部分和储备力量的大学生,就必须顺应国家、社会和历史的需要,增强自身的创业综合素质,从而开创我国 21 世纪发展的新时代。

由于创业型人才是潜在的创业者,所以根据创业者的素质要求,我们可以归纳出创业型人才应该具备的素质要求:

(1) 眼光敏锐,善于发现机会和把握机会;
(2) 具有冒险精神,敢做前人没有做过的事情;
(3) 经得起挫折,具有摆脱困难和超越困难的能力;
(4) 具有政策观念、法律意识和社会责任感;
(5) 掌握了较好的专业知识并具有自我学习的能力;
(6) 具有团结合作的精神和化解矛盾的能力;
(7) 具有市场意识和知识转化的能力;
(8) 具有审时度势、知己知彼的能力;
(9) 具有健康的体魄和良好的心态。

总之,创业型人才虽然还不一定是创业者,但已经具备了作为一个创业者的基本素质,一旦创业机会来临他们就能够从潜在的创业者成为现实的创业者。

(二)创业型人才的特点

创业型人才与创业者有不少共同的特点但也有一些不同的特点,根据创业型人才的概念,我们初步可以把创业型人才的特点归纳如下:

(1) 创新意识。永远不感到满足,不断要求进步,不断追求创新,这是创业型人才的第一个特点,也是创业型人才成为创业者的内在力量。创新的动力来源于对已有状况的不满足,一旦人感到满足时,创新的动力也就消失了,创业型人才的特点也就不存在了。"没有任何一种文化是为创业准备的,也没有任何一种文化是反对创业的",因此,创新就是一种创业文化,是创业型人才所需要的文化。

(2) 风险意识。因为创业可能成功也可能失败,尤其是自主创业一定存在着风险,一个人如果不具备敢冒风险的性格,那么他是不太可能成为创业者的,所以冒险性应当是创业型人才的特点之一。当然,我们所说的冒险性不是那种盲目冒险,而是指既重视客观条件,又敢于承担风险的科学冒险。

(3) 合作意识。无论是广义的创业还是狭义的创业,基本上不是单枪匹马地埋头苦干,更多的是依靠团队的集体力量,因此,合作是非常重要的。可以说没有合作精神的创业者是不可能成功的。"在当今世界,有的是技术、创业者、资金和风险资本,真正缺少的是优秀的管理团队。你所面临的最大挑战是建立一支杰出的团队。"

(4) 坚韧意识。前面说过,创业可能成功也可能失败,如果失败还能不能继续坚持?这一点非常重要。失败乃成功之母,从失败中吸取教训,总结经验,往往是成功的基础。另外,即使成功,成功的道路也不会是平坦的,困难和挫折常常伴随着始终,因此,坚韧性是创业型人才必须具备的特点。

(5) 学习意识。为了创业必须掌握必要的专业知识和基本的创业知识,为了创业成功还必须不断学习,掌握新知识。因此,需要终身学习。学习性是学习社会得以生存的基础,创业型人才更应该具备学习性。

(6) 责任意识。创业型人才的责任意识体现为对事业的追求,对工作的负责,对人类、对社会、对国家、对民族的责任心。

总之,创业型人才应该具有创新的精神、冒险的性格、合作的能力、顽强的意志、学习的本领和强烈的责任感。

专栏1-3 中国90后创业精英

聂云宸,2012年5月在广东省江门市开始喜茶创业。先后在广州、深圳、上海、佛山、东莞、中山等地开出分店。仅2016年就开了50家连锁店,全年的营业额过亿。2017年开始,喜茶更是扩大经营,一度成为全国范围内的网红奶茶。2018年,喜茶完成了4亿元的融资。聂云宸在2018年与2019年,连续入选福布斯中国30位30岁以下精英榜单。

温城辉,礼物说创始人兼CEO。作为行业享有盛名的大咖,温城辉行事低调,对工作热情饱满,多次受邀作为嘉宾出席各类大会,并发表了精彩演讲。2013年创立广州贴贴信息科技有限公司,旗下产品礼物说已拥有近2000万用户。2014年8月,礼物说获红杉资本等投资机构300万美金A轮投资。2015年4月,礼物说再获顶级风投3000万美金B轮投资。

冷晓琨,乐聚(深圳)机器人技术有限公司董事长、创始人,哈尔滨工业大学博士。他在2016年组建乐聚(深圳)机器人技术有限公司,平昌冬奥会闭幕式上,由他所率团队研发的Aelos机器人在"北京8分钟"上亮相表演。2014年,他获得第九届中国青少年科技创新奖;2017年7月20日,冷晓琨入选2017福布斯中国30位30岁以下精英榜名单。

余佳文,"超级课程表"、广州超级周末科技有限公司的创始人。2011年下半年,他开始研发软件"超级课程表",2012年成立了广州超级周末科技有限公司。同年8月,余佳文拿到了第一笔天使投资,10月将产品向全广州推广。截至2014年11月,余佳文团队已成功获得四轮融资,公司旗下名为超级课程表的校园应用已覆盖全国3000所大学,拥有1000多万注册用户,用户日均登录量200多万。

刘靖康,深圳岚锋创视网络科技有限公司联合创始人。2014年刘靖康正式成立了自己的公司,一头扎进了创业大潮。三年内,团队开发的Insta360全景相机已远销上百个国家和地区,其开发的消费级全景相机,销量跃居全球第二。2017年,登上了福布斯2017年30岁以下亚洲杰出人物榜单,同年又获选2017福布斯中国30位30岁以下精英榜榜单。

张天一,90后大学生创业代表人物,伏牛堂创始人,北大1898咖啡联合创始人,十一届北京市青联委员。伏牛堂主营湖南常德牛肉米粉,公司获得了一批顶级投资机构如险峰华为、真格基金、IDG等的投资。同时,公司也进驻了北京大学创业训练营,并作为北京大学创业学生代表入选中关村创业新生代。2016年,张天一被评为中国90后10大影响力人物。

李天驰,深圳点猫科技有限公司创始人,编程猫联合创始人兼CEO。在2017年编程猫获得由高瓴资本领投,清流资本、清晗基金、猎豹移动跟投的B轮1.2亿融资,时隔两个月后,编程猫获得清华系基金慕华投资的战略融资。2017年、2018年李天驰连续两年登上福布斯亚洲30位30岁以下精英榜单。

思考题:查阅资料,各位创业精英的创业史体现了创业型人才的哪些特点?

六、创业型人才与创业者的区别

创业型人才实际上已经具备了创业者的基本素质,但是,创业型人才还不能说就是创业者。打个不恰当的比喻,如果把创业者比作天鹅,那么,创业型人才就是天鹅蛋或刚出生的小天鹅。只有天鹅蛋才能孵化出小天鹅来,小天鹅才能长成大天鹅,鸭子是成不了天鹅的。这就是说,创业型人才与创业者的共同点是他们具有相同的基本素质,不同点是创业者正在创业,创业型人才可能还不在创业。

其实创业型人才与创业者的区别还不是上面说得那么简单,这两者的根本区别还在于概念的出发点不同,即要说明的含义不同。

创业者是指从事创业活动的人,说明的是人的一种工作状态,以区别于其他工作状态的人;创业型人才是指具有创业素质的人,说明的是人的一种素质状态,以区别于不具备创业素质的人。因此,说一个人是不是创业者,是从这个人在不在或有没有从事创业活动的角度来判断的;这个时候我们并没有去关注他的素质。当说一个人是不是创业型人才的时候,我们关注的是这个人的素质,而没有去关注他在不在或有没有创业。只有当我们研究这两者的联系时,我们才认为创业型人才应该具备创业者的基本素质。

如果拿毛泽东来作为例子,那么,当毛泽东还是湖南师范的一名学生的时候,他已经具备所有创业的性格和素质,这时我们说他是一个创业型人才;但是当他投身革命以后,我们就应该说他是一个创业者。毛泽东是我国历史上极其伟大的创业者。

第三节 创 业 教 育

一、创业教育的概念

创业教育的英文表述是"enterprise education"。与"enterprise"相对应的中文解释很多,比如,王同亿主编的《英汉辞海》给出了如下几种解释:① 计划或设想,对于干一件事情的计划或设想;② 冒险(事业)、事业、工程,尤指艰巨复杂的或有很大风险的事业;③ 企业(单位),尤指商业组织,如小型独立企业(a small independent enterprise);④ 有一定目的的活动或活动方式;⑤ 探索精神,事业心,进取心,胆量。因此,我们对"enterprise education"可以有多种译法,如"企业家才能教育""事业心、进取心教育""开拓精神与技能教育"等。

《牛津现代高级英汉双解词典》给出了"enterprise"的三种解释:① 事业(尤指需要勇气或难以进行的)、企业;② 企业心、事业心,如进取精神(a spirit of enterprise);③ 从事企业或事业。根据这三方面的含义,参照《英汉辞海》的解释,我们可以从以下三方面来理解"enterprise"。① 作为单位的企业、事业、商业组织或机构,或作为一项工作的事业、企业、商业、工程等;② 作为一种精神或意识的心理品质,主要指事业心、进取心、探索精神、开拓精神、冒险精神等;③ 从事某项事业、企业、工作的过程、活动、计划或设想等。

由此,我们可以对"enterprise education"做如下理解:① 进行关于事业、企业、商业等方面知识和关于如何开展事业、企业、商业等计划、活动、过程的教育;② 进行事业心、进取心、探索精神、开拓精神、冒险精神等心理品质的教育。结合以上我们给出的关于创业的概念,我们选择了"创业教育"来表示"enterprise education"的中文译

第一章 导　　论

文,与"企业家才能教育""事业心、进取心教育""开拓精神与技能教育"等译文相比,"创业教育"要更加完整、准确、贴切。

综上所述,创业教育是对学生传授创业知识、创业技能和培养学生的进取、开拓、冒险等创业精神的社会活动。创业教育的目的是培养敢于创业和善于创业的人才。

大学生创业教育就是针对大学生开展的创业教育,大学生创业教育的特点是通过一系列的创业知识学习和创业活动训练,尤其是通过与专业教育、素质教育的结合,培养学生敢于创新、勇于创业的精神,使他们具有较强的适应能力与开拓能力,能够在复杂的环境下寻求发展机会。大学生创业教育的目的是:① 培养大学生的创业意识和创新精神,激发大学生的创业热情;② 使大学生具备创业的基本知识、基本技能和心理品质;增强大学生的身体素质、提高大学生的动手能力和社会适应能力;③ 帮助大学生建立科学的创业观,使大学生能够正确地选择创业道路。大学生创业教育要特别重视以下两点:

(1) 创业教育要注重培养学生的积极处世观,使学生能以积极的态度对待环境变化,并且在变化中不断地发现机会、捕捉机会,寻求发展。

(2) 创业教育要强调学习能力与做事能力的统一,强调知识、技能与情感的结合,强调敢于创新与尊重科学的统一。

大学生创业教育不同于一般意义上的创业教育。① 大学生创业教育具有系统性,是一种理论与实际相结合、精神培育与知识技能教育相结合的教育和教学活动,重点在培养创业精神,而一般的创业教育,比如创业培训,带有明显的功利性,重点在掌握创业知识。② 大学生创业教育贯穿于专业教育之中,与专业教育紧密联系,而一般的创业教育基本上是单独进行的,与专业教育相分离。

二、创业教育的内容

(一) 创业意识培养

意识是人对外界事物的能动反应,是精神的初级阶段。创业意识是指人对创业这一客观事物的积极反应,是形成创业精神的基础,表现为对创业的认同与赞许。由于创业的核心是创新,创新就意味着要改变传统的思维方式或工作方法,于是需要摆脱已经形成的思维定式,克服习惯阻力。所以,创业意识是不大可能自动形成的,必须要施加影响才能形成。开展创业教育就是要对学生施加影响,使其逐步形成强烈的创业意识。

意识又是行动的内在动力,自觉的行动必定是受意识支配的。所以,意识是行动的先导,创业意识同样是创业行动的先导,没有创业意识不可能有创业行动。于是,培养大学生的创业意识就成为大学生创业教育的首要内容。

大学生创业意识的培养不能简单地依靠开设几门创业课程或几场创业教育讲座,而应该营造重视创业、赞美创业、支持创业的环境氛围,尤其要在专业教学过程中自觉地灌输创业思想,使学生逐步形成强烈的创业意识。

精神是自我意识的升华,是人对外部世界能动反映的最高阶段,是已经形成了牢固基础并且能够支配自己行动和影响别人行动的人的内部力量。精神一旦形成就不容易消失,而且可以感染别人,成为别人的内驱力。创业精神正是支配创业主体战胜困难、克服阻力、走向成功的强大的内动力。培养学生的创业意识,为形成创业精神打下基础,正是创业教育面临的首要任务。

创业意识和创业精神的培养要与大学生创业心理品质的养成结合起来,事实上,创业的心理品质构成了创业意识和创业精神的心理基础,是创业意识的组成部分。

(二) 创业目标选择

目标是行动的指南,大学生创业目标的正确性决定了大学生创业行动的最终效果。"一个科学合理的、切合实际的创业目标,可以引导他们沿着正确的道路前进,脚踏实地地干出一番事业、开拓一片新的天地;相反一个不合理的或者不切实际的创业目标,可能诱导他们在虚无缥缈的幻想中周旋,在无法通行的道路上折腾,最终无所成就,心灰意冷;或者他们所追求的目标不符合社会的要求和人民群众的需要,对社会经济发展和人民群众的利益没有多大的正面效应,最终得不到社会的承认。"

创业目标的选择需要考虑多种因素。第一是社会需要。大学生是社会主义事业的建设者和接班人,是国家和人民的希望,把国家和人民的需要作为自己追求的目标应该是大学生崇高的责任。另外,大学生选择的创业目标只有符合社会的需要才有意义,创业才有价值,才符合实现价值增值的创业根本目的。

第二是自身的特点。每个大学生的兴趣、爱好和能力特长各不相同,有的人爱好文学,惯于形象思维;有的人偏爱数学,善于抽象思维;有的人性情开朗,善于交际;有的人思维缜密,善于谋划。因此,大学生创业教育必须教育学生认识自己,了解自己的个性和擅长,选择适合自己特点的创业目标。

第三是环境条件。虽然环境条件不是创业成功的决定因素,但是环境条件能够影响创业的成本和难易程度。所以,教育学生如何分析创业环境,选择适合环境条件的创业目标也是大学生创业教育的重要内容之一。

(三) 创业能力提高

创业是一种复杂的社会活动,必然要遇到很多问题和困难,创业主体需要具备解决问题和克服困难的能力。创业主体只掌握创业知识是不够的,更需要具备创业能力。

什么是创业能力呢?简单地说,创业能力包括应用能力、创新能力、合作能力、组织能力和抗挫能力。

应用能力主要是指将所学的知识应用到实际工作中去的能力,它的基础形式就是动手能力,所以提高应用能力首先要提高动手能力,而动手能力必须经过练习或实践才能获得。

第一章 导　　论

创新能力是指具有开拓新思路、设计新产品、建立新理论、创造新方法或发明新技术的能力。如果说应用能力是创业能力的基础,那么,创新能力就是创业能力的核心。

创业能力中需要合作能力和组织能力,是因为创业活动一般是团队活动,即使是广义的创业,创业主体也离不开组织或团队,也需要合作与协调。如果是狭义的创业,那么创业主体就更需要具备合作能力和组织能力。

无论是广义的创业还是狭义的创业都可能遇到挫折,甚至失败。俗话说"失败乃成功之母",经受得起挫折和失败,是每一个创业的主体必须具备的品质。所以,作为创业主体一定要具备抗挫能力,这样才能在逆境中求生存,在困难中求发展,才有可能创业成功。

由于创业能力对创业主体的重要性,所以,对大学生进行创业能力的培养是大学生创业教育的核心内容。

(四) 创业知识掌握

创业知识包括创业的基础知识和专业知识。创业的基础知识是指创业需要的文化、法律、管理、社交和财务等方面的有关知识。而专业知识是指与创业目标相关的专业理论知识和专业技能知识。创业知识对于创业主体来说非常重要,创业知识的多少在很大程度上影响着创业主体的创业决心和创业的成功率。而且创业知识还是构成创业能力的基础,没有基本的创业知识就无法开展创业活动,因此也就无从发展创业能力。所以,让大学生掌握创业知识是大学生创业教育的基本内容。

创业的基础知识可以通过听课和自学获得,向大学生开设创业课程,传授创业的基础知识是大学生创业教育的基本做法。创业的专业知识主要通过系统的专业学习获得。所以,在专业教学中注入创业思想,培养学生的创业意识是大学生创业教育的重要手段。

(五) 创业研究开展

什么是创业?如何创业?创业的机会如何把握?创业成功需要什么条件?创业可能遇到什么困难,如何解决?创业有哪些形式,各种形式的创业之间存在哪些异同?如何选择创业目标和创业途径?这许许多多的问题需要研究,因此,创业教育离不开对创业的研究,也离不开对创业教育本身的研究。要开展对创业和创业教育的研究,要把研究成果应用于创业教育之中,提高创业教育的质量。

三、创业教育的定位与形式

(一) 创业教育的定位

创业教育绝不能与专业教育相分离,实际上创业教育需要以专业教育作为基础,如果创业主体缺乏某一职业岗位或职业岗位群所需的知识和能力,那么创业主体

第三节 创业教育

根本无法从事实际创业活动,其创业理想只能是"空中楼阁"。因此,创业教育要以专业教育为基础,使创业教育有机地融入专业教育之中。

创业教育融入专业教育之中的关键因素是教师,教师的教学观念和教学方法决定着创业教育的成效。因为大学生创业教育的根本目的不是单纯地使大学生掌握创业的基本知识和创业的基本技能,而主要是培养大学生的创业意识和创新思维。大学生创业意识的培养主要靠平时的养成,尤其是靠专业教师的潜移默化。大学生创新思维的培养更要靠教师的启发和启迪。教师的教学思想和教学方法以及教学风格对学生思想意识的培养与作风的形成影响极大。从这个意义上说,没有创新思维和创业意识的教师就培养不出具有创新思维和创业意识的学生。

创业是一项具有开拓性质的工作,作为创业主体的个人必须具备良好的综合素质,不仅需要较好的专业知识,更需要顽强的毅力、健康的体魄和坚强的信念;不仅要能够孤军奋战,更要能够团结合作共同攻坚;不仅要能够在顺境下工作,更要能够在逆境下工作。因此,素质教育是创业教育不可缺少的内容,或者更清楚地说,创业教育本身就是一种特殊形式的素质教育。

(二)创业教育的形式

从创业教育实践活动方式看,大致可归纳为如下三种形式:

(1)以学生整体能力、素质提高为侧重点的创业教育。这类创业教育的特点是将创业教育融入素质教育。学校强调创业教育"重在培养学生创业意识,构建创业所需知识结构,完善学生综合素质",将第一课堂与第二课堂相结合来开展创业教育。在第一课堂方面,调整教学方案,加大选修课程的比例,拓宽学生自主选择的空间;开设"企业家精神""风险投资""创业管理"等创业教育系列课程;改革教学方法,倡导参与式教学;以鼓励学生创新思维为导向,改革考试方法等。在第二课堂方面,学校不以功利性为导向,鼓励学生创造性地投身于各种社会实践活动和社会公益活动。通过开展创业教育讲座,以及各种竞赛、活动等方式,形成以专业为依托,以项目和社团为组织形式的"创业教育"实践群体。

(2)以提高学生的创业知识、创业技能为侧重点的创业教育。其特点是商业化运作,设置专门机构,开设创业教育的课程,建立大学生创业园,教授学生如何创业,并为学生创业提供资金资助以及咨询服务。专门负责与学生创业有关的事务,如开设"创业管理""创业企业的设立、研发"等课程,学校还将设立创业基金,对学生的创业计划书经评估后进行种子期的融资。

(3)综合式的创业教育。一方面将创新教育作为创业教育的基础,在专业知识的传授过程中注重学生基本素质的培养;另一方面,为学生提供创业(创办公司)所需资金和必要的技术咨询。学校以"三个基点"(素质教育、终身教育和创新教育)和三个转变(专才向通才转变、教学向教育的转变、传授向学习的转变)为指导思想,确立创新人才培养体系的基本框架和基本内容,注重学生整体素质的培养和提高。

四、创业教育的功能

（一）创业教育的社会功能

1. 创业教育具有促进社会和经济发展的功能

创业教育的根本目的是培养学生的创业意识和提高学生的创业能力，因此，创业教育达到的第一个效果就是激发学生的创业热情，提高学生毕业后创业的可能性和成功率。创业教育有利于价值增值和财富增长，从而具有促进社会和经济发展的功能。

广义的创业可以发生在社会的各个领域之中，促进社会的全面发展，而狭义的创业直接发生在商业或产业领域中，对经济的发展产生直接的作用。

"创业对于经济发展的作用绝不仅仅局限于提高人均产出与人均收入水平，更重要的是，创业还促进新的社会结构和经济结构的形成，让更多的人来参与经济发展的过程和获得相应的回报。一种经济增长理论将创新视为关键因素，因为创新不仅可以促进新的产品和服务的出现来满足市场需求，而且可以刺激新的投资。显然，这就将从需求和供给两方面来促进经济的增长。在需求方面，新产品和新的服务往往会创造出新的市场需求，从而成为促进经济增长的需求因素；在供给方面，新资本的形成将导致新的生产能力，扩大整个经济的供给能力。"这一段论述虽然只是针对狭义创业来说的，但从中我们可以理解创业教育对经济和社会的发展所起的作用。

2. 创业教育具有促进社会稳定的功能

社会的稳定取决于两个基本因素，一是人们的信仰，二是人们的就业状况。当一个国家的人们心中充满着美好的理想，同时人人都有工作的时候，社会就安定平和了。但是，如果失业人数太多，人们的基本生活得不到保障，或人们的工作愿望得不到满足，那么社会的稳定就缺少基础。创业教育能够唤醒人们的创业热情，激发人们的创业斗志，使得人们在缺乏工作岗位的情况下，仍然可以凭借自己所掌握的创业本领去开创新的工作局面或创造新的工作机会，改善就业状况；创业教育还教育学生要面对困难，在困难中看到胜利的曙光，心中始终充满着理想与信念。所以，创业教育具有促进社会稳定的功能。

3. 创业教育具有促进教育和教学改革的功能

创业教育是对传统教育的革新。大学生创业教育是在传统专业教育的基础上，通过提出新的培养目标，建立新的课程体系和构建新的教育教学实践体系而进行的教育教学活动。开展创业教育不仅要转变教育观念，还要改革教学内容和教学方法；不仅教师要转变教学思想，学生也要转变学习思想。美国的创业教育十分注重其实践性和应用性。创业教育体系中不仅包括了创业学课程的普遍开设，还包括许多创业实践活动，建立了许多创业教育组织，比如高校创业中心、创业教育研究会等；不仅在校园内营造浓厚的创业文化氛围，还通过创业中心与社会建立广泛的外部联系网络,包括各种孵化器和科技园、风险投资机构、创业培训机构、创业资质评定机构、小企业开发中心、创业者校友联合会、创业者协会等,形成了一个高校、社区、企业良性互动式发展的创业教育生态系统。

因此,创业教育对高等教育提出了新的要求,从而促进了高等教育的改革和高等学校的教学改革。

(二)创业教育的个体功能

1. 创业教育具有促进个体全面发展的功能

从创业教育的性质和要求上我们可以看到,创业教育不仅不会影响专业教育,而且还有助于学生多方面才能的提高。比如,根据创业教育的要求,通过创业教育应该提高学生的专业应用能力、社会交际能力、共同合作能力、组织协调能力和应变能力、抗挫能力等。因此,创业教育有利于学生思想素质、心理素质、专业素质和身体素质的提高。

2. 创业教育具有增强个体活动能力的功能

创业教育不仅要开设创业课程,更要设计多种多样的活动,学生通过参加各种活动来锻炼自己的能力,增强自己的体质,开阔自己的视野,从而提高自己的活动能力。

本 章 小 结

1. 创业能够增强国家的实力,提高国家的国际竞争力;创业能够激发人们的劳动热情,提高劳动生产率;创业能够改善人际关系,促进社会的和谐发展。

2. 创业有广义与狭义之分,广义的创业是指所有具有开拓性和创新性特征的、能够增进经济价值或社会价值的活动。狭义的创业是指创办企业,即指能够创造劳动岗位,增加社会财富的活动。

3. 创业者既是创新者,又是继承者;创业者既是生产者,又是消费者;创业者既是管理者,又是劳动者。

4. 创业型人才是指具有创业意识和创新精神并且掌握了较好的专业知识和基本的创业知识与创业技能,具有发现机会、把握机会的能力和创造业绩、创立事业的潜能的人。

5. 创业教育的首要内容是培养创业意识。

课堂讨论

1. 数字经济时代,创业环境发生了哪些变化?如何适应新环境?
2. 创业型人才应该具备哪些素质?
3. 如何使自己成为创业型人才?

案例分析

"创业者"雷军

三色公司:铸就日后的成功

对于雷军来说,对电子设备的兴趣算得上是他创业的起始动力。1986年,互联网浪潮已经席卷至内地。大四时,雷军成立了自己人生中的第一家公司:三色公司。事实证明,三色公司是他创业史上最惨的公司。"开三色公司是一件非常艰苦的事,要研究各种知识和技术,要跑市场,还要对技术进行审核。"雷军这样描述自己在三色公司打拼的日子,但他也表示,办三色公司同样是一件能够将知识和能力发挥出来的事情。

金山十六年:扛着"民族软件"大旗画出了一家上市公司

1991年年初,雷军在朋友那里试用了WPS的早期版本,并深深被这款产品所折服。为了自己用上WPS,雷军整整两天不眠不休,最终解开了WPS的加密算法,将其移植到普通电脑上使用。这些举动让WPS开发者,当时的IT大佬求伯君注意到了雷军。1992年,求伯君邀请雷军加入他的金山公司。对于求伯君的邀请,雷军欣然前往,并以总经理的身份加入金山。2000年金山公司迎来股份制改组后,雷军又出任金山软件总裁,后来兼任CEO一职。

雷军驾驶金山这艘大船时,航程也并非一帆风顺。1993年,微软的Windows正逐渐取代DOS成为市场上的主流操作系统,金山也顺势推出了自己的Windows办公软件——盘古,取开天辟地之意。不过,盘古虽诞生于Windows环境下,但功能依旧只有DOS时代的模拟显示和模拟打印,而这时微软的Word已经能够做到"所见即所得"。巨大的差距使得盘古的市场销量不仅没能达到预期,还耗费了金山大量的资金,公司因此陷入低潮期。

关键时刻,为了继续开发WPS,求伯君卖掉了自己的别墅,换来200万现金。后来与求伯君的一席长谈让雷军意识到,金山必须扛起民族软件的大旗,"我们到底能为民族和国家做些什么?能不能做出让整个民族骄傲的事业?难道我们就这样认输了吗?"

雷军没放弃,他成功将金山送进了港交所。2007年10月,金山软件成功在港交所挂牌上市,发行价为3.6港元,总市值超过6亿港元。按照雷军的持股比例,他的身家也已经超过了3.5亿港元。"1999年我们就开始筹备上市,到现在总算是把饼画完了。"

小米科技:投资能赚钱,但只有创业才能变得比苹果更伟大

将金山领上市后,"无债一身轻"的雷军选择隐退——2007年年底,他辞任金山CEO,做起了天使投资人。从2008年开始一直到2011年,雷军共计投资了20余家公司,其中不乏好大夫在线、凡客、UCWeb、多玩(YY前身)、拉卡拉等知名公司,在投资界内混得风生水起。

即使做出了如此斐然的成绩,雷军依旧对自己不满意。他早年的梦想——"创办一家全世界最牛的软件公司,做一个像苹果那样伟大的企业"——依旧没有实现。彼时正值移动互联网应用爆发前夕,而雷军在辞任金山CEO前已经意识到,未来十年将是移动互联网的时代,于是,他决定将手机作为自己再次创业的方向。2010年4月,雷军联合林斌、周光平、刘德、黎万强等人正式创办了小米科技。

2011年8月,第一台小米手机在北京798艺术中心亮相,金色的"1999"在大屏幕上格外醒目,据说当时台下的欢呼声持续了将近一分钟——在当年的智能手机市场上,还没有人敢于给出如此低的价格。小米1开放预售6小时后,销量达到40万台,创建不久的小米论坛甚至被蜂拥而至的网友们冲到宕机。

"为人们创造幸福感,应该是小米的终极价值观。"2012年的小米内部会议上,雷军如此定义小米的发展基调。那一年,小米全年销售额正式突破100亿元大关。随后几年间,小米开始大步奔跑。到了2014年,这家新公司在国内几乎已经没有对手——估值超过450亿美元,全年出货量超过6 000万位列全国第一、全球第三。

小米汽车:"最后一次创业"

"我的人生经历了许多次蜕变,在经历小米十年后,越来越体会到制造业的不容易,体会到硬件的难度。但我也越来越相信,把软硬件结合的难度比单纯做软件或硬件容易。"在2021年3月30日晚的第二场小米硬件发布会上,雷军总结着小米一路走来的艰辛与不易,但随即他话锋一转,"在这个前提下,小米又将迎来一次新的蜕变:造车"。

成立全资子公司负责智能电动汽车业务,首期投资100亿元人民币,未来十年再投资100亿美元,后方还有1 080亿人民币的储备资金随时准备支援——雷军为造车业务押下了重注。

"这将是我人生中最后一个重大的创业项目,为了这个项目,我将拿出人生全部的积累和储备,口号是:为小米汽车而战。"发布会现场,雷军难掩自己的激动之情。

在造车这件事上,雷军的激情一如既往——就像他年轻时在宿舍钻研汉卡那样,就像他在金山决定扛起"民族软件旗帜"那样,就像他屡次强调小米要"二次创业"那样。三十年一路走来,雷军有了许多头衔,但他最满意的那个头衔,或许还是"创业者"。

(资料来源:有牛财经. 激情三十年:'创业者'雷军与他的三次蜕变[EB/OL]. (2021-04-01)[2023-3-1]. https://www.thepaper.cn/newsDetail_forward_11979638.)

思考题:
1. 创业者应具备什么样的素质?
2. 雷军造车能否成功?谈谈你的看法。

第二章　创新、企业家精神与创业精神

学习目标

1. 掌握创新的概念、思维方法
2. 了解创新的类型
3. 了解企业家的形态演变
4. 理解企业家的职能
5. 掌握创业伦理的概念
6. 了解创业与伦理的关系、创业与社会责任的关系

考核要求

本章适合通过企业家创业案例来考查学生对于相关知识点的把握。通过本章的学习,学生应该明确企业家的职能,了解企业家精神的内涵,具有一定的创新、创业意识。

第二章 创新、企业家精神与创业精神

引导案例

新东方的转型之路

"我没有带你去看过长白山皑皑的白雪,我没有带你去感受过十月田间吹过的微风,我没有带你去看过沉甸甸得弯下腰,犹如智者般的谷穗,我没有带你去见证过这一切,但是,亲爱的,我可以让你去品尝这样的大米。"

这样一段看起来诗意又浪漫的语句,出自近期爆火的新东方双语带货主播董宇辉。在社交平台上,这个来自陕西的英语老师被戏称为中关村兵马俑。与他一起火起来的,还有新东方旗下的农产品直播带货平台东方甄选。巨量引擎数据显示,2022年6月13日,东方甄选直播间单场最高观看量771.7万人,6月10—13日单场销售额连续破千万。而在一周前,抖音平台Top100带货直播间里,日均交易额不到百万的东方甄选还尚未有一席之地。与直播间数据一起水涨船高的,还有新东方在交易市场上的表现。2022年6月15日,新东方在线涨超50%,连续第8日上涨。

东方甄选成立于2021年12月28日,母公司为新东方在线旗下助农平台东方优选。2021年以来,受"双减"政策影响,新东方一度陷入转型困境。在市值跌去90%,营业收入减少80%,辞退六万员工的情况下,在线直播成为新东方转型尝试的路径之一。开播之初,依靠俞敏洪的个人声量,首播当晚销售额近500万,但接下来的半年里业绩平淡。董宇辉采访中则透露,直播间最冷清的时候观看人数只有个位数。

2022年6月13日,董宇辉在微博上发布聊天截图并发文称:一大早收到俞老师(俞敏洪)的关心,兴奋、激动。昨晚10.8万人在我的直播间里,听我讲书,几万册图书迅速售空。作为一名曾经的老师和现在的网络销售员,传递知识,让人喜欢阅读,最终热爱生活,这是我的福气、荣幸和使命。

在外界看来,新东方的带货模式无疑为大家已经习以为常的直播模式带来了一丝新意。无论是俞敏洪本人,还是董宇辉,在讲解产品的同时引经据典,侃侃而谈。不仅讲解产品本身,同时也在科普相关知识,甚至教上了英语。东方甄选也因此被称为最具知识气息的直播间。但在一些熟悉新东方教育模式的观众来看,寓教于乐,出口成章,这本就是新东方老师一直以来最擅长的教育方式。

"他们其实是无意中把自己平时的英语教学跟卖的东西结合起来。"面对直播间双语直播的走红,6月10日,新东方创始人俞敏洪在东方甄选直播间说道,"感谢各位网友的包容、宽容和支持"。

对于新东方来说,原本不被业内看好的带货直播突然爆火无疑意味着为本就艰难的转型打了一支强心针。新东方在线CEO孙东旭透露,此次直播间走红后,公司将重点关注产品、供应链、物流发货以及客户口碑和评价等相关情况。同时,公司对

东方甄选主播们的直播准备提出了更高要求,"有这么多的客户关注到我们,并且给我们这么多鼓励,我们应该把更好的内容拿出来"。

思考题: 查阅资料,了解新东方的转型历程,并分析新东方的转型体现了怎样的企业责任和创业精神。

第一节　创　新　概　述

一、创新的概念和类型

(一)创新的概念

成功创新是在某种商业模式下,使用新的技术知识或新的市场知识,以能够获利的价格为购买产品的顾客提供一个新的产品或服务。

(二)创新的类型

1. 效率型创新、渐进性创新与突破性创新

美国学者伊莱恩·丹顿提出,可以将创新分为三种类型,即效率型创新、渐进性创新与突破性创新。

效率型创新聚焦于识别新的创意来改善现有的事物。由于企业在过去的基础上,从旧有事物中寻求小的改变,因此这个途径需要的投资最少。这种创新是对一家企业的产品、服务、项目或者程序的一种小幅度改进。效率型创新的策略通常是:削减成本,减少周期,改善质量,抵消竞争者的发展或吸引新的消费者。效率型创新通常只能取得微小的收益。

效率型创新关注于识别创新来改进现有产品或服务,而渐进性创新注重识别那些可以表达"新颖更佳"的创意。一个典型的渐进性创新的例子是自动取款机,它改变了银行对人员配备的要求,并且将银行业务的时间从固定的几小时延伸到了24小时。渐进性创新需要企业有更为宽广的视野,这样才能对企业和市场需求有全面的了解。企业不是复制已有的存在,而是必须寻找新的途径给企业和顾客创造更多的价值。渐进性创新包括"新颖更佳"的产品和服务,或者"新颖更佳"的流程,它可以改变消费者与企业的关系,或者企业内工作进程的方式。

效率型创新和渐进性创新都是在企业或者市场已经存在的结构中进行操作,而突破性创新则要关注那些激进性的"新颖更佳"的创意,它们可能要改变现有的企业结构或者市场结构。比如,麦当劳的快餐业改变了整个餐饮业,戴尔公司的直销策略改变了计算机业。

在实际中,只有很少的企业和很少的人在从事突破性的工作。企业的大多数时间都不是花在突破性甚至渐进性创新上,而是用于关注效率型创新。

第二章　创新、企业家精神与创业精神

专栏2-1　克里斯坦森：领先企业如何被新兴企业颠覆？

克莱顿·克里斯坦森在《创新者的窘境》这本书中分析了计算机、汽车、钢铁等行业的创新模式，一针见血地指出，良好的管理是导致这些企业衰败的原因，通过一些具有行业领导地位的公司的成败的经验教训，书中提出了抓住突破性创新现象的一些原则。旨在帮助管理者看到正在经历的或将会经历的变化，指导大家积极面对并取得成功。

克里斯坦森在这本书中主要区分了两种创新：持续性创新和突破性创新。这一区别，不同于传统的根本性创新和渐进性创新的区别，它不是着眼于技术变迁本身，而是着眼于所谓的企业的"价值体系的变化"，即人们用以评价产品的标准的变化。没有预测到这种变化的竞争者将会失败。

既然良好的管理实践也可能会导致成功的企业在面临突破性技术变化时衰败，那么，那些解决企业问题的常规方案，如计划更周详、工作更努力、更符合客户的要求、具备更长远的眼光等，也都可能会使问题更加恶化。可靠的执行、紧跟市场的脉搏、全面质量管理以及流程再造等，也同样于事无补。毋庸讳言，对于那些培养未来管理者的教师们来说，这可算是令人左右为难的消息。"创新者的困境"使许多大公司的管理人员陷入恐慌。克里斯坦森可以证明，新兴公司如果掌握了某种能打破现存经济模式的新发明，就可以打败几乎任何一家大公司，无论是20世纪70年代发明微处理器的英特尔公司，还是90年代掌握重新利用金属废料方法的纽科公司都证明了这一点。不仅如此，他还预言，那些德高望重的公司注定要走向灭亡，因为它们一直在做被认为应该做的事情：取悦于最有价值的顾客。而且，它们似乎别无选择。

思考题：上述资料中持续性创新和突破性创新的区别是什么？

2. 硬科技创新与软科技创新

硬科技是一个中国原创概念，最早由中科院西安光机所米磊博士于2010年提出，并迅速由一个小众概念上升为国家话语体系。2018年12月6日李克强总理在主持召开的国家科技领导小组第一次会议上明确提出"引导企业和社会增加投入，突出'硬科技'研究，努力取得更多原创成果"。2019年11月3日，习近平总书记在上海考察时指出，要支持和鼓励"硬科技"企业上市。

米磊将"硬科技"定义为基于科学发现和技术发明之上，经过长期研究积累形成的，具有较高技术门槛和明确的应用场景，能代表世界科技发展最先进水平、引领新一轮科技革命和产业变革，对经济社会发展具有重大支撑作用的关键核心技术。

科技创新体系自下到上分别为科技、高科技、硬科技、黑科技，其中硬科技指高精尖原创技术。硬科技创新则是以促进实体经济创新发展为目标而进行长期的、持续性的研发投入，预期在未来获得巨大的经济效益。

可以从技术、市场、人才三个方面来对硬科技创新的特点进行归纳(表2-1)。

表 2-1 硬科技创新特点

项目	特　　点
技术	自主研发为主,技术难度大,壁垒大,带来实体X型产品 新技术带来的改变能够大大改变现有市场的技术轨道 通常为学科前沿和基础性研究重大科研攻关
市场	回报周期长,高风险,但一旦推入市场能够带来巨大的经济效益 对产业发展有较强的引领和支撑作用,有战略意义
人才	创意和支持者以技术人员为主,科学家深度参与 通常需要多种跨界人才集聚 以技术人员为主导的创业公司通常缺乏专业孵化器人才、市场销售人员等

软科技创新主要是商业模式、经营理念和虚拟经济领域的创新。进入21世纪以来,依靠商业模式和经营理念的创新,造就了一批新的企业家。但是商业模式创新,解决不了物质产品生产过程的技术难题。不断创新的硬科技才是推动我国实体经济转型升级的技术,是能够缩小高新技术产业与发达国家差距的技术,是实现国民经济产业体系现代化的技术。

软科技创新以挣快钱为核心,硬科技创新挣的是慢钱。它们的区别在于,后者掌握了核心技术,企业能够走得更长远。从软科技创新和硬科技创新的增长曲线对比来看,软科技创新的增长是线性的,种瓜得瓜种豆得豆。依靠这种模式创新的公司,他们已成为大体量公司却还要不断面对新的竞争对手。硬科技创新模式不同,硬科技壁垒突破后一旦过了拐点,就是一分耕耘十分回报。

二、创新思维方法

(一)头脑风暴法

头脑风暴法又称智力激励法,由现代创造学奠基人美国学者阿历克斯·奥斯本于1938年首次提出,是一种创造能力的集体训练法。所谓头脑风暴最早是精神病理学上的用语,用来描述精神病患者的精神错乱状态,现在指无限制地自由联想和讨论,其目的在于产生新观念或激发创新设想。头脑风暴可以由一个人或一组人进行。头脑风暴法经各国创造学研究者的实践和发展,已经形成了一个发明技法群,如奥斯本智力激励、默写式智力激励法、卡片式智力激励法等。参与者围在一起,随意将脑中和研讨主题有关的见解提出来,然后再将大家的见解重新分类整理。在整个过程中,无论提出的意见和见解多么可笑、荒谬,其他人都不得打断和批评,从而产生很多的新观点和问题解决方法。

在进行头脑风暴时,为使大家畅所欲言,互相启发和激励,达到较高效率,与会者必须严格遵守下列原则：

（1）禁止批评和评论，也不要自谦。对别人提出的任何想法都不能批判、不得阻拦。即使自己认为是幼稚的、错误的，甚至是荒诞离奇的设想，亦不得予以驳斥；同时也不允许自我批判，在心理上调动每一个与会者的积极性，彻底防止出现一些"扼杀性语句"和"自我扼杀语句"。诸如"这根本行不通""你这想法太陈旧了""这是不可能的""这不符合某某定律"以及"我提一个不成熟的看法""我有一个不一定行得通的想法"等语句，禁止在会议上出现。只有这样，与会者才可能在充分放松的心境下，在别人设想的激励下，集中全部精力开拓自己的思路。

（2）目标集中，追求设想数量，越多越好。在智力激励法实施会上，只强制大家提设想，越多越好。会议以谋取设想的最大数量为目标。

（3）鼓励巧妙地利用和改善他人的设想，这是激励的关键所在。每个与会者都要从他人的设想中激励自己，从中得到启示，或补充他人的设想，或将他人的若干设想综合起来提出新的设想等。

（4）与会人员一律平等，各种设想全部记录下来。与会人员，不论是该方面的专家、员工，还是其他领域的学者，以及该领域的外行，一律平等；各种设想，不论大小，甚至是最荒诞的设想，记录人员也要认真地将其完整地记录下来。

（5）主张独立思考，不允许私下交谈，以免干扰别人思维。

（6）提倡自由发言，畅所欲言，任意思考。会议提倡自由奔放、随便思考、任意想象、尽量发挥，主意越新、越怪越好，因为它能启发人推导出好的观念。

（7）不强调个人的成绩，应以小组的整体利益为重，注意和理解别人的贡献，人人创造民主环境，不以多数人的意见阻碍个人新的观点的产生，激发个人追求更多更好的主意。

（二）六顶思考帽

六顶思考帽是英国学者爱德华·德·博诺博士开发的一种思维训练模式，或者说是一个全面思考问题的模型。它提供了"平行思维"的工具，避免将时间浪费在互相争执上。强调的是"能够成为什么"，而非"本身是什么"，是寻求一条向前发展的路，而不是争论谁对谁错。运用德·博诺的六顶思考帽，将会使混乱的思考变得更清晰，使团体中无意义的争论变成集思广益的创造，使每个人变得富有创造性。

所谓六顶思考帽，是指使用六种不同颜色的帽子代表六种不同的思维模式。任何人都有能力使用以下六种基本思维模式。

白色思考帽：白色是中立而客观的。戴上白色思考帽，人们思考的是客观的事实和数据。

绿色思考帽：绿色代表茵茵芳草，象征勃勃生机。绿色思考帽寓意创造力和想象力。它具有创造性思考、头脑风暴、求异思维等功能。

黄色思考帽：黄色代表价值与肯定。戴上黄色思考帽，人们从正面考虑问题，表达乐观的、满怀希望的、建设性的观点。

黑色思考帽：戴上黑色思考帽，人们可以运用否定、怀疑、质疑的看法，合乎逻辑地进行批判，尽情发表负面的意见，找出逻辑上的错误。

红色思考帽：红色是情感的色彩。戴上红色思考帽，人们可以表现自己的情绪，人们还可以表达直觉、感受、预感等方面的看法。

蓝色思考帽：蓝色思考帽负责控制和调节思维过程。它负责控制各种思考帽的使用顺序，规划和管理整个思考过程，并负责得出结论。

下面是一个六项思考帽在会议中的典型的应用步骤：① 陈述问题（白帽）；② 提出解决问题的方案（绿帽）；③ 评估该方案的优点（黄帽）；④ 列举该方案的缺点（黑帽）；⑤ 对该方案进行直觉判断（红帽）；⑥ 总结陈述，作出决策（蓝帽）。

第二节　企业家与企业家精神

一、企业家形态的历史演变

现代意义上的企业家最早成长于西方社会。伴随着近几百年社会经济的迅速发展，企业家作为一个复杂的、动态的现象，很难用一句话给予定义。经济史表明，西方企业家的成长大致经历了四种形态：业主制型企业家、技术专家型企业家、职业管理型企业家和复合专家型企业家。

（一）业主制型企业家

在十六、十七世纪市场经济兴起之后，随着技术的不断进步，产生了以大机器生产为特点的工厂，其取代了手工业工厂而成为市场经济中普遍的经济组织形态。这些工厂在财产组织形式上也都属于单一业主制企业。其特点是：首先，企业是在企业主个人财产的基础上发展起来的，它只归一个或少数几个企业主所有；其次，企业主享有企业全部经营所得，同时负担企业全部债务及其经营风险；最后，企业规模较小，资本有限，生产技术相对简单，不需要专门和复杂的管理活动。由于企业的所有权和经营权的两权合一，经营者在企业中拥有绝对的经营控制权，从而决定了经营者在企业经营中的独断性、随意性和不规范性的管理特征。

（二）技术专家型企业家

市场技术的建立，引发了市场对技术创新的巨大需求。以技术支持为主导的工业化浪潮先后扩展到法国、德国、荷兰、意大利、西班牙、葡萄牙等国家，生产力得到了前所未有的大发展。从1784年瓦特成功制造出双向联动蒸汽机以后，人类进入了蒸汽机时代。短短几十年的时间，英国的棉布、煤和铁潮水般地涌向世界各地。由此导致了技术专家型企业家的迅速崛起。比起传统的企业家，这类企业家的特点是，或拥有专利权，或拥有超常的技术优势，并以此为企业获得利润。但随着企业规模的不断扩大和竞争的加剧，专利有可能过期，技术有可能被超越，要维持与发展企业的规模经营和持久经营,社会需要新型的企业家。企业发展史表明,技术专家型企业家具有一定的过渡性。

(三) 职业管理型企业家

19世纪50年代到20世纪50年代的一百年间,公司制的企业组织形式越来越普及并逐渐居于主导地位。技术的发展使生产的专业化分工越来越细,管理也开始从一般劳动中分裂出来变成一项独立的职能。为满足社会日益增长的对专业化管理人才的需求,管理理论、教育及其传播也得到了快速发展,为企业培养和输送了大批专业管理人才。在这种历史条件下,公司领导体制发生了一场深刻的变革。这一变革的根本特征在于企业的所有权和经营权分离,即越来越多的大企业的所有者开始在市场中选聘高层经理人员来经营企业,其选择的标准不再是被选聘人所持有公司股份的多少,而是其经营管理能力的高低。这场变革不但深刻,而且发展得非常迅猛,因此,在西方被称为"经理革命"。自此,这些新型经营者在企业中的地位取决于职业经理人所拥有的人力资本。

(四) 复合专家型企业家

与职业管理专家型企业家不同的是,复合专家型企业家具备多维的知识储备和管理能力。1973—1975年和1980—1982年,西方国家在经历了两次严重的经济危机,而后发生了新的产业革命,开始进入后工业社会,传统的劳动密集型产业和资本密集型产业逐渐让位于知识密集型产业。知识化、信息化构成了这个阶段的特征,因而也相应出现了复合专家型企业家。在充满不确定性和风险性的情况下,他们可以用自身储备的丰富知识与经验,作出最优的资源配置决策,从而把经营风险尽可能地降低,并获取最大的收益。

二、企业家的职能

企业家一词在16世纪早期出现在法语中,指领导军事远征军(武装探险、开拓殖民地冒险)的人,暗指企业家也是从事冒险活动的人。但后来的学者对企业家所下的定义更多的是包含着职业方面的特征。

(一) 企业家是从事交易活动的人

18世纪中叶的法国作家贝利多尔是最早给企业家下定义的人,他将企业家定义为"按不固定的价格购买劳动力和物资,而按合同价格出售产品的人"。

(二) 企业家是有效的组织者

到了19世纪初,企业家的含义得到进一步的扩展。1803年,法国经济学家萨伊在其《政治经济学概论》中指出,各种分散的生产要素并不能直接满足市场的需要,必须有效地组织起来才能创造价值。在他看来,企业家就是"结合一切生存手段并为产品寻求价值的人"。或者说,"企业家是预见特定产品的需求以及生产手段,发现顾客,克服许多困难,将一切生产要素结合在一起的生产行为者"。

(三) 企业家是独立的生产要素

最早提出将企业家作为独立的生产要素的是英国经济学家阿尔弗雷德·马歇尔。马歇尔在《经济学原理》一书中认为,企业家是生产力要素中卖方与产品买方的中间人,是使生产要素在企业中结合起来,形成产品并送到消费者手中这一组织化过程的中心,企业家的作用就是在潜在的生产要素与潜在的消费者之间架设桥梁。

(四) 企业家是风险承担者

后来的美国经济学家富兰克林·奈特在其1921年的论文《风险、不确定性和利润》中,赋予了企业家一个不确定性承担者的角色。不确定性是在完全未知、出现概率难以估算条件下的随机事件,只有企业家才能够承担起不确定性决策的职责。在充满风险的世界中,企业家的首要职能是"决定干什么以及如何去干"。决策正确,企业家就可以得到剩余或纯利润;决策失败,企业家必须承担起相应的损失。

(五) 企业家是克服组织低效率者

1968年,利宾斯坦在其所提出的X效率理论中指出,企业家的职责在于克服组织中的低效率从而取得成功。

(六) 企业家是套利者

柯兹纳继承了马歇尔的传统,1973年在其著作《竞争与企业家精神》中,将企业家定义为:具有一般人所不具有的、能够敏锐地发现市场获利机会的洞察力的人。

(七) 企业家是人力资本所有者

舒尔茨在1973年提出企业家具有特殊的人力资本,因而能对经济条件的变化作出反应,发现潜在获利机会,在自己的经济活动空间中重新配置资源,使经济恢复均衡。

(八) 企业家是决策者

卡森在1982年把企业家定义为专门就稀缺资源的协调作出判断性决策的人。企业家不仅要做出长期决策,还要考虑到利益相关者在这种不确定环境中可能发生的反应。

三、企业家精神

马克斯·韦伯是最早研究企业家精神特征的人。他在《新教伦理与资本主义精神》中认为,信奉新教伦理的企业家的敬业精神并不是来自对个人利益的狂热追求,而是来自成为上帝选民的宗教热忱。韦伯的结论是,新教的这种伦理观造就了西欧资本主义企业家独特的精神气质:钢铁般的意志、认真刻板、严于律己和讲求实效。

奥地利经济学家熊彼特认为,企业家的本质是创新精神。他认为只有能够对经济环境做出创造性的或创新性的反应,从而推动生产力增长的人才能被称为企业家。

现代西方学者主要是从心理学的角度来研究企业家个体所具备的素质、精神和行为能力特征等因素,下面介绍一些西方学者的主要观点:

(1) 萨伊强调企业家在企业中的突出地位,将判断力、坚韧性、监督管理才能等当作企业家的基本素质,企业家"需要兼有那些往往不可兼得的品质与技能,即判断力、坚毅、常识和专业知识"。

(2) 马歇尔认为企业家精神是一种心理特征,包括"果断、机智、谨慎和坚定"和"自力更生、坚强、敏捷并富有进取心"以及"对优越性具有强烈的愿望"等。同时,他指出,企业家是凭借创新力、洞察力和统率力发现和消除市场的不均衡,并创造交易机会和效用,给生产指出方向,使生产要素得以组织化的人。

(3) 制度学派的经济学家科斯认为,企业家应该具有预测市场需求能力、组织管理和协调能力等,使企业的交易费用降低,发挥企业替代市场配置资源的功能。

(4) 麦克利兰指出,具有对成功的高度需求,具有改革的愿望,适度冒险的愿望,独立和追求卓越的人有可能成为企业家。

(5) 柯兹纳从发挥市场修正不均衡角度分析企业家的决策能力。他认为,企业家拥有的敏锐市场洞察力使市场能够自动地发挥修正不均衡的功能。此外,他还提出了一个描述企业家心理素质的术语——敏感,他认为只有敏感的人才能够敏锐地发现市场机会。

(6) 经济学家卡森用判断性决策能力作为企业家能力的核心。判断性决策是指在不确定性条件下,依据所掌握的公开信息,按照既定的决策规则和程序所做的决策。

(7) 卡文和斯莱文提出,企业家型厂商表现出更多的创新、风险承担和主动行为,因为这些企业能够在战略远景上比其他企业更系统地达成共识。

上述不同视角下关于企业家精神的定义,对理解企业家精神内涵大有裨益。但是,美国管理学大师德鲁克较早地认识到西方传统企业家理论对企业家精神研究的局限性。德鲁克说,对经济学家来说,企业家精神是"超经济的"事物,它深刻地影响而且引导着经济,但它本身却不属于经济范畴。因为它涉及价值观、认知和处世态度等观念。

四、新时代中国特色企业家精神

改革开放四十多年来,中国已经产生了一大批有胆有识、勇于创新的企业家,形成了具有鲜明时代特征、民族特色和革命传统的新时代中国特色企业家精神。习近平总书记指出:"企业家要带领企业战胜当前的困难,走向更辉煌的未来,就要在爱国、创新、诚信、社会责任和国际视野等方面不断提升自己,努力成为新时代构建新发展格局、建设现代化经济体系、推动高质量发展的生力军。"中国特色社会主义进入了新时代,中国经济已经由高速增长转向高质量发展,建设现代化经济体系是我们转变发展方式和转换增长动力的战略目标,需要把高质量发展的着力点放在实体经济上,聚精会神发展先进制造业,坚定不移建设制造强国。新时代是一个伟大的时代,伟大的时代呼唤优秀的企业家和企业家精神。

《中共中央国务院关于营造企业家健康成长环境弘扬优秀企业家精神更好发挥企业家作用的意见》对中国企业家精神内涵的界定是:爱国敬业、遵纪守法、艰苦奋斗;创新发展、专注品质、追求卓越;履行责任、敢于担当、服务社会。新时代中国特色企业家精神是企业家精神的中国化、时代化和大众化。

(一)爱国敬业精神

有国才有家,有家才有业,新时代中国特色企业家精神首先是一种爱国精神。每一位炎黄子孙都应该以助力国家的兴旺发达为己任,都应该以自己独特的方式为建设国家的强盛贡献出自己的力量。纵观中国历史,那些优秀的企业家都是对国家、对民族怀有崇高使命感和强烈责任感的人,特别是每当国难来临、大敌当前之时总是主动为国担当、为国分忧。2020年7月和11月,习近平在出席企业家座谈会和视察南通博物院时,多次称赞近代实业家张謇是"爱国企业家的典范""民营企业家的先贤和楷模"。一百年前,张謇高举"实业救国"的旗帜,为中国近代民族工商业发展注入了国家意识;一百年后,越来越多的民营企业家弘扬张謇传承下来的爱国精神,效仿张謇富民强国之策,张謇式民营企业家层出不穷,他们在带领企业奋力拼搏、力争一流的同时,继承发展了以国为先、为国分忧的新时代中国特色企业家精神。

(二)遵纪守法精神

企业家只有自觉依法合规经营、依法治企、依法维权,强化诚信意识,主动抵制逃税漏税、走私贩私、制假贩假、污染环境、侵犯知识产权等违法行为,不做偷工减料、缺斤短两、以次充好等亏心事,在遵纪守法方面争做社会表率,才能够带领企业有更好的发展。

纵观改革开放史乃至新中国企业发展史,著名事件——海尔用铁锤"砸"出诚信精神,广传佳话。20世纪80年代,家用电器刚刚走进中国寻常百姓家,但就在冰箱供不应求的年代,海尔却砸掉了76台不合格的冰箱。事情源于一位买了海尔冰箱的用户来信说,攒了好久的钱却换来了一台有划痕的冰箱。经过调查,张瑞敏发现仓库里还有76台类似质量问题的冰箱。但由于当时冰箱产量较少,市场也较为稀缺,员工们提议将有问题的冰箱作为福利降价卖给员工,既能弥补生产成本,也能缓解供求矛盾。但深谙产品质量为企业长久生存之本的张瑞敏毅然决然地抡起大锤,在众目睽睽之下将76台不合格的冰箱尽数砸毁。时隔多年谈起此事,他仍不后悔当初的决定:1985年除了引进设备,我们做的最正确的决定就是砸了76台有瑕疵的冰箱。产品的质量问题牵动着千家万户的心,产品质量涉及的是企业的诚信。正是因为当年这一"砸","砸"出了以诚信闻名于世的海尔品牌,使得海尔在1991年成为中国家电行业唯一入选"中国十大驰名商标"的品牌。更为重要的是,海尔从此将"零缺陷"的质量意识和诚信精神深深"砸"进企业骨子里。正反两方面的经验教训告诉年轻一代企业家,只有始终坚持遵纪守法,才会立于不败之地。

(三) 艰苦奋斗精神

中华民族自古就提倡艰苦奋斗精神,如被称为"徽骆驼"的传统徽州商人,就是这一精神的典型代表。改革开放以后涌现的一大批企业家更是将这种精神发挥到了极致。浙江商人的"四千精神"(走遍千山万水,讲尽千言万语,想尽千方百计,历尽千辛万苦),就是对其艰苦创业精神的生动概括。

(四) 创新发展精神

中国特色企业家精神的时代化特点之一是创新发展精神。古今中外的企业家精神都蕴含着一种大无畏的冒险精神。在打造中国品牌并将其推向国际市场的过程中,中国也产生了张瑞敏、周厚健、王选等一大批集管理大师和创新大师于一身的企业家。在一定意义上,创新精神就是冒险精神,"敢为天下先是战胜风险挑战、实现高质量发展特别需要弘扬的品质",但这种优良品质并不是逞匹夫之勇、胡打乱撞的冒险和投机心理。创新固然具有一定的失败风险,但是通过理性分析和综合考虑各方面因素,最终还是可以得出大概率成功的方案。习近平总书记指出:"企业是创新的主体,是推动创新创造的生力军。"中国企业要做建设创新型国家的领头羊,中国企业家要做创新发展的探索者、组织、引领者和实践者,大力推动生产组织创新、技术创新、市场创新和制度创新,努力把中国企业打造成为强大的创新主体。

(五) 专注品质、追求卓越的精神

百年中华老字号"同仁堂"药店享誉全球的秘诀就是"专注品质,追求卓越"。"炮制虽繁必不敢省人工,品味虽贵必不敢减物力"是同仁堂的承诺;"修合无人见,存心有天知"是同仁堂的良心;"同修仁德,济世养生"是同仁堂的情怀。两个"必不敢"体现的就是同仁堂专注品质、追求卓越的精神,从而确保同仁堂金字招牌三百多年不倒。

著名企业家宋治平曾经说过,他在企业里有一项很重要的任务就是寻找企业家和企业的"一把手"。在这个过程中,他的原则就是要寻找那些精通专业、对专业有深刻理解的痴迷者。他认为,这些痴迷者对于自己的工作能够专心致志、孜孜不倦,一心一意做事情、做企业,干一行、爱一行、精一行,早晨睁开眼睛就想业务和工作的事,半夜醒来还是想业务和工作的事。有了这些"痴迷者"的韧劲和干劲,我们的企业才能闯过一个又一个难关,接连打破西方国家的技术壁垒,在"中国创造"的道路上不断前进。宋治平眼中的"痴迷者"体现的正是这种专注品质、追求卓越的精神。

(六)履行责任,敢于担当,服务社会的精神

张謇在兴办实业的同时,积极兴办教育和社会公益事业,造福乡梓,帮助群众,影响深远,不仅是爱国的企业家,而且是有强烈社会责任感的企业家,一生秉持着"言商仍向儒"的爱民亲民情怀。他认为,"一切政治及学问最低的期望,要使得大多数老百姓都能得到最低水平线的生活",这是"我们儒生最大的责任"。他在推进中国早期现代化的进程中殚精竭虑,是一位名副其实的民生主义者。同样具有社会责任感和使命担当的还有民生公司创始人、"中国船王"卢作孚。1938年10月武汉沦陷,卢作孚组织指挥了宜昌大撤退,民生公司仅用40天时间就抢运150余万人和100余万吨物资,在长江上游建立的新工厂对抗战发挥了至关重要的作用。"社会是企业家施展才华的舞台。"因此,优秀企业家的价值不仅在于创造多少财富,更体现在承担多大社会责任。张謇、卢作孚等近代实业家在国难当头、民生凋敝时能够挺身而出,牺牲小我保护大我,这种使命在心、责任在肩、迎难而上的担当精神,正是新时代需要大力弘扬的企业家精神。

第三节 创业精神与创业伦理

一、创业精神的构成

(一)勇于创新

创新是一个民族进步的灵魂,是一个国家兴旺发达的不竭动力,也是中华民族最深沉的民族禀赋。在激烈的国际竞争中,唯创新者进,唯创新者强,唯创新者胜。我国已经形成了以改革创新为核心的时代精神,这种精神表现为突破陈规、大胆探索、敢于创造的思想观念。培养创新意识与创新思维的基础是尊重事实、解放思想,这就需要开阔的视野,独特的见解。创新的意识与观念就是先破再立,不破不立,打破陈旧的思维观念与习惯,是创新创业精神的基础和根本,创新创业本身是对现实的超越与变革。只有创新性的创业才能使创业立于不败之地,实现企业的可持续发展,正如李克强提倡的"创业者创业创新,也要凭借头脑中创意'无中生有'"。创新是全方位的创新,包括技术、管理、理念、服务、产品等,创新创业精神要深刻地根植于中国精神。

(二)敢当风险

创新创业必须具备敢当风险,创新创业本身就是一种冒险活动,做具有冒险活动的事情必须敢当风险。敢当风险意味着大胆地尝试,但是这种尝试并不是盲目冲动的行为,而是一种具有系统性、计划性、组织性的活动。在创新创业过程中,敢当风险是创新和创业的必然要求。一方面,如果创业者不能敢于承担风险,畏首畏尾,那么他也不可能积极参与到创新创业活动中,就算是已经开始了创新创业,他也不可能把自己的事业

第二章　创新、企业家精神与创业精神

做大做强。另一方面,创业者敢当风险并不意味着他们的创新创业活动一定能成功,而需在意的是培养大学生敢于承担风险、敢于挑战未来创业路上的种种不确定性。

(三) 团结合作

创新创业是一个相对浩大的工程,并不是某一位创业者个人所能完成的,不管是个人的创新创业知识与能力,还是可以利用的资源,个人的力量总归是有限的。个人不可能具备各种创新创业知识与能力,也不可能拥有全方位的创新创业所需的资源。这个时候必须发挥团队的力量,吸纳有共同志向的成员,加入到创新创业队伍中,小溪只能泛起小小的浪花,大海才能迸发出惊涛骇浪,这就是团队的力量和同心同德的合作精神。在数量关系上"1+1=2",但在合作的团队中往往能收到"1+1>2"的效果,团结力量大。团队可以发挥个人所不具有的作用,在创新创业的知识与能力方面,每个人接触的知识领域不一定相同,这就使得团队成员各有所长,有利于团队中的成员各有侧重地分配任务,促进思想的交流,相互学习,取长补短。从创新创业所需资源的角度讲,团队中的每个成员,他们接触的人、遇到的事也不尽相同,那么团队合作就有利于资源的整合,助力创新创业活动的顺利进行。同样在精神层面,合作的团队成员可以相互鼓励、相互支持,越是在艰难的时刻,越需要同伴间的相互理解与扶持。团队合作中,难免会出现意见相左的时候,这个时候团队成员要以大局为重,同心同德的创业团队才会走得更远。

(四) 坚持不懈

创新创业是一项冒险性活动,创新创业过程会面临各种各样的风险,遇到各种各样的困难,那么,就要求大学生创业者必须具备规避风险,克服困难的决心和意志,需要创业者具备艰苦奋斗、敢想敢做、坚持不懈的精神,但凡遇到点困难就退缩是不可能创业成功的。对于创业者来说,创业之路不可能一帆风顺,创业之初会因为缺乏各种创业所需的资源而充满着各种各样的坎坷,能预见的和不能预见的问题层出不穷。在这个特殊而关键的时期,创新创业会因为这些问题出现瓶颈,导致暂时停滞,甚至面临就此终止的可能。越是在艰难的条件下越需要创业者保持谦虚谨慎,不骄不躁的作风,越需要坚持不懈的意志和斗志,越需要有越挫越勇的心理品质。只有这样,才能坚定自己的创新创业理想,才能在逆境中把握创业的方向,将创新创业进行到底。

二、大学生创业精神的培养

培养大学生创业精神的三个主要内容,分别是创业意向和创业理想、环境分析和机会识别意识,以及不断创新的战略性思维。

(一) 创业意向和创业理想

"创业意向"指的是群众在开展创业行为时表现出来的趋向性变化,具体为创业心理倾向、创业需求以及创业的内部趋向力等,简单来说,它可以将大学生对创业的

看法以及做出的行为都表现出来。

对创业有兴趣是创业行为产生的首要原因，也是原始动力，是创业精神培育的切入点。在指导大学生对创业产生兴趣时，要重点强化实现自我意义的需要和组织创业活动对大学生所起到的正能量的作用。

"创业需要是指大学生对现有存在与发展条件不满足，进而产生改变现状的要求和愿望。"而创业动机是一个内部推动因素，可以促使单人或团体去进行创业活动，是一种内部驱动力量，可以将创业当事人主动去创业的激情调动起来。从大学生这个角度讲，创业动机是多元化的，不但经济活动和就业问题的处理需要用到它，在更高的级别，包括人生价值的达成和给社会谋福祉等方面也需要。

创业理想是群众在进行创业活动中持续存在的一种努力方向、价值观点和理想追寻，也是群众对于创业这个行为和创业阶段的基本看法。建立高远伟大的创业理想具有积极的作用，可以让大学生对于自己人生的价值有一个更加深入地了解，掌握整个社会前进的趋势，确定国家和民族的任务以及勇敢地进行创业活动。

（二）环境分析和机会识别意识

对创业活动进行环境分析和机会识别是创业可行的前提，能够使创业者在创业活动前期，充分预见创业能否成功。高校学生自控能力差、环境适应不良的现象普遍存在，只有适应所处环境，合理利用周围资源，对创业所处环境的分析才比较准确，才可以牢牢抓住创业的机会。强化大学生对于创业所处环境的理解以及良好的分析能力，这是大学生创业活动能取得成功极为重要的前提。

创业机会也是一种经营机会，一般都对创业人员有积极作用，对他们的吸引能力比较强，可使创业人员获得经济效益。创业机会的来源也比较多，通常包括科技水平的发展、国家法规、社会和行业需要的改变。创业的机遇是从改变中产生的，因此创业人员要很清晰地发现这些改变，辨别出机会，这些对大学生知识面以及机会识别意识要求较高。

（三）持续创新的战略性思维

对公司经营控制和前进水平起核心作用的就是持续创新的战略性思维。创业的目的不单是将公司构造完成，还要给其他人及整个社会创造经济效益，并且让自己的才能得到充分展现。在企业稳步发展的过程中，创业主体要提升战略性的思考水平，努力去探究，对企业所处的环境进行研究分析，持续不断地进行创造性改变，这样才能够推动企业可持续发展。

该思维包括两个方面，即创业主体创新思想和坚持不放弃的思想。对这种思维影响创业主体的创业前景起到的重要作用要有一个深入完全的认识。

纵观组成创业精神的几个因素，不难发现，创业的兴趣表现了创业主体的价值观；而创业理想则是创业主体希望达到的目的。对创业活动进行环境分析和机会识别是可行的前提，能够使创业者在创业活动前期，充分预见创业能否成功；持续创新的战略性思维是决定企业管理与发展水平的关键。

三、创业伦理

(一)创业与伦理的关系

"创业伦理"是一个组合名词,它是由"创业"和"伦理"两个词组合而成的。创业与伦理之间的关系可以有如下几种情形:

(1)创业与伦理的"对立说"。该观点认为创业行为不需要讲伦理,讲伦理就意味着舍己为人、无私奉献、先人后己、不惜牺牲个人利益。因此,要赢利,就不能讲伦理,讲伦理就不能实现剩余价值的最大化。此观点认为,为了谋求利润最大化就应该不择手段,想赚更多的钱就不能讲伦理。

(2)创业与伦理的"无关说"。该观点认为创业是以营利为目的的活动,不能用伦理规范来评价创业活动;创业过程中的道德规范就是遵纪守法,只要不违法,做什么、怎么做都行。此观点认为创业既不是"不应该讲伦理",也不是"应该讲伦理",创业与伦理无关,只要不违反法律即可。

(3)创业与伦理的"辩证统一说"。该观点认为创业过程本身就是一种道德的行为,创业者的价值追求不仅是经济上的,还应该包括道德上的,创业行为应该是符合道德原则,遵守社会伦理规范。此观点认为遵守社会伦理和道德规范是创业活动得以顺利进行并实现长远发展的前提和基本保证。

创业伦理所关注的基本问题是创业行为的动机问题和人们用怎样的方式去从事自己的创业行为。创业伦理要求创业者在开展创业活动过程中,不仅要追求创业行为的有效性,而且还要追求创业动机、行为合乎道德原则与规范。在创业过程中,上述调整诉诸创业行为本身,形成了创业行为所应遵守的道德规范,即创业伦理。

(二)创业与伦理融合的可能性与途径

创业与伦理各自的本质内涵中都包含有对方的关键属性,这是两者能够实现融合的基础条件。首先,伦理具有独特的经济价值,这与创业对价值创造的诉求是一致的。经济学在本质上是一门道德科学,而不是自然科学,市场秩序本身就有着不可或缺的伦理维度,伦理道德支撑着市场的运行。伦理作为一种不可或缺的特殊生产性资源,渗透于物质生产力之中而非某种独立的实体存在,从精神层面推动管理要素的合理配置,优化人际关系的联系纽带,并能从长远视角保证管理活动与社会发展方向同步。

其次,创业机会识别的内在过程,是创业者对"他人机会"和"自我机会"进行权衡的动态过程,这与伦理视域中最重要的义利关系具有异曲同工之处。机会是创业的核心,创业者对创业机会的感知,受到外界不确定性环境的影响。从环境信号到创业机会识别过程,分为两个阶段:① 注意阶段,创业者基于先前知识和外部诱因注意到"他人机会",即市场上潜在的对某些其他人而言具有价值的机会;② 评价阶段,创业者会继续考量"他人机会"是否可以转变为"自我机会",通过对实践可行性和主观意愿性的反复权衡,最终形成一种"自我机会",即这是属于自己的一种机会的信念,从而引发创业行动。综上,伦理的经济价值创造结果和创业的"他人机会"识别为创业与伦理的融合提供了可能。

根据创业与伦理融合侧重点的不同,可以勾勒出两者融合的四种基本方式。

(1)"自我机会—经济价值"组合,主要形式是追求利润最大化的传统创业。不可否认,相当一部分个体创业者的动机是满足自己养家糊口或积累财富的需要,他们对伦理规范的遵守更多地表现在对外界规则的服从,俗语中的"老实人不吃亏"是这类人的典型写照。

(2)"自我机会—非经济价值"组合,主要形式是社会企业的创办。社会企业提供的产品和服务,着眼于解决社会问题和发挥自身社会价值,但是,社会企业要运用商业手段经营并赚取利润,以获取收益盈余继续用于企业发展和贡献社会。

(3)"他人机会—经济价值"组合,主要形式如以绿色技术研发和生态创新为导向的组织内创业。在自然环境日益恶劣的背景下,一些企业着眼于节能减排开展了技术导向衍生创业,这有助于企业开拓新的成长空间,同时也体现了对生态伦理的履行。

(4)"他人机会—非经济价值"组合,主要形式有非营利组织或非政府组织的创建。非营利组织创办者的创业活动往往受创造社会价值的使命驱动,他们不会关注利润水平高低,即便面对道德困境,也始终以服务社会为唯一目的。

(三)创业过程各阶段需要面对的伦理问题

商业伦理教授柯克·汉森通过对硅谷创业者的采访,发现自公司创立起,每个阶段都会出现伦理问题,从一开始企业家是否要创立一家公司,到最后卖掉公司之后要如何处置赚的钱,以及这中间的每一个阶段。

1. 是否要走上创业之路

要创立一家企业,绝不仅仅是只要一周40小时甚至60小时的工作量,而是全身心的付出。因此,家庭和朋友关系也会非常紧张,婚姻关系甚至可能破裂。

那么在决定冒险之前是否要问问家人的意见呢?他们是否愿意为你付出相应的代价呢?是否有什么措施可以避免对婚姻、家庭以及子女的伤害?如果企业家走运,事业顺利,整个家庭将从中获益。然而是否值得冒这个创业的风险呢?毕竟只有少数创业人是成功的,大多数都默默无闻地退出了战场。

一位风投家在接受采访时建议创业者在做决定之前,与家人仔细商讨这些将会面对的现实问题。如果这不是全家人的决定,创立一家初创公司将会是一个错误。没有家人的支持,企业家就无法全身心投入到初创公司的事业中。

2. 这项知识产权属于谁

每一家企业都是由早期想法发展而来的。企业家经常在离开一家公司不久之后又和他人开了一家新公司。

这种做法看似没问题,但有时却侵犯了别人的知识产权或者是泄露了商业机密。

一位企业家遇到过这种困惑,她的团队曾一度怀疑他们的核心知识产权可能掺杂了外界的一些因素,但最终他们还是决定继续实施,准备等到真的遇到问题了再处理。虽然并没有人上诉控告他们,但她却陷入了不安和自责当中。

3. 团队中谁在真正做事

在硅谷,每一位企业家都坚信自己于公司而言是至关重要的存在。当团队中的成员开始减少付出或是由于身体或家庭原因退出时,领导者该怎么做?出于贪念,核心团队的成员可能为了可以获得更多权益份额而做小动作。

有一个经典的案例:整个团队由一伙老朋友组成,但其中一些人的能力提高速度跟不上公司的发展速度。那么应该解雇这些联合创始人并以合适的价格收回他们持有的股份吗?

在许多这样的案例中,剩下的创始人认为没有义务保护这样的联合创始人以及他所持的股票。但也有这样的故事发生,企业家带着之前的秘书和顾问以及整个核心团队一起创业致富。

4. 我们可以欺骗消费者吗

有时公司为了增加销售收入也会对顾客进行过分夸大的宣传。许多公司不能按约定时间交付产品,或是交付的产品在正式投入使用前还需要进行调整,这些虚假行为惹恼了不少顾客。

而一位企业家表示,对于他的企业来说,最困难的莫过于在公示顾客产品缺陷和延迟交付时间并继续完善产品两者间进行选择。一位风投家回忆,曾有一家公司通过承诺一项还未进行研发的技术签订了合同。"那是他们工程团队有足够自信可以做到——还是在说谎?"他不禁问道。最终该企业兑现了承诺,但完全是出于侥幸,他并不提倡这样的行为。

5. 我们可以欺骗投资者吗

虚报销售额与收入是一个极大的诱惑,夸大研发支持力度,只为在首次公开募股中取得更高的价格。

有人表示尽管有最新的监管约束和强有力的尽职调查,但仍然存在风险。企业家和风投家在处理"流动性事件"时,道德底线经常被挑战。一位企业家曾这样说道:"当为了公司能够进行首次公开募股而辛苦准备了两年,在最后时刻若出现一些不利因素,完全会忍不住去掩盖。"

6. 我们可以篡改数据吗

终于企业开始进入盈利阶段。当企业家发现自己拥有了价值不菲的股票时,他们通常会提升自己的生活品质。任何会造成收入减少的威胁都将影响到他们的未来。

在2002年第三季度,出现了一次很大的科技泡沫,至今在硅谷仍旧余波未平。一连串的企业面对诱惑篡改收入,许多首席财务官被迫伪造数据。曾有一位企业家甚至延长了营业收入确认时间只为达到他们的市场目标。毫无疑问这样的计划行不通,这样的公司根本无法生存。

7. 这些数据到底算谁的

由于硅谷企业收集的数据具有一定价值,因此,出售信息、客户同意书和隐私政策的诱惑力也很大。

一位首席执行官曾要求公司找到新的创收点,却发现员工为了研发新产品使用了公司承诺保密的数据。他扼杀了这一产业链并不得不放弃数百万美元的研发经费。他也不知道是该责怪员工,还是责怪自己将他们逼到了极限。

8. 在社区中我们扮演着什么样的角色

关于社会责任方面还有个大问题:初创企业有义务为社区建设做贡献吗?许多企业家一致回答:"你开玩笑吧!为了创业成功,我们1周工作7天每天工作24小时,我们哪还有时间?"

但也有人不这么认为。每一年,鼓励员工参与社区建设的硅谷公司都将获得奖励。获奖感言中普遍持有这种看法:许多企业家将为社区服务这一基因融入企业文化中,并将企业的成功部分归功于这一点。

9. 创业最后将以什么收尾

对于事业成功的企业家来说,他们需要考虑这场"游戏"的结局是什么——将财富花费在玩乐上,将财富留给他们的子女,还是投资那些对社会有益的事情。

我们团队里的每一位成员都面临这一选择。有的人决定从一开始就参与,同时对那些将关注点放在一个地方几十年之后寻求转型的人持怀疑态度。

有一位企业家表示,当他意识到他和公司对社区建设的贡献很大程度上将影响他的新晋员工之后,他开始对这项活动改观并乐此不疲。甚至有企业家认为为社区建设做贡献是实现自我价值的中心,同时给了他一个可以在工作之外与家人接触的机会。

也有人决定等到退休后再投入社区建设。一位企业家表示:"当初驱动我创业的力量如今已成为我改造世界的动力。"

第四节 社会创业与绿色创业

一、社会创业

(一)社会创业的概念

社会创业的英文"social entrepreneurship"一词由比尔·德雷顿(Bill Drayton)在20世纪80年代创造,之后格利高里·迪斯(Gregory Dees)又在《社会企业家的含义》一文中对该词进行了最早的解释。社会创业可以溯源到18世纪的"博爱事业"(philanthropic business),那时它便与慈善机构、非营利部门、自愿组织这些名词联系在一起。在这一阶段,社会创业定义强调社会利益,所有为了实现社会目标而不是私人利益而创立的实体都属于社会创业。斯晓夫等对国外的一些比较有影响力的社创业的概念进行了梳理,如表 2-2 所示。

表 2-2 社会创业的概念

来源	定 义
Leadbetter	社会创业是指利用创业的行为为社会目标服务,这些服务并不以利润为目标,针对特定的弱势群体
Mort 等人	社会创业是一个多维的构念,通过善良的创业行为达到社会使命的目的,具有识别社会价值和创造创业机会的能力,其关键决策特征是创新性、先动性和风险承担性
Shaw	社会创业是社区、志愿者、公共组织以及私人企业为整个社会工作,而不仅仅为了经济利润
Stern	利用创业和商业的技能去创造新的社会问题解决方式的过程,它既要收获非经济目标,也应具有自我可持续性
Mair 和 Marti	利用创新的方式整合资源实现社会价值目标的过程,通过探索和利用创业机会来促进社会变革和满足社会需求
Austin 等人	社会创业是社会目标下的创新活动
Martin 和 Osberg	社会创业需要识别机会以创造社会价值,从而锻造一个新的、稳定的社会平衡,帮助和减少弱势群体,建立一个稳定的系统以有更好和更均衡的社会
Zahra 等人	社会创业包括通过一系列的活动来发现、定义、利用机会来增加社会财富,可以通过创立新的实体,也可在现有的组织中实行新的创新模式

我国学者对社会企业的概念界定在本质上和欧美是一致的,体现了社会企业的混合体特征和可持续性。王名和朱晓红在梳理国内外有关社会企业研究的基础上,把社会企业定义为一种介于公益和盈利之间的企业形态,是社会公益与社会经济有机结合的产物,是一种表现为非营利组织和企业双重属性、双重特征的社会组织。潘晓娟从社会企业所具有的共同基本特征出发,认为社会企业是介于传统的以营利为目的的企业和民间非营利组织之间的,以社会责任感而非利益驱动的,为实现既定的社会、环境目标和可持续发展而进行商业交易的组织。杨家宁认为,社会企业是非营利组织面对经费紧缺及为提高自身运行绩效,以企业行为来解决社会问题,实现非营利组织社会使命的组织形式。毛基业等则基于企业家精神视角给出了社会企业的定义,他们认为简单来说:社会企业是用符合企业家精神的手段解决社会问题,同时社会使命不会轻易产生漂移的组织。更加完整的定义是:社会企业是以解决社会问题为组织使命,具有识别由政府和市场双重失灵带来的变革机会的能力,具有不同于传统公益慈善的创新的问题解决模式,并且具备行为或机制来保障对商业目标的追求不会损害社会使命的组织。

通过上述梳理,可以认为,虽然没有统一的定义,但以商业手段解决社会问题是社会创业最突出的特点,社会创业兼具社会性和经济性两个属性。

(二) 社会创业的类型

毛基业等从社会企业的财务可持续性的角度对现有研究进行了梳理，并识别出了九种常见的社会问题解决模式，如表2-3所示。

表2-3 社会企业常见的社会问题解决模式

模式	说明	例子
创业支持模式	为目标人群（通常是弱势群体）提供产品或培养能力，使其通过出售产品或服务提高收入	小额贷款、咨询或技术支持
市场中介模式	购买目标人群（通常是弱势群体）的产品或服务，在市场上出售	供应合作社（如公平贸易），通常在农业手工业领域
雇用模式	为目标人群（通常是弱势群体）提供工作机会或职业培训，在市场上出售他们的产品或服务	支持残障人士及青年就业（如园艺、咖啡厅、印刷业务等）
收费服务模式	在政府和市场失灵的领域提供收费的新颖的社会服务，包括教育、医疗、养老等领域	针对少数族裔文化的博物馆，或老年人互助式的养老服务
低收入群体导向模式	以低收入人群为目标客户，提供物美价廉的产品或服务	医疗保健（处方、眼镜），公共设施使用
合作社模式	为合作社成员提供诸如市场信息、技术支持、集体谈判、大宗采购、获取产品/服务、市场进入等服务	批量采购、集体谈判、农业合作社、信用合作社
市场链接模式	通过提供市场信息和市场调研等服务使目标人群（通常是弱势群体）和市场联系起来	进出口、市场研究和中介服务
交叉补贴模式	通过为较高收入人群提供收费服务来补贴为低收入人群提供性质类似但免费的服务	咨询、心理咨询、就业培训、租赁、印刷服务等
组织支持模式	同时开办营利性企业和非营利机构（两者往往提供性质不同的服务）。用前者在市场上销售产品或服务所获得的收入支持后者的社会目标	类似于服务补贴——依靠营利性资产获利从而对非营利活动进行补贴

斯晓夫等认为，就社会企业的经济来源和慈善事业的关系而言，社会创业至少有四种主要组织形式。第一种，代表单纯的慈善企业或慈善活动，本身没有经济收入，依靠其他组织和个人的捐赠，设立长久一些的基金，但是没有恒常的商业业务和固定的经济收入。这种叫外部输血型社会创业组织。第二种，有自己的商业经营活动，但是和社会活动没有直接关系，而是把收入的一部分用于公益或慈善事业，或者捐给其他组织做慈善事业。具有社会责任心、关注社会问题的商业企业或公益企业也属于这一类。这种叫内部输血型社会创业组织。第三种，是商业活动和慈善活动紧密结合的社会企业，企业的业务本身就是解决社会问题同时完成慈善或公益活动。这种叫内部造血型社会创业组织。第四种，是第三种的延伸，是广泛依靠合作伙伴的社会

企业,尤其是融合三螺旋模型(Triple Helix Model),结合政府/科研机构和其他商业企业的社会创业企业。这种叫内外合作造血型社会创业组织。假设方形代表公益或慈善活动,圆圈代表商业活动,菱形代表其他组织(如政府部门、学术单位、商业企业或有爱心的个人),四种社会创业组织形式如图2-1所示。

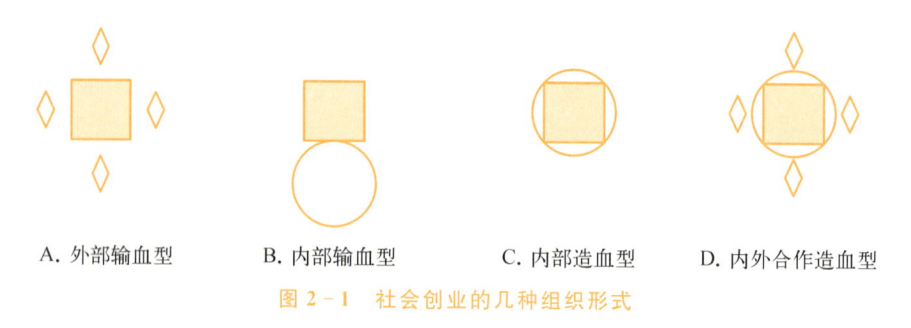

A. 外部输血型　　B. 内部输血型　　C. 内部造血型　　D. 内外合作造血型

图2-1　社会创业的几种组织形式

二、绿色创业

近年来,经济的快速发展对生态环境造成了巨大的压力,环境污染问题日益突出,促使人们开始反思企业原有的以破坏生态环境为代价的发展模式,因此,越来越多的政府相关部门、企业家以及学者开始关注能够实现可持续发展的绿色创业问题。这是因为绿色创业能够改善传统的生产方法、产品、市场结构和消费模式,更好地将环境绩效纳入商业逻辑,以创新的方式利用商业机会平等地获得经济收益、社会公平、环境质量和文化保护,是推动社会可持续发展的重要力量。

(一)绿色创业的概念

20世纪70年代,西方国家工业企业的粗放型发展方式对自然环境产生了极大的破坏,减少了经济系统的活力和可持续性,在此背景下,一些学者开始关注绿色创业问题。例如,1971年Quinn在 *Harvard Business Review* 上发表了一篇开创性文章,认为生态活动(ecology movement)不仅是经济活动的消耗,更能为企业成长开拓有利可图的新市场。20世纪80年代末至90年代初,绿色创业主题变得更加突出,Bennett、Berle和Blue等学者分别提出了环境创业者(environmental entrepreneur)、绿色创业者(green entrepreneur)和生态创业者(ecopreneur或eco-entrepreneur)等术语,但很少有学者对绿色创业的概念进行界定,直到近年来,越来越多的学者开始研究绿色创业问题,并从不同角度提出了绿色创业的定义。

有些学者将绿色创业等同于可持续创业、环境创业,也有学者认为它们之间存在差异。Divito和Bohnsack认为可持续创业注重企业如何运用创业机会过渡到可持续的经济、社会和环境方面的研究,侧重于企业家的非经济动机;而环境创业是企业家创造经济利润的同时,解决与环保市场相关的生态问题,具有盈利性,其动机是环境和经济意识形态的混合,侧重于创造经济利润并提供环境效益;Johnson和Schaltegger则认为绿色创业是可持续发展的衍生,它将创业行为与环境保护、经济发展和社会公平有机地结合起来,而并不拘泥于"绿色"想法本身,被视为具有潜力成为"朝着更可持续的商业模式整体转型的主要力量"。

(二) 绿色创业的特征

(1) 绿色创业以绿色创新为核心。Schltegger 和 Wagner 提出在绿色创业过程中,创业者应用绿色创新解决方案指导创业进程,涉及绿色产品的设计、绿色技术的研发、绿色生产过程的创新、绿色利基市场的开拓等。创业者通过绿色创新享有先行者优势,使他们能够为绿色产品制定更高的价格,同时提升企业形象,这有助于创业企业快速获得社会认同、孕育利润增长点、培育竞争优势。

(2) 以创业者的绿色价值观为导向。绿色创业者的个人信念、价值观和愿景通常是以保护环境和希望走更可持续的道路作为自己的重要目标。他们以此为导向进行长期的企业战略规划,这不同于将环境保护视为其他流程的副产品、更加追求经济利润的商业企业家。

(3) 以实现绿色经济效益为驱动。绿色创业利用基于特有价值的业务管理和营销能力去抵御市场压力,侧重于绿色利基产品或服务的战略,以满足消费者的需求。在绿色创业过程中,创业者不但追逐企业的财务绩效,同时兼顾环境质量、社会公平、文化保护目标的实现。

(三) 绿色创业的类型

国内学者李华晶从创业动机和可持续发展的合法性两个维度划分出了四种类型的绿色创业。

1. 循规型绿色创业

循规型绿色创业是指个体或组织在生存推动型创业过程中采取顺从型可持续的发展战略。从 GEM 近年的统计数据中可以发现虽然中国的平均创业活动率较高,但多数是生存型创业。面对日趋严格的政府环境管制,创业企业已经改变了以往忽视环境法规的态度,开始采取承诺遵守环境法规、设立相应管理部门或人员、与环境管理机构建立更广泛联系等措施,并把环境问题纳入企业创业决策中予以考虑。但是,这类绿色创业只是把"可持续"作为不得不遵守的环境规则,将实现可持续的投入视为增加成本的行为。循规型绿色创业总体上是受制于"规则"的,当规则允许,这类创业才具有基本的生存条件;当规则禁止,这类创业将必然面临生存的危机。例如,"限塑令"在 2008 年的正式实施,许多最初以家庭作坊形式为养家糊口而创立的中小企业面临停产或倒闭的被动局面,即使是"合规"的塑料厂也有不少因为不得不把塑料袋重量增大至国家要求的标准而面临成本增加、设备更新的重压。可见看似安全易行的循规绿色创业也可能危机四伏。因为"循规"既能让创业获取初期生存的制度合法性,但也会使创业因新规出现而丧失合法性。

2. 突围型绿色创业

突围型绿色创业是指通过超前型可持续实现生存推动型创业。与循规型绿色创业不同,这类创业虽然也是生存推动,但其在可持续发展问题上却采取了超前行动的态势。自 20 世纪 90 年代开始,全球范围的环境监管措施和标准日趋深入具体,企业经营活动受到来自各方面环境利益相关者的压力。许多个人或企业开始采取措施减少资源浪费和污染,积极寻求能够为自身创造生存机会以及竞争优势的主动型环境管理方法,他们通过创建一个提供环境产品和服务的创新型企业在绿色市场领域中进行生存型创业。同样以"限塑令"为例。就在不少塑料袋生产企业处于停产状态的同时,无纺布产业却获得了意外发展。无纺布不仅生产快速、成本低,而且能够自然分解,燃烧时无毒、无味,且无任何遗留物质,不污染环境,所以众多为了实现生存发展目的的个体创业者或企业开始白手起家从事生产无纺布袋或是转型生产环保购物袋。当然,绿色创业也有突围不成功的例子,如虽然国家多年前就明确规定彻底淘汰一次性发泡塑料餐具,但许多人不但没有从生产微利的绿色环保餐盒的创业中获益,反而生存不下去只好关闭、停产。总之,突围型绿色创业试图通过"绿色"超前行动寻求发展空间,但在创业导向上还是"不得已而为之"的生存推动型创业。

3. 顺势型绿色创业

顺势型绿色创业在创业导向上是受机会拉动的,而在可持续发展问题上则维持适应和缓和的顺从态势。这类创业遵守和追寻有形或无形的公认规范与规则要求,同时也在安抚、满足和平衡不同参与群体的期望,但在创业活动上则是受机会拉动力量的驱动采取主动出击的方式,简言之,这类绿色创业是为了迎合环境市场机会而创造新产品、服务和组织。20 世纪 80 年代中后期,一些大公司认识到废弃物减量能节约资金,开始在取得环境绩效的同时,通过污染预防使生态效率得以提高,此外差异化绿色产品的开发也使企业获得了竞争优势,不少企业在环境问题上与供应商和客户建立了新型关系,尤其集中在石油化工等污染密集型行业以及汽车、钢铁、造纸和水泥等基础制造业。例如,丰田公司通过在英国德贝郡(Derbyshire)建厂来实现企业扩张,同时也不得不尽自己最大可能去解决和满足利益相关者强烈的反对意见和意识形态上的需求。丰田公司在英国工厂周围种了大约 35 万棵树,并开发了大片有地表水的区域以保护湿地来满足田凫、天鹅等动物的需要。工厂的建造将噪声最小化;油料车间的挥发标准要远远高于官方水平。几乎所有的零部件包装都被再利用;废水再循环;排放出的废气被用来预热其他生产过程。

4. 先导型绿色创业

先导型绿色创业在创业和可持续发展问题上都主动选择了更具风险创新属性的行为方式,创业过程受机会拉动并超前实施可持续发展战略。自 20 世纪末开始,许多既有企业利用外部环境的机会,积极挖掘公司内部的资源优势,通过以创新和变革为导向的公司创业战略使公司拥有更大的发展空间。在这一机会拉动的组织层面创业过程中,不少企业采取措施减少资源浪费和污染,积极寻求能够为企业创造竞争优势的主动型环境管理方法,如产品生命周期分析、环境会计、清洁技术等。而研究对象也不再局限于工业化国家的环境敏感性企业,跨国公司在东道国(尤其是发展中东道国）的环境战略和非制造性企业的环境管理均成为环境管理研究的新领域。例如，生产包装材料的利乐公司，在企业实施技术创新和研发、推出趣味化产品的公司创业过程中，始终在中国推行环保的4R原则，即可再生、减化量、可循环和负责任，不仅以供应商的影响力推动可持续经营，同时大力提倡森林的保护。再如中国民营企业远大空调在自主创新的直燃机技术基础上开发出的系列产品，在获得良好市场经济效益的同时，也为客户实现了健康、节能的目的，更为社会的气候保护、资源节省贡献力量。

本章小结

1. 依据不同的标准，创新类型有多种划分方式，如效率型创新、渐进性创新与突破性创新；硬科技创新和软科技创新。
2. 创新思维方法有头脑风暴法、六项思考帽。
3. 西方企业家的成长大致经历了四种形态：业主制型企业家、技术专家型企业家、职业管理型企业家和复合专家型企业家。
4. 创业伦理要求创业者在开展创业活动过程中，不仅要追求创业行为的有效性，而且还要追求创业动机、行为合乎道德原则与规范。
5. 创业活动不仅要追求经济价值，还需要追求社会价值、生态价值。社会创业、绿色创业就是这一趋势的典型代表。

课堂讨论

1. 创新的类型有哪些？各自有什么特点？
2. 什么是头脑风暴法？什么是六项思考帽方法？
3. 从历史上来看，企业家的形态经历了什么样的转变？
4. 企业家的职能有哪些？
5. 企业家精神由哪些方面构成？
6. 新时代中国企业家的历史使命有哪些？
7. 如何培养大学生创业精神？
8. 如何看待创业和伦理的融合可能性？

9. 有哪些新型的创业行为体现了创业和伦理的融合？
10. 什么是社会创业？
11. 什么是绿色创业？

案例分析

比亚迪——全球新能源王者

2022年8月3日，比亚迪入榜《财富》世界500强。不积跬步无以至千里，所有的成就都离不开过往的沉淀。秉承"技术为王、创新为本"的发展理念，比亚迪已经形成横跨汽车、轨道交通、电子和新能源四个板块的国际化企业，打造了具有全球竞争力的民族品牌。作为一家民营企业，回顾比亚迪的发展历程不难发现——比亚迪是中国品牌当中，少数通过自身摸爬滚打，在残酷的市场竞争中一步步成长为中国王牌的企业之一。

在比亚迪身上，我们既可以看到不断创新，探索技术边界的科学精神；也能看到其精益求精，耐得住寂寞的工匠精神。正是因为这么多年研发资金的持续投入，与海量的研发人员的不懈努力，才让比亚迪成为了目前为止全球唯一掌握电池、电机、电控等新能源车全产业链的车企。除了车企，比亚迪还是一家科技公司、半导体公司、电池公司和智能产品解决方案提供商。

作为比亚迪的领军人，王传福认为中国的市场体量巨大，正是伟大的时代和伟大的事业、市场和机遇成就了比亚迪。在王传福眼中，企业家精神有四个重要特质：

第一，企业家所从事的产业要符合国家战略，要有家国情怀。汽车行业正面临百年未有之变局，减少对石油的依赖和打好蓝天保卫战，从汽车大国变成强国，发展新能源汽车是必由之路，这是国家战略。作为一个企业家，只能用技术的方法、创新的思路帮助国家排忧解难。

第二，企业家要有锲而不舍的毅力，要坚持，不放弃。坚持实业，虽然碰到很多困难，特别在产品创新的时候也碰到了很多困难，但不能气馁，要一直坚守。

第三，企业家要有敢为人先的创新意识和创新精神。比亚迪能在电动新时代的竞争中占得先机，除了有其敏锐的战略眼光切中了行业变革之机外，更离不开其对技术创新的不懈追求。

第四，企业家要示范带头，埋头苦干，多干少说，把企业家的特质弘扬出去，

案 例 分 析

在新时代的征途上涌现更多的领军人物,实现更高质量的发展,是非常重要的。

王传福强调:"技术创新是比亚迪的核心,未来我们还要沿着技术创新的道路,创造、成就比亚迪的梦想,也为中华民族伟大复兴的中国梦作出贡献。"

思考题:

1. 你怎样理解王传福所强调的企业家精神?除此之外,企业家精神还包含哪些内容?

2. 比亚迪在哪些方面抓住了发展机遇?将来需要在哪些方面创新才能续写辉煌?

第三章 创业机会

学习目标

1. 理解创业机会的重要性
2. 掌握创业机会的来源，以及创业机会产生的环境分析
3. 掌握评价创业机会的方法

考核要求

小组讨论创业机会来源；要求每个小组提出两个以上创业机会或创意。

引导案例

填补市场的空隙

加拿大贝达制鞋公司流传着这样一个故事：有两个同时被派到非洲地区推销皮鞋的业务员，第一位业务员一出机场，看到当地人都不穿鞋，就立即打电话告诉公司，这里的人都不穿鞋，肯定没有市场。第二位业务员一出机场看到当地人都没穿鞋，就想非洲人都没穿鞋，如果一人买一双，将是巨大的市场，他立即把这一好消息报告给公司。贝达制鞋公司一直秉持着后者的经营理念，如今公司分支机构遍布全球。

思考题： 这个故事体现了创业机会识别的哪些内容？

第一节 创业机会概述

一、创业机会的概念与特征

史蒂文森将创业定义为主体不受当前所控制的资源的约束而追求机会、创造价值的过程；蒂蒙斯则认为，创业机会是创业的核心驱动力。由此可见，创业机会是决定创业成败的关键要素。从本质上说，创业是创业者识别机会，并将其转化为成功企业的过程。机会是源于对新产品、新服务、新技术、新的市场、新的组织形式和新业务的需求而出现的一组有利环境。有些企业受到外部激励而创建。例如，李彦宏创建百度搜索引擎就是如此。1999年年底，李彦宏怀着寻找有吸引力的机会的想法回到中国并创建了百度中文搜索引擎。而其他一些企业是因受到内部激励而创建。

无论创业者以何种方式进行创业，机会识别都是比较困难的。识别创业机会不仅需要以一种独特的眼光来看待现存事物，需要有创意，而且，更为关键的是能识别出人们需要并且愿意购买的产品和服务，而非创业者自己喜欢的、想生产和销售的产品或服务。机会有四个本质特征（图3-1）：① 有吸引力；② 持久性；③ 时效性；④ 依附于为买主或终端用户创造或增加价值的产品、服务。

图 3-1 机会的四个本质特征

二、创业机会的来源

创业是建立在市场机会基础上的。对创业者而言，迅速发现市场机会，评估市场机会存在的商业潜力的能力是至关重要的。

第三章 创业机会

创业机会是指具有很强吸引力的、较为持久的、适时的创业活动空间，它存在于为顾客或消费者创造价值或增加价值的产品或服务中。创业机会是创业者用创意开发出来的。创意是创业者的初步设想或灵感。一个好的创意可能会成为一个好的机会，所以创意数量远比市场机会要多，创意可以通过多种方法获得，它可能产生于突发的奇想，也可能产生于异想天开的灵感，创意可以区分为意外发现的和经过深思熟虑才能发现的两种来源。创业机会存在于社会与经济的变革过程之中，可能来自改良设计现有产品，也可能来自机缘巧合等。管理大师德鲁克认为通过系统的研究可以发掘创业机会，创业机会来自七个方面。

（一）意料之外的事件

意料之外的事件包括意外的成功、意外的失败、意外的变化。这都是一些特殊事件，创业者对这些特殊事件的分析可以发现创业机会。意外的成功是一种偶然的成功，它与企业一贯的做法不同，也与原有的判断不一样，是在非常规的做法中取得的成功，完全超出意料之外的。意外的失败有两种：一种是由于决策失误而造成的失败；另一种是经过认真计划、执行后，仍然出现的失败。第二种失败可能存在创业机会，要认真对其失败的原因进行分析，找出失败的原因，在寻找失败原因过程中机会可能就会出现。意外的变化是指出现人们意料之外的各种变化，这些变化可能带来意想不到的创业机会。

专栏 3-1 蜜雪冰城魔性出圈

"你爱我，我爱你，蜜雪冰城甜蜜蜜……" 2021年，蜜雪冰城凭借着富有魔性的旋律，在连锁茶饮市场中火爆出圈。2018年，蜜雪冰城进行了最新版本的品牌升级，推出了头戴皇冠、手拿冰淇淋权杖的"雪王"，这个超级符号。2019年12月发布蜜雪冰城主题曲，在各大门店持续播放。为强化视觉符号，2021年6月3日蜜雪冰城在哔哩哔哩平台上发布了主题曲和动画MV视频，该MV仅25秒，三句歌词节奏轻快，朗朗上口，迅速在平台走红。随后发布的中英双语版视频更受关注，以1380万的播放量开始了"屠版"之路，主题曲和MV迅速从哔哩哔哩传播到抖音、微博等其他平台，密集的二次创作内容将"雪王"捧上了"流量王座"，蜜雪冰城主题曲火爆出圈。意外走红的主题曲和MV视频给蜜雪冰城带来了不可计数的广告价值，使其在茶饮行业脱颖而出。

（资料来源：蜜雪冰城魔性出圈[J].国企管理，2021(20)：66.）

思考题：蜜雪冰城的出圈体现了创业机会来自哪方面？

（二）不一致的状况

不一致的状况是指实际情况与预期情况的不一致。例如，经济现象的不一致，当某种产品的设计并不先进,但产品的成本较低和质量较好;产品的产量增加了,但利润却下降了。如果对经济现象的不一致进行研究,找到原因,都有可能成为机会。又例如,一般的生产者都认为自己的产品对消费者是有价值的,但实际上可能不是如此,其原因主要是生产者对市场的把握不准确造成的,这样就存在机会。

(三)基于程序的欠缺

对作业程序进行认真分析,从中找到存在的缺陷,然后从技术上找到切实可行的解决方案。如果能找到切实可行的解决方法,那么这种解决方法本身就是一种机会。

(四)基于行业与市场结构的变化

当某个行业经历导入期、成长期、成熟期和衰退期四个阶段时,市场结构也随之变化,这必然会创造许多创业机会。例如,当在某个行业内,对不同的技术进行改进或整合时,可能会导致市场结构的变化,这样就会形成新的市场机会。

(五)人口统计特性

对人口统计资料进行分析,发现人口发展变化的具体情况及其变化趋势,就能发现许多潜在的市场机会。例如,我国单亲家庭的快速增长,人口老龄化社会现象,国民受教育程度的普遍提高,由于农民工而产生的人口转移、妇女就业的风潮、留守老人和儿童等人口变化趋势都蕴藏着市场机会。

专栏3-2　明阳智能:全球能源转型中国方案

2023年1月10日,明阳智慧能源集团股份公司(下称"明阳智能")宣布在广东汕尾下线全球最大的漂浮式16.X兆瓦海上风电产品平台,再度刷新行业纪录。作为我国清洁能源行业的领军企业之一,明阳智能的前身仅是一个没有核心技术、没有核心产品、固定资产不到一万元、以代工方式为主的小企业,因为技术含量低、市场竞争激烈、利润率不高而生存艰难。明阳智能的创始人张传卫明白,技术创新是让公司活下去的唯一保障。张传卫整合全球研发资源,凭借自主创新一举占领世界海上风电制高点,使海上风电"禁区"在中国人手里变成了极具规模开发价值的巨大富矿。在新能源领域,突破了西方国家的"卡、压、堵、截",解决了"卡脖子"技术难题。此后,张传卫提出用新能源点亮"一带一路"的理念,在"一带一路"沿线十多个国家地区开始了风光储新能源布局,先后创造了"高原三峡""海上三峡"等新模式,使得中国风电成为继高铁之后,"中国制造"走向世界的又一张亮丽名片。

思考题:明阳智能转型的创业机会属于哪一种?

(六) 基于价值观与认识的改变

人们由于价值观或认识的不同,对同一事物的认识和看法就会不同,得出的结论也不一样。当人们的价值观与认识发生了改变,就意味着人们对某些产品或服务的需求也产生了变化,这些变化中就潜藏着许多市场机会。

(七) 新知识

新知识包括科学的和非科学的。新知识或新技术的出现,会产生许多市场机会。例如,计算机技术的出现,就迅速形成了一个巨大的IT产业,也产生了如计算机硬件、计算机软件、计算机网络等许多市场机会。

除德鲁克提出的机会来源之外,一些学者根据自己的研究,也提出了其他的机会来源,如表3-1所示。虽然通过系统研究来发现机会是重要的途径,但是创业者长期的观察和生活体验也很重要。

表 3-1 创业机会的来源

	机会来源	德鲁克	奥尔姆	熊彼得	蒂蒙斯
外在配合条件	存在市场不均衡		复制别人的成功经验,改进做法于不同的区域或区隔市场	打开新市场创造或获取供应的新来源	忽视下一波客户需要
	环境变动	基于产业获取市场结构上的改变人口统计特性		引入生产或配销的新方法	法规的改变、价值链或配销通路的重组
	提供新技术或新服务	基于程序需要的创新	得到某一权利、授权或是特许权	进入新产品或服务	技术的快速变革、技术的创新
	现有厂商效率不佳			现有产品品质明显改善	现有管理或投资者的不良管理
	其他	新知识(包括科学的与非科学的)		产业内组织的新形态	
个人能力条件	相关领域的知识	意料之外的事件	产品的市场知识、供货商与客户		
	先前工作经验		在个人的经验基础上,发展出事业化的需求		
	创业警觉	意料之外的事件、不一致的状况认识、情绪及意义上的改变	与熟知某一专业或科技领域的专家接触所引发的研究以及资料所得		

续 表

机会来源		德鲁克	奥尔姆	熊彼得	蒂蒙斯
个人能力条件	学习能力		搜寻研究先前市场失败的案例		
	社会网络		得到机会参加展览会、研讨会、贸易展示、座谈会等所得		
	其他		把嗜好、兴趣、业余喜好转成事业机会		具有创业精神的领导

三、创业机会产生的环境分析

环境是企业生存和发展的土壤。创业环境分析就是要对创业企业的生存土壤进行分析,它是发现创业机会的基础和前提。动态变化的环境能给行业带来机会,也能制造威胁。创业环境分析的目的是使创业者了解环境,发现并抓住创业机会。

创业环境是指与创业活动有关的所有要素,包括宏观环境和行业环境,如图 3-2 所示。

(一) 宏观环境分析

宏观环境是指给企业创造市场机会或制造威胁的各种要素,包括政治法律环境、经济环境、社会文化环境、科技环境和自然环境等因素。虽然宏观环境对企业的影响可能是间接的,但是影响巨大,而且企业无法控制宏观环境,只能适应它。

1. 政治法律环境

政治环境是指一个国家或地区制约和影响企业的各种与政治有关的环境要素,包括政局、政治制度、体制、方针政策等。政治环境是企业生存发展的基础和

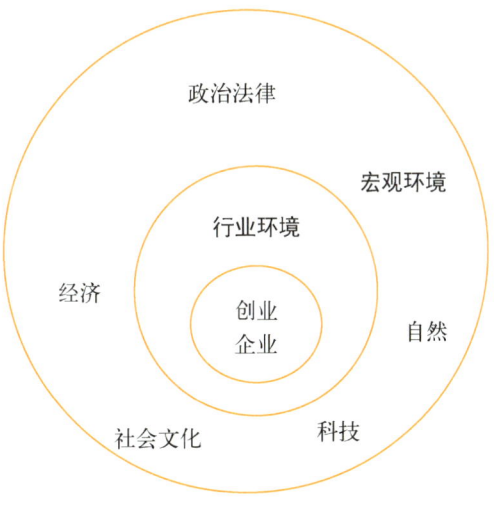

图 3-2 创业环境

条件。政局包括外交政策、执政党更换、要员变换、社会治安、民族矛盾以及社会动乱等情况。这些情况对企业的正常经营活动有很大的影响,因此,创业者在创业前要对影响企业经营的比较敏感的政局环境进行详细分析。国家政策是企业经营必须遵守的准则,企业制订的经营战略和目标必须适应国家政策,如地区经济发展政策、产业政策、财政政策、税收政策、货币政策、外汇政策、价格政策、外贸政策等。创业者应对

各种相关政策有充分的了解,并能对它们的变化趋势做出正确的判断,充分利用政策带来的机会。

法律环境包括国家或地区制定的法律、法规、法令等,它们既保护企业的正当利益不受侵害,同时又监督和制约企业的行为。国家会制定许多与企业经营活动相关的法律法规,如《合同法》《知识产权保护法》《企业破产法》《质量法》《商标法》《专利法》《反不正当竞争法》《环境保护法》等。创业者要对这些法律法规有一定的了解,才能既保护自己的正当利益,又不会因违反相应的法律法规,而受到惩罚。

政治法律环境是保障企业正常经营的基本条件。在一个政治稳定和法律健全环境中,企业才能通过公平竞争,获得长期、稳定的发展。但政治法律环境对企业而言,是不可控的,具有强制性的,企业只有适应这些环境,才能生存和发展。因此,创业者要充分了解相关的政治法律环境,否则可能会导致极大的损失。

2. 经济环境

经济环境是指构成企业生存和发展的社会经济要素,包括经济周期、经济结构、经济发展战略、消费者收入状况、资本市场和基础设施建设等。衡量这些因素的经济指标有国内生产总值、物价水平、消费支出水平、国际收支情况、利率、通货供应量、政府支出、汇率等指标。创业者要对这些经济环境有深刻的了解。

经济周期是经济发展过程中出现的周期性波动,分为繁荣、衰退、萧条和复苏四个阶段。经济周期性波动会影响几乎所有的产业和部门的变化,不同经济周期阶段也会产生不同的机会,而且机会的多少和大小也不一样。一般而言,经济处于衰退和萧条期时,创业机会相对较少,而经济处于繁荣和复苏期时,创业机会相对较多。创业者要正确认识经济发展的周期性,了解经济发展所处的阶段,利用不同阶段的特点,有针对性地制订相应的策略,避免企业经营的较大波动,使企业持续稳步发展。

经济结构是指国家或地区的产业结构、分配结构和消费结构等。如很多地区都形成了某些产业的集群,对创业者而言,在具有产业集群的地区创立相关的企业成功的机会将大大增加。

经济发展战略是指国家、地区或部门从全局出发制订的长期的经济发展规划,如我国推动的"一带一路"建设和实施的"乡村振兴"战略,为国内外创业者和中国广大乡村创业提供了许多绝佳的机会。

消费者收入状况是影响购买力的主要因素之一。但要区分实际收入和货币收入状况,实际收入是指扣除通货膨胀、税收等因素后的收入,它的增加表明实际购买力的增加,但是货币收入却不同,有时货币收入增加并不一定代表实际购买力增加,可能实际购买力反而下降。

资本市场是市场经济的重要组成部分,在现代经济中有重要作用,它是融通资金、调节投资的重要渠道,它的发展状况直接影响创业者在资本市场上获得资金的数量和难易程度。

3. 社会文化环境

社会文化环境是指一个国家和地区的社会结构、民族特征、社会风俗和习惯、信仰和价值观、行为规范、生活方式、文化传统、人口状况等要素。

人口是消费市场的基本前提,是决定市场规模的重要因素。人口状况包括人口数量、人口密度、年龄结构、地区分布、民族构成、职业构成、家庭规模、家庭寿命周期、收入水平、教育水平等。人口状况的变化意味着市场结构、市场规模的变化。例如,不同地区的人群,由于地理环境、自然资源、气候条件等的不同,消费需求的种类、数量等也都不同,购买习惯和购买行为也存在差异;不同年龄的人对商品和服务的需求不同,由此形成不同的市场;不同性别、职业的人,不仅需求不同,而且购买行为与购买习惯也不同。

文化是人们价值观、思想、态度、社会行为等的综合体。一个社会的核心文化和价值观有着高度的持续性,它是人们世代沿袭下来的,影响和制约着人们的行为,同样影响着人们的购买行为和消费习惯,也影响着企业的经营。创业者要充分理解当地的核心文化,同时也不要忽视在核心文化基础上派生出来的亚文化,具有不同亚文化的群体在市场需求和消费行为上表现出很大的差异,即使有相同的亚文化的人,也可能表现出不同的市场需求和消费行为。

4. 科技环境

科技环境是指社会技术总水平及变化趋势,包括科技水平、科技政策、科技力量、科技立法等,它们直接或间接地影响着创业企业的经营。

科技的进步使社会对企业的产品或服务的需求发生重大的变化,它为一个行业或几个行业创造机会,也可能会形成威胁。创业者要特别关注将进入的行业的科技发展状况及未来发展趋势,根据科技成果的商品化速度及技术淘汰速度,选择合适的技术环境,才能使创业企业不会因技术原因,在创业后不久就被更新的技术所淘汰。

近年来,随着人工智能、大数据等数字科技的蓬勃发展,及时获取有效信息并且能够快速、智能、精准地解决问题的科技手段正在不断地更新迭代,这些依赖数据和现代先进网络通信科技的数字技术正不断地渗透到企业发展的环境中。目前我国已成为世界人工智能投融资规模最大的国家,我国人工智能企业数量居全世界第二,以人工智能为代表的数字化技术正在深刻影响企业的内外部环境。

5. 自然环境

自然环境是指影响企业经营的自然因素,包括土地、河流、森林、海洋、生物、能源等。对自然环境分析的目的是了解当地的环境和资源是否具备了行业发展的资源条件,是否适合创业企业的生存和发展。许多自然资源是不可再生的,并不是取之不尽用之不竭的,如石油、矿石等资源,因此要了解当地的资源对创业企业发展有何优势,能持续多久,是否会因为某些资源的缺乏影响企业的正常经营,同时也要考虑环境保护等问题。所以,创业者要考虑在经营过程中如何保护自然环境、不浪费资源,以实现创业企业、消费者和社会三者利益的和谐统一。

(二)行业环境分析

行业是指提供同类产品或服务的企业的总和。行业环境分析包括行业生命周期阶段、行业结构两方面的分析。

在行业不同的发展阶段,行业的经济特征是不同的,这些不同的经济特征直接影响创业企业所要生产的产品能否为它带来利润,也决定创业企业进入该行业的最佳时机等。行业分析的目的是了解有吸引力的行业应具备哪些因素,行业的哪些部分最有吸引力,以便创业者在最佳的时间选择行业最好的环节进行投资。决定行业吸引力水平的综合分析工具是五力模型,该模型分析了行业内决定价格/成本的关系,同时也分析了决定行业利润水平的五种力量。

1. 行业生命周期阶段

每一个行业的发展都要经历导入期、成长期、成熟期和衰退期四个阶段,如图3-3所示。对创业者而言,不同的行业发展阶段带来不同的机会和威胁。

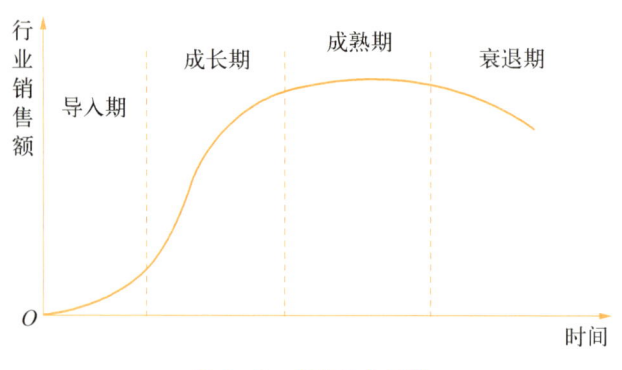

图3-3 行业生命周期

(1) 导入期。在此阶段,行业处于起步阶段,技术处于研制过程中,技术发展具有很大的不确定性,产品单一,价格较高,产品质量存在许多缺陷,企业数量较少,竞争不激烈,消费者群体不明确且规模很小。行业的发展前景不明朗,但存在许多创业机会,一般而言,先进入者享有制定生产、技术等标准的优势,也享有声誉优势,但也存在很大的技术风险和市场风险。

(2) 成长期。在此阶段,技术趋于成熟,技术发展方向明确,产品数量大,产品种类增多,价格不断下降,质量和可靠性得到提高,企业数量不断增加,行业规模扩大,竞争趋于激烈,消费者群体不断增多,且出现许多细分市场。行业的发展前景较明确,主要的细分市场已经被企业占有,但由于市场需求增长较快,也还存在许多机会。

(3) 成熟期。在此阶段,技术发展已经很成熟,行业稳定发展,产品趋于大众化,产品数量大,产品种类齐全,企业间竞争激烈,产品趋于同质化,企业通过广告等方法扩大品牌,实力弱的企业不断被兼并或破产,实力强的企业的市场占有率较高。细分市场基本被企业占有,消费者规模达到最大,且较稳定。因此,此阶段的创业机会不多。

(4) 衰退期。此阶段是行业衰退、消亡的阶段,行业规模不断削减,很多企业纷纷退出该行业。顾客对产品非常了解,且对价格很敏感,而不注重革新,因此企业的成本控制尤其重要,又由于市场需求不断减少,企业盈利能力不断下降,许多企业倒闭或退出。因此，此阶段机会不会太多，创业者应尽量避免在此阶段进入该行业。

行业发展的四个阶段是所有行业都必须经历的，只不过时间的长短不一而已。这四个阶段给创业者带来的机会也各不相同，其中，在导入期和成长期的机会较多，创业者应尽可能在这两个阶段进入行业，而成熟期和衰退期的机会不多，但威胁却较大，创业者应尽量避免在这两个时期进入该行业。

2. 行业结构

行业结构是指在特定市场中，企业间在数量、份额、规模上的关系，以及由此形成的竞争形式。行业结构包括企业数量、规模及其在行业中的位置，买主的数量、规模及其构成，从供应商到最终用户的分销渠道状况，行业内的一体化程度，行业的总体规模，进入市场的难易程度，行业的竞争状况及其吸引力等。

对行业结构分析的主要目的是了解行业的长期吸引力及未来的盈利能力。我们可以通过迈克尔·波特提出的五力模型进行分析，如图3-4所示，以便了解行业的竞争状况及其吸引力。

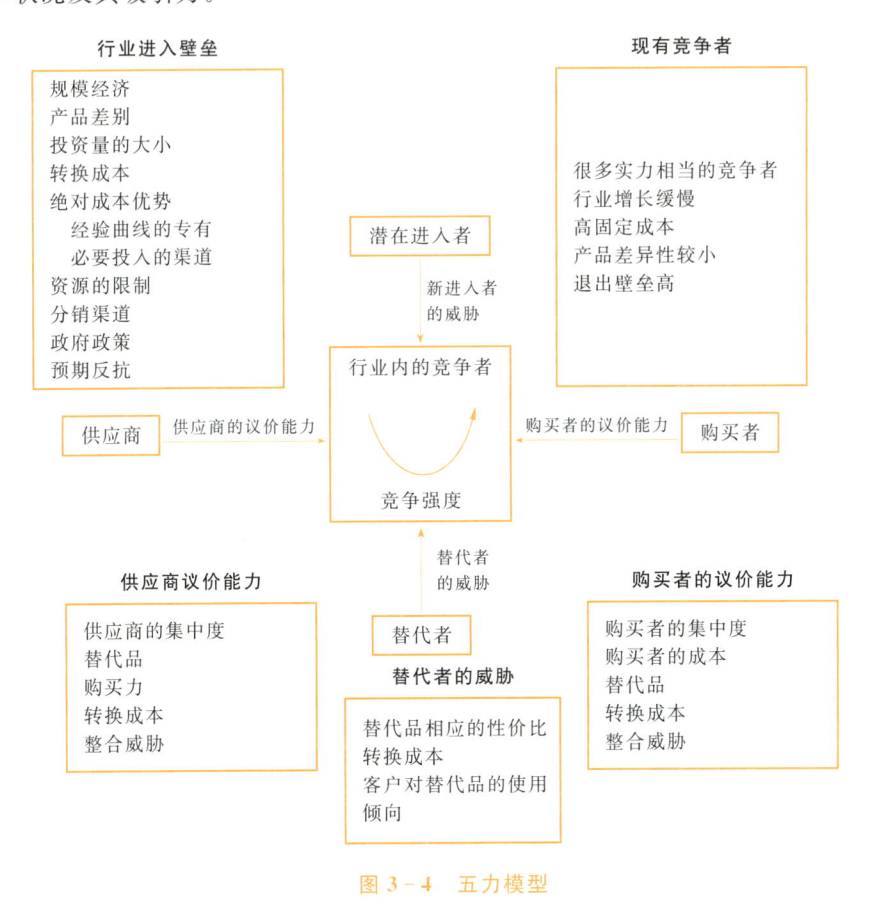

行业进入壁垒
- 规模经济
- 产品差别
- 投资量的大小
- 转换成本
- 绝对成本优势
  - 经验曲线的专有
  - 必要投入的渠道
- 资源的限制
- 分销渠道
- 政府政策
- 预期反抗

现有竞争者
- 很多实力相当的竞争者
- 行业增长缓慢
- 高固定成本
- 产品差异性较小
- 退出壁垒高

供应商议价能力
- 供应商的集中度
- 替代品
- 购买力
- 转换成本
- 整合威胁

替代者的威胁
- 替代品相应的性价比
- 转换成本
- 客户对替代品的使用倾向

购买者的议价能力
- 购买者的集中度
- 购买者的成本
- 替代品
- 转换成本
- 整合威胁

图3-4 五力模型

五力模型认为，企业盈利能力取决于企业所处行业的吸引力以及企业在行业中的相对市场位置。五力模型中的五力是指潜在进入者的威胁、替代品的威胁、供应商的议价能力、购买者的议价能力和现有竞争者之间的竞争。这五种竞争力的综合作用决定了行业竞争的激烈程度,形成行业的吸引力和盈利能力,不同行业的五种竞争力的综合作用不同,同一行业的不同发展阶段的五种竞争力的综合作用也不同,因此,不同行业或不同行业发展阶段的吸引力大小不同。

(1) 行业进入壁垒。大部分创业者进入的行业都是已经存在的行业,只有极少数创业者进入的是全新的行业。创业者在进入一个行业之前要充分了解该行业的进入障碍。行业的进入壁垒越大,潜在进入者就越难进入该行业。有些壁垒是行业特有的,而另外一些壁垒是行业内的企业制造的,因为潜在进入者进入行业后将在两个方面减少现有企业的利润:一方面,进入者会瓜分原有企业的顾客;另一方面,进入者会争夺供应商。对一个行业而言,进入威胁的大小取决于现有企业的反击程度和进入壁垒的大小,如果进入壁垒高,现有企业的反击程度强,潜在进入者就难进入该行业,那么进入威胁就小。行业的进入壁垒主要有以下几方面:

① 规模经济。规模经济是指在一定时期内,企业所生产产品或提供服务的绝对量增加时,其单位成本反而下降。任何行业,因行业特性等,都会有一个最佳的规模经济生产点。在最佳规模经济生产点生产的现有企业相对新进入者有成本优势,这就构成了进入障碍。新进入者要成功进入一个行业必须具备一定的生产规模,才能取得相应的成本优势,否则将处于成本劣势。

② 产品差异。产品差异优势是指现有企业通过长期的大量广告宣传、优质服务等形成的商标信誉、客户忠诚等优势。如果行业存在产品差异优势,新进入者在进入该行业后将要花费很大的代价进行品牌建设、广告宣传等工作来树立自己的品牌和信誉,培养客户忠诚等,只有这样才能改变顾客对企业品牌的接纳,否则企业将很难生存。

③ 投资量的大小。进入任何一个行业都要有相应的技术和资金的投资。如果行业的技术是垄断的,新进入企业要获得相应的技术必须通过购买或者自行研发。新进入企业通过购买获得技术,可能存在成本劣势或其他风险,而自行研发在技术领先上可能有优势,但是存在很大的风险,这两种方法的成本都很高。此外,生产产品可能需要大量的资金,这样就形成了进入障碍。

④ 转换成本。转换成本是指由于转换购买、生产或销售而花费的成本。企业进入新行业后,原有的固定资产、原材料、技术及员工等进行转换的成本,也包括心理转换成本。转换成本越高,进入新行业就越难。

⑤ 绝对成本优势。由于行业内现有企业在此行业内经营了一段时间后,就会拥有经验曲线带来的成本优势。经验曲线是指由于做同一件事情而获得了做该事的某些诀窍之后,完成该事的总成本会更低。相对新进入企业而言,现有企业对投入要素渠道的控制,也将获得成本优势。

⑥ 资源的限制。某些行业的资源,如原材料、劳动力、设备等供应充足,企业就容易进入。相反,某些资源很稀缺,除非有可获得的替代资源,否则企业很难进入该行业。

⑦ 分销渠道。产品的差异化是否对潜在进入者有阻碍与最终消费者对产品的

选择偏好有关。对新进入企业而言,必须改变原有经销商的偏好,使自己的商品能够通过它们进入销售渠道,这种经销商的偏好就是进入障碍。对新进企业而言,要进入与原有企业建立专营的销售渠道的阻力很大。

⑧ 政府政策。政府对宏观经济和产业经济发展会推出相应的政策法规。如果选择的行业符合政府宏观或产业经济发展政策,那么企业就能在较宽松的环境下生存和发展。相反,可能会受到很多限制,甚至不能得到国家的批准。

⑨ 预期反抗。行业中已有企业对新进企业的反抗越强烈,就越难进入该行业。在以下情况下,预期的反抗会较大:一是行业内现有企业之间的竞争已经十分激烈;二是行业内现有企业拥有的资源充足,且没有其他经营的机会和能力;三是行业的发展潜力小,市场容量较小,现有企业的生产能力已经能够满足市场的需求;四是行业内使用的资产的专用性很强;五是退出壁垒很高。

(2) 供应商的议价能力。供应商通过两种方式对行业施加讨价压力:一是提高产品或服务的价格;二是在现有价格情况下,降低产品或服务的质量。这两种情况都会使行业的吸引力减小。如果能成功应用上述两种方式,供应商就能将行业利润转移到自己的行业内。供应商能从下列方面对行业内现有企业的利润施加压力:

① 供应商的集中度。当行业的供应商只有极少数几个,也就是说,集中度较高,而相应的替代品较少或者性价比更低时,供应商的议价能力就更强。

② 替代品。当供应商提供的产品或服务在市场上没有好的替代品,供应商在议价时就处于优势地位。相反,如果行业能够很容易在市场上获得供应商提供的产品或服务的替代品,那么供应商的议价能力就会变弱,因为替代品限制了它的价格。

③ 购买力。如果行业要购买很大数量和总额的产品或服务,同时又占供应商的销售额比重很大,那么供应商为了得到这种大订单,在议价时会适当做出让步。

④ 转换成本。行业在选择供应商时,如果存在很高的转换成本,那么行业很难要到低价或要求供应商提高产品质量。

⑤ 整合威胁。当供应商有能力进入行业时,供应商的议价能力就很强,如果供应商在议价时的期望得不到满足,那么它很可能选择自己进入现有行业,也就是向前整合。

(3) 购买者的议价能力。购买者在议价过程中,通过两种方式对行业施加压力:一是要求行业降低产品或服务的价格;二是要求行业提高产品或服务的质量。购买者的上述两种议价方式都会降低行业的利润,降低价格会使收益下降,而质量提高会使成本增加而使利润下降。购买者在以下情况议价能力可能更强:

① 购买者的集中度。当购买者的购买量和购买额很大时,购买者在与行业之间议价时,要么要求降价,要么要求提高产品或服务质量,从而使购买者处于议价的有利地位。

② 购买者的成本。如果产品在购买者的总成本中占有较大比重,购买者对价格就会很敏感,特别是在购买数量较大时,单位产品的价格上的细微让步,都可能给购买者带来巨大的利益,因此,购买者在议价时就会花很多时间和精力。

③ 替代品。当购买者可以很容易购买到行业提供的产品的替代品或相似品时，购买者就会有很强的议价能力。因为如果行业要价过高或提供的产品或服务的质量过低，购买者就会选择替代品或相似品，也就是说替代品或相似品限制了行业提供的产品或服务的最高价格。

④ 转换成本。如果购买者在选择供应商时的转换成本很低，那么购买者很容易就会转向购买其他供应商的产品或服务，这样对原有供应商而言，要价不能太高或者提供的质量不能太低，否则顾客就会流失。

⑤ 整合威胁。如果购买者有能力或意向自己生产由行业提供的产品或服务，那么购买者的议价能力就会很强。当购买该产品或服务比自己生产更有利可图时，购买者才会选择购买，否则可能选择自己生产。

（4）替代者的威胁。所有行业都面临替代品的竞争。如果替代品盈利能力很强，就会把本行业的价格限制在一个较低的价格水平上，使行业利润也较低，这样不利于行业的发展。因此，来自替代品的性价比的吸引力越大，该产品的价格上限越低。

（5）现有竞争者。如果行业内的其他四个力（供应商的议价能力、购买者的议价能力、进入壁垒很低、有良好的替代品）都很强，那么将会使行业竞争更激烈。每一种力量都单独引起成本上升或价格下降或者对两者都有影响，成本上升或价格下降都直接影响行业的利润。当出现以下情况时，行业内企业竞争加剧。

① 很多实力相当的竞争者。行业中的企业越多，竞争就越激烈。如果行业内存在很多实力相当的竞争者，特别是其中某些企业会通过降价或降低质量来抢夺顾客，那么竞争会十分激烈。当行业内有领导者时，会由于领导者能给行业内其他企业以指导或控制，而防止行业陷入恶性竞争。

② 行业增长缓慢。随着行业的增长，有足够多的消费者来满足企业生产能力的增长。一旦行业增长速度变慢，即消费量的增加没有生产能力增加的速度快时，就会出现生产能力过剩，那么为了解决自己的销售问题，企业之间就会通过降低价格或者提高质量等方法来争夺顾客。

③ 高固定成本。如果企业有高的固定成本，那么它就需要较大的产量才能保本。因此，高固定成本的企业会尽可能地提高生产量，这样就可能会导致价格竞争，从而使整个行业的利润下降。

④ 产品差异性较小。如果行业内各企业生产的产品差异性小，那么顾客选择该类产品的主要标准就是哪个企业的产品价格更低，就选择购买哪个企业的产品。因此，企业为了能使顾客选择购买自己的产品，只有价格比竞争对手的产品价格更低，而质量要保持不变或更高，这样就会形成价格战，使行业吸引力降低，利润减少。

⑤ 退出壁垒高。如果行业内企业很难退出该行业或者退出成本太高，那么企业会尽可能地留在行业内，无论竞争多么激烈，除非企业不能再生存了，否则将会一直竞争下去。由此可见，退出壁垒高的行业的竞争会很激烈，行业利润也不会很高。

第二节　创业机会的识别与评价

创业过程开始于创业者对创业机会的识别和把握。而创业机会来自现存的市场环境中存在某些不足，以更好的方式提供更好的产品或服务来弥补这种不足，并获取利润的可能性就是创业机会。对创业机会的识别主要包括信息的收集和研究、创业机会的识别内容、创业机会的评价等过程。创业机会产生的环境分析在上一节已经介绍过，以下重点介绍创业机会的识别和创业机会评价。

一、创业机会的识别

（一）信息的收集和研究

在创业初期，信息对创业者非常重要。创业者要充分了解和把握市场，就必须对信息进行仔细收集和认真研究。通过信息的收集和研究了解谁是顾客、潜在市场规模、竞争对手有哪些及实力情况、供应商和分销商的情况、进入和退出壁垒、行业特征、行业结构、定价策略、分销策略等情况的信息，以便做出科学的决策。市场信息的收集包括确定信息收集和研究的目的、收集第二手资料、收集原始资料、资料的加工处理等步骤。

1. 确定信息收集和研究的目的

信息收集和研究的第一步就是要精确定义决策所需要的信息。如果匆忙定义所需要的信息而没有进行深入研究所需要的信息是否恰当，收集的信息可能没有任何用处。对创业者而言，比较好的方式是认真对决策所需要的信息进行研究，并详细做出调查的信息清单和计划，正所谓"磨刀不误砍柴工"。一般而言，信息收集至少要了解以下情况：

（1）顾客是谁及其规模有多大？
（2）潜在顾客有哪些、规模有多大？
（3）顾客愿意在哪里购买该产品或服务？
（4）整个市场有多大规模？企业能占多少市场份额？
（5）供应商情况如何？
（6）分销渠道情况如何？
（7）与竞争对手相比有无明显优势？
（8）顾客通过何种渠道获取相关信息？
（9）促销对顾客有什么影响？

2. 收集二手资料

二手资料是指经过处理的资料。对创业者而言，最容易和最明显的信息来源是已经有的二手资料。一般而言，收集二手资料的成本比收集原始的一手资料要低。因此，创业者在进一步研究之前要充分收集和研究二手资料。二手资料一般来自杂

讲解视频

如何识别商业机会

第三章 创业机会

志、图书馆、政府机构、大学或专门的咨询机构、现已存在的企业、网络等。创业者在收集和处理二手资料时要特别注意不同的渠道获得的资料的有效性不一样,要充分利用有效性较高的资料渠道。

3. 收集原始资料

在对二手资料充分了解和把握的基础上,就能很好地了解需要收集哪些原始资料。一般而言,收集原始资料要比收集二手资料更费时费力费钱,但准确性更强,因为二手资料是已经按照作者们的想法进行过处理的。

原始资料的收集有观察和调查两种方法。观察是最简单、最古老也是最经济的收集原始资料的方法。创业者可以通过观察顾客的行为,并对观察到的行为进行研究,就能了解这些顾客的购买特点等相关信息。调查或访谈是收集原始资料最常用的方法,调查可以通过邮件、电话和个人访谈等途径进行。调查方法比观察花费更多,但却能够获得更有价值的信息。这些方法有各自的优缺点,创业者在使用时应充分了解这些方法的特点。

4. 资料的加工处理

在获取必要的一手资料和二手资料后,就要对这些资料进行加工处理,使之成为有用的信息,否则这些杂乱无章的资料没有任何作用。特别是大量的原始资料只是一堆事实而已,若想有利用价值,就必须重新加工使其成为有意义的信息。

(二)创业机会识别的内容

对某个创业机会进行识别,通常需要对以下内容做出分析。

1. 创业机会的原始市场规模

创业机会的原始市场规模是指创业机会形成之初的市场规模。原始市场规模决定了创业企业在创业初期可能销售的规模,也决定了利润的多少。因此,分析创业机会的原始市场规模十分重要。一般而言,原始市场规模越大越好,因为创业企业只要占有极少的市场份额就会拥有较大的销售规模,这样就足够创业企业生存下去了。

2. 创业机会存在的时间跨度

任何创业机会都有时限,超过这个时限,创业机会也将不存在。不同行业的创业机会存在的时间跨度是不一样的,同一行业不同时期的创业机会存在的时间跨度也不一样。时间跨度越长,创业企业用于抓住机会、调整自身发展的时间就越长。相反,时间跨度越短,创业企业抓住机会的可能性就越小。

3. 创业机会的市场规模随时间增长的速度

创业机会的市场规模随时间增长的速度决定着创业企业的成长速度。一般情况下,它们之间呈正比,也就是市场规模增长得越大、速度越快,相应的创业企业的销售量和销售量增长的速度也越快。创业机会带来的市场规模总是随时间变化而变化的,而随之带来的风险和利润也会随时间变化而变化。

4. 创业机会是否为好机会

即使创业机会有较大的原始市场规模,存在较大的时间跨度,市场规模也随着时

第二节　创业机会的识别与评价

间以较高的速度成长,创业者也要对该机会作进一步的评价看它是否为好的机会。杰夫里·A.蒂蒙斯教授中认为好的商业机会应具备以下四个特征:一是它很能吸引顾客;二是它能在商业环境中行得通;三是它必须在机会之窗存在期间被实施[①];四是必须拥有机会所需的资源(人、财、物、信息、时间)和技能。

专栏3-3　大疆无人机的成功

自21世纪以来,无人机技术也迅速地向民用商业化发展。美国和以色列是最早将无人机技术转向民用方向发展的,欧洲、韩国、澳大利亚和新加坡等国家地区也相继开始了无人机技术民用化的应用尝试。

在国内,最早的无人机民用应用研究是20世纪60年代西北工业大学开发的"D-4民用无人机系统",但很长一段时间都并未向公众开放使用。无人机价格高昂,入行门槛高,是无人机民用化步伐缓慢的主要原因。大疆创始人王滔在大学和硕士阶段,沉迷于无人机的研究设计和开发。通过多年了解,王滔看中了无人机在民用领域的发展前景,于2006年在深圳创立了大疆创新有限责任公司。

尽管无人机民用市场是一片蓝海,但此时无人机在中国还是一个大众陌生的产品。在国内市场不好打开的情况下,大疆迅速决定开拓海外市场(以对无人机已有一定接受度的北美市场为主)。这一时期,北美无人机行业主要以售卖无人机散装零件为主,消费者需要将无人机零件带回去自己进行组装。王滔发现大多数消费者在无人机组装时经常出错,而定制的无人机动辄数万,过高的门槛令不少人望而却步。在这一市场情况下,大疆以做整机为目标,整合供应链,自主研发出了一系列高品质的配件产品,包括四旋翼机器、多旋翼控制系统、六旋翼飞行器等。经过几年时间的沉淀,2012年,大疆推出入门级产品便携式四旋翼航拍无人机"大疆精灵Phantom",该产品在航拍、控制等性能上有着专业级的素质,作为世界首款航拍一体机在国际市场一举闻名。这一时期,大疆在海外设立分公司,北美、日本、欧洲分公司相继建立,累积了大量国际人才并且开拓了国际合作渠道。

到2014年,大疆的四轴无人机占领国际市场的70%份额,其中海外收入占到了总收入的82%。在这一阶段,国内也有越来越多的企业加入无人机的市场竞争。在国内市场布局未清晰的情况下,大疆针对摄影爱好者群体提升无人机图像处理水平和防抖云台风控技术的水平,精准地吸引到庞大的摄影爱好者群。

思考题: 大疆无人机的成功体现了创业机会识别的哪些内容?

---

① 机会之窗是指商业想法推广到市场上所花的时间。

第三章 创业机会

5. 创业机会对创业者而言具有可实现性

即使创业机会具备了上述四个条件,也要求该创业机会对创业者而言是可实现的,否则对该创业者来说,只是可望而不可即的事。创业者是否能利用这一创业机会,要看创业者是否具备以下条件:拥有利用该创业机会所需要的关键资源;遇到较大的竞争力量,能与之对抗;能够创造新市场并占领大部分新市场;可以承担创业机会带来的风险等。

二、创业机会的评价

创业者有想法固然重要,但并不是每个想法都能转化为创业机会。许多创业者仅凭想法去创业,也对创业充满信心,但最终却失败了。不是每个创业机会都会给创业者带来益处,每个创业机会都存在一定的风险,因此,创业者要对创业机会进行科学的分析与评价,然后做出决策。以下先对创业机会的评价方法作一简单介绍,然后重点介绍一个目前比较综合、全面的创业机会的评价准则。

(一) 创业机会的评价方法

对创业机会的分析一般可以采用定性分析和定量分析两种方法。

1. 定性分析

一些学者提出了对创业机会的定性分析的评价内容。例如,斯蒂文森等指出要充分评价创业机会,需要认真考虑以下五个问题:① 机会的大小,存在的时间跨度和随时间成长的速度;② 潜在收益是否超过所有的投资,且利润较有吸引力;③ 机会是否开辟了额外的扩张;④ 收益能否持久;⑤ 产品或服务是否真正满足了真实的顾客需求。

而荣纳克等提出了评价创业机会的五项基本指标:① 对产品有明确界定的市场需求,并且推出时机也恰当;② 投资的项目必须能够获得持续竞争优势;③ 投资必须有较高的回报;④ 创业者必须适合创业机会的需要;⑤ 创业机会中不存在致命的缺陷。

创业者在利用定性方法分析创业机会时应避免出现过低估计或过高估计市场机会的作用,这两种情况都可能会给创业者带来较大的风险。

2. 定量分析

对创业机会的定量分析有多种方法。例如,通过专家对创业机会进行打分评价的标准打分评价法,利用一些关键指标计算并比较创业机会的优先级法。但我们认为采用从财务上对创业机会进行量本利分析是比较好的定量分析方法。

量本利分析首先要根据一系列的相关资料对市场需求量做出精确预测,确定企业产品或服务的定价及销售量,这样就确定了企业的销售额;接下来是对企业的总成本进行分析,成本包括采购成本、生产成本、销售成本等固定成本和可变成本;在了解了总销售额和总成本之后,就可计算出未来企业可获得的利润,如果利润达到了创业者的预期目标,那么这种创业机会就具有较大吸引力。反之,创业机会没有吸引力。

(二) 创业机会的评价准则

既然创业机会既存在风险,又有益处,那么创业者如何规避风险,而获得益处呢?

第二节 创业机会的识别与评价

创业者要对创业机会进行科学的评估。科学评估要有一系列的评估规则或指标,如果只用单一的指标,会存在过分简单的风险,因此需要使用一套较全面的综合指标进行评价,如表3-2所示。

表3-2 创业机会评价准则

准则	吸引力 较高潜力	吸引力 较低潜力
一、产业和市场		
1. 市场		
需求	确定	不被注意
客户	可接受	不易接受
对客户回报	不到一年	三年以上
增加或创造的价值	高	低
产品生命	持久;超过投资加利润回收期	不能持久;比回收投资期短
2. 市场结构	不完全竞争或新兴行业	完全竞争或高度集中或成熟行业或衰退行业
3. 市场规模	1亿美元销售额	不明确或少于1 000万美元销售额
4. 市场增长率	以30%或50%或更高速度增长	很低或少于10%
5. 可达到的市场份额	20%或更多;领先者	不到5%
6. 成本结构	低成本提供	成本下降
二、资本和获利能力		
7. 毛利	40%到50%或更高;持久	不到20%;脆弱
8. 税后利润	10%到15%或更高;持久	不到5%;脆弱
9. 所需要的时间		
损益平衡点	2年以下	3年以上
正现金流	2年以下	3年以上
10. 投资回报潜力	25%/年或更高;高价值	15%~20%/年或更低;低价值
11. 价值	高战略价值	低战略价值
12. 资本需求	低到中等;有资助	非常高;无融资
13. 退出机制	现时或可望获利的其他选择	不确定;投资难以流动
三、竞争优势		
14. 固定和可变成本		
生产	最低	最高
营销	最低	最高
分配	最低	最高
15. 控制程度		
价格	中到强	弱

续 表

准则	吸引力	
	较高潜力	较低潜力
成本	中到强	弱
供应渠道	中到强	弱
分配渠道	中到强	弱
16. 进入障碍		
财产保障/法规中的有利因素	已获得或可以获得	无
对策/领先期	具有弹性和相应对策	无
技术、产品、市场创新、人员、位置、资源或资产能力的优势	已有或能有	无
法律、合同优势	专利或独占的	无
合同关系与网络管理班子问题	已实现;高质量;易进入现存,有很强运作能力	粗糙;有限;不易进入或仅创办者一人
竞争者倾向和战略	竞争性的;有一些;非自毁性	麻木不仁
四、管理班子		
17. 管理班子	没有	
五、致命缺陷		
18. 致命缺陷	没有	一个或几个

上表显示的评估准则由产业和市场、资本和获利能力、竞争优势、管理班子,以及致命缺陷等五个方面的 18 项子指标组成。其中一些指标给出了定量标准,但要针对不同的行业,确定不同的定量标准。一般而言,好的市场机会在上述所列的 18 项指标中的大部分指标应表现出巨大的潜力,或者在一个或几个指标中拥有十分突出的优势。好的市场机会应具有可衡量性、现实性、可进入性和获利性四个特征。

以下对上述各项指标作一简要讨论。

1. 行业与市场

(1) 市场。一个潜力较大的市场机会应该能满足顾客的某种具体需求,而满足顾客这种需求的产品或服务能为顾客带来较大的价值。在购买或消费该产品或服务过程中,顾客所获得的价值或所节约的成本应不到一年就能回报。对创业者而言,该产品或服务的寿命应至少超过投资和利润的回收期。相反,潜力较小的市场机会往往不重视顾客需求,同样顾客也不容易接受这种需求,而且为顾客增加或创造的价值较低,对顾客而言,所有投资要三年以上才能得到相应的回报,对创业者而言,该产品或服务寿命较短,以至不足以收回所有投资。

(2) 市场结构。市场结构是由现有市场中的企业数量、销售规模、进入和退出壁垒、购买者数量、行业生产能力、成本、行业特征等因素组成。它是行业是否有吸引力的关键

第二节 创业机会的识别与评价

因素。那些市场不完善的行业、细分市场没有完全得到满足的行业、新兴的行业或者在成长期的行业,都存在较大的市场机会。相反,如果市场竞争很完全、市场分得很细且基本得到满足,或者行业已经到了成熟期或衰退期,那么在这种行业中的市场机会就较小。

(3) 市场规模。市场规模是指市场的容纳量的大小。容纳量大则市场规模大,机会就较大,因为只要占较小的市场份额就会有较大的绝对量。但也存在其他企业进入,造成竞争过于激烈的情况。相反,容纳量小则市场规模小,创业机会较小,因为一旦已经有企业占据该市场,其他企业要想进入,会十分困难。

(4) 市场增长率。一个有吸引力的市场是容纳量大、增长迅速且持久的市场。增长率在30%到50%或以上的增长速度的市场是潜力较大的市场,相反,如果增长率很低或小于10%的市场是潜力较小的市场。

(5) 可达到的市场份额。可达到的市场份额是指企业在市场中拥有的市场占有率,如果市场占有率在20%或更多,或者是市场的领导者,那么市场机会就会更多。相反,如果市场占有率不到5%,则会失去很多市场机会。

(6) 成本结构。提供产品或服务成本较低的企业在市场竞争中将有成本优势。如果低成本来源于技术创新,则对创业企业而言,会存在较大的市场机会,但是如果低成本来自规模经济或经验曲线,那么对创业企业可能不是好事。

2. 资本和获利能力

(1) 毛利。毛利是指销售额减去所有的直接成本和可变成本。对创业企业而言,高的、持久的毛利对生存和发展十分关键。一般而言,毛利在40%~50%或更高可以为企业带来宽松的资金环境。相反,如果毛利低于20%,且不持久,那么该创业机会就没有吸引力。

(2) 税后利润。一般高的、持久的毛利会转化为持久的税后利润。有吸引力的创业机会的税后利润应在10%~15%或者更高,并且持久,而那些税后利润不到5%且没潜力的机会没吸引力。

(3) 所需要的时间。这里的所需要的时间是指达到损益平衡点和正现金流所需要的时间。如果达到损益平衡点和正现金流的时间短,说明创业机会的潜力大;反之则潜力小。一般而言,如果达到损益平衡点和正现金流的时间在2年以下,那么创业机会的潜力较大。相反,如果达到损益平衡点和正现金流的时间在3年以上,那么创业机会的潜力较小。

(4) 价值。以高战略价值为基础的创业企业的成功可能性较大,而以低战略价值或没有战略价值的创业企业比较难成功。

(5) 资本需求。需要较少或中等量的资本的创业机会有较大的吸引力,或者有较好的项目,且能获得资金资助的创业机会的成功概率较高。相反,如果创业需要较多的资金,且没有融资渠道,那么创业比较难成功。

(6) 退出机制。如果一个行业的退出壁垒较小,那么创业机会的吸引力较大。相反,如果退出壁垒较高,或投资难以流动,那么行业的吸引力比较小。

3. 竞争优势

(1) 固定和可变成本。低成本优势是竞争优势的两个来源之一(波特认为竞争优势来自低成本优势或差异化优势)成本可分为固定成本和可变成本,也可分为生产成本、营销成本和分配成本。因此,在其他条件相同的情况下,有较低的生产成本、较低的营销成本或较低的分配成本,那么总成本可能会较低,具有较低的总成本的创业机会比较有吸引力。

(2)控制程度。如果创业企业能够控制市场价格、成本、供应渠道和分配渠道,那么创业企业对整个行业的控制力就很强,创业企业就会有很大的成功可能性。

(3)进入障碍。如果行业内的企业能够阻碍其他的企业进入,那么对于已经进入该行业的企业就容易成功。但对创业企业而言,要进入一个有高进入障碍的行业并非易事,除非能改变该行业的竞争规则。

4. 管理班子

拥有较高素质的管理人员是创业企业成功的关键因素。在创业企业中如果有行业的"超级明星",那么创业成功的机会将大增,当然仅仅依靠一两个"明星"并不能保证企业能持续、良性地经营,还必须要有完整的、结构合理的管理班子,才能使企业成长壮大。

5. 致命缺陷

有致命缺陷的创业机会是没有吸引力的,它存在潜在的严重的危机。因此,创业者要对创业机会进行认真评估,了解创业机会中是否存在严重或致命的缺陷,以避免创业失败。

本 章 小 结

1. 从本质上说,创业是创业者识别机会,并将其转化为成功企业的过程。机会是源于对新产品、新服务、新技术、新的市场、新的组织形式和新业务的需求而出现的一组有利环境。

2. 机会有四个本质特征:① 有吸引力;② 持久性;③ 时效性;④ 依附于为买主或终端用户创造或增加价值的产品、服务。

3. 创业机会的来源:① 意料之外的事件;② 不一致的状况;③ 基于程序的欠缺;④ 基于行业与市场结构的变化;⑤ 人口统计特性;⑥ 基于价值观与认识的改变;⑦ 新知识。

4. 创业环境是指与创业活动有关的所有要素,包括宏观环境和行业环境。宏观环境是指给企业创造市场机会或制造威胁的各种要素,包括政治法律环境、经济环境、社会文化环境、科技环境和自然环境等因素。行业是指提供同类产品或服务的企业的总和。行业环境分析包括行业生命周期阶段、行业结构两方面的分析。

5. 创业机会识别的内容包括:① 创业机会的原始市场规模;② 创业机会存在的时间跨度;③ 创业机会的市场规模随时间增长的速度;④ 创业机会是否是好机会;⑤ 创业机会对创业者而言具有可实现性。

6. 对创业机会的分析一般可以采用定性分析和定量分析两种方法。

课 堂 讨 论

1. 创业环境分析的意义是什么？
2. 宏观环境分析的内容有哪些？
3. 行业的生命周期及其特点有哪些？
4. 行业的进入壁垒与退出壁垒包括哪些？
5. 如何分析行业的吸引力？
6. 找一个失败的创业案例，应用本章中的评价指标对其进行分析，找出其失败的主要原因。
7. 简述创业者识别创业机会的过程及内容。

案 例 分 析

择 机 而 动

1999年年底，李彦宏决定创办自己公司的时候，他为新公司起了一个颇有诗意的名字"百度"，该词来源于中国一句古诗词：众里寻他千百度。当时，李彦宏把新公司定位为主要是从事互联网中文搜索引擎技术服务，因此用"众里寻他千百度"这句话来描述公司恰到好处。其实，李彦宏创办百度的过程也是"众里寻他千百度"。

百度正式创办于1999年，但李彦宏的创业想法早在三四年前就已经有了，具体可以追溯到1996年。那一年，他拿到了美国绿卡，之后，就经常往来于美国与中国考察发展机会。

李彦宏对回国创业一直情有独钟。他说，从文化背景角度来讲，虽说硅谷是世界上最好的创业基地，但那毕竟是美国，华人，尤其是没在美国文化下长大的华人，始终无法和它的主流文化融合在一起，最多只能游离于主流阶层边缘。对于华人创业者来说，这是不容忽视的劣势。再有，像李彦宏这样的华人，不是从美国名牌学府毕业，在公司也未曾担任过高层职务，在美国创业的机会并不多。相反，如果他是从斯坦福大学或哈佛大学等名牌大学毕业的，别人可能立刻会对他另眼看待。

第三章　创 业 机 会

在李彦宏看来,教育背景、文化背景和工作背景的不同导致在美国的创业落差是相当大的。例如,在融资方面,一个土生土长的美国人,又有常青藤背景,可能会很容易拿下投资。可如果换作一个华人,即使他非常优秀,投资人还是要仔细研究他的一切,因为他不属于这个国家,投资的风险非常大。"这就是创业的成本,不同背景的人创业从起点开始就非常不同",李彦宏深有感触地说。

此外,李彦宏又说:"从商业的角度来讲,哪里有机会、有商机,就应该到哪里去,中国的发展空间和市场前景十分广阔,回来一直是我的愿望,但我一直在寻找时机。"

1996—1999年,李彦宏前后考察了近4年时间。他说,每次回来,他总有新发现,但只是到了1999年,一直从事互联网行业的他才真正意识到机会来临了。那时他回国后发现中国互联网作为一个市场,已经培育起来:国内网站非常多,也很火爆;互联网已经深入人心,不再是个生僻或时髦的名词,它和人们的生活紧密联系在一起,主流产业对它的接受程度也越来越高。"这对我来说至关重要",李彦宏坦言道。

1999年秋天,受驻美国旧金山领事馆的邀请,李彦宏回国参加了国庆五十周年大典。当时李彦宏所在的美国观礼团一行近20人,每个人想的几乎都是如何创业,谈论的也都是这一话题。李彦宏也不例外。虽然当时创办百度对李彦宏来讲还仅仅是一个比较粗略的想法,但他还是把做中文搜索引擎技术服务的想法带回祖国,并为此进行了市场调查。

跟着观礼团一行,李彦宏在国内考察了两个星期。这段时间,他对中国互联网市场及其成熟度进行了实地市场调查,他发现中国的互联网市场已经发展到一定阶段,互联网热升温得非常快,网站如雨后春笋,网民人数也在不断增多。同时,他也注意到,表面上看,中国互联网行业很繁荣,但基础技术环节还是相当薄弱,而自己的长处正是互联网信息检索技术。这一冷一热的对比使李彦宏确信,自己等待多年的创业机会终于来临。

然而,1999年下半年的时候,中国最热的还是企业到企业的电子商务(B2B)。当时,有很多人问李彦宏要不要做B2B电子商务。考虑到自己的技术背景,李彦宏认为只有从事互联网技术方面的开发才能充分发挥自己的特长。同时,他发现,搜索引擎的市场非常大,当时美国前三大网站的搜索技术主要由一家网络公司提供。相关资料显示,美国信息检索和传递技术公司的商业价值总和介于1000亿到1500亿美元之间。而中文搜索引擎的市场发展潜力也不容小视。中国互联网市场当时缺乏好的中文搜索引擎技术,而中国网民数量却在急剧膨胀,每天互联网访问量非常之大。以每天的访问量乘以搜索比例再乘以每千次的收费标准,他认定中文搜索引擎的市场机会将非常大。于是,他决定以搜索引擎为切入点,回国创办网络技术公司。

没有做热门的网络门户和电子商务,而是认准了中文搜索引擎技术,除了看准该领域巨大的商业机会之外,李彦宏坚信,创业绝不能现在什么热,就搞什么,而是要预见两年之后什么东西会有大发展、会热起来再去做。因为正在热的项目,很多公司已经做到一定的规模了,再去做,可能早已经没有机会了。

思考题:
1. 李彦宏是如何寻找到最佳创业时机的?
2. 如果在 1996 年、1997 年或 1998 年做中文搜索引擎技术服务,李彦宏能成功吗?为什么?
3. 谈谈你对创业机会的认识。

第四章 商业模式

学习目标

1. 了解商业模式的概念与特征
2. 掌握商业模式画布的九要素
3. 掌握商业模式创新的路径

考核要求

以小组为单位搜集近五年的创业项目，利用商业模式画布讨论、分析该创业项目的商业模式，并制作PPT完成10分钟的课堂分享。

引导案例

小米科技商业模式

小米公司正式成立于2010年4月,是一家专注于高端智能手机自主研发的移动互联网公司,小米公司首创了用互联网模式开发手机操作系统、60万发烧友参与开发改进的模式,"为发烧而生"是小米的产品理念。

第一,高性价比手机品牌的价值主张。从屏幕,处理器,电池容量,操作系统等任何配置方面小米手机都高于当期同价格国外大厂品牌智能手机,但定价却比外国当期同配置的智能手机便宜得多,这完全迎合了市场大众的需求,尤其是学生和青年人。

第二,盈利模式的颠覆及创新。将价格定位为中档机市场,基本配置向高端机看齐甚至领先一些高端机。因为在这个产品空间以及利润空间的考虑下,其他厂商不太好进入市场。小米降低了自己的盈利预期,通过"舍"弃高利润从而"得"到存活机会,这种高质量—低价格的商业模式也达到了最大化地提高顾客的让渡价值。

第三,多样性的营销手段。小米通过"饥饿营销",锁定了用户的预付款,利用手机上的各种芯片、配件的价格随着时间的推移下降的趋势获取盈利,这无疑是一种高明的资本运作方式。小米公司借助网络平台,采用了"电子渠道(小米官网)+物流合作渠道(凡客物流)"的网络直销模式,打造了不同于传统手机厂商的手机销售渠道模式。电子渠道直接节省了实体线下经营的成本,合作物流则节省了自身库存管理和物流网络搭建的成本。网络平台销量约占小米总销量的70%。另外,小米公司还与运营商合作,将30%的手机作为定制机出售。

另外小米建立了关联公司(金山软件、优视科技、多玩、拉卡拉、凡客诚品、乐淘等)战略联盟,具有其他手机厂商都不具有的优势——低成本,高效率,整合速度快和双向推动作用。逐渐形成一个以手机为纽带的移动互联网帝国。手机与移动互联网混合的模式也使得小米在一定时期内"没有竞争对手"。

思考题: 简要分析小米科技商业模式的组成要素。

美国现代管理学之父彼得·德鲁克指出,当代企业之间的竞争,不是产品之间的竞争,而是商业模式之间的竞争。时代华纳前首席技术官迈克尔·邓恩认为,在经营企业过程当中,商业模式比高技术更重要,因为前者是企业能够立足的先决条件。不管这种观点是否准确和完整,一个不可争辩的事实是,企业必须选择一个适合自己的、有效的商业模式,并且随着客观情况的变化不断加以创新,才能获得持续的竞争力,从而保证自己的生存与发展。在引导案例中,我们已经看到了小米科技商业模式所产生的神奇效果。那么,什么是商业模式呢?创业者如何设计并创新商业模式?

互联网时代常见的商业模式类型又有哪些呢？本章将重点介绍这些与商业模式相关的内容。

第一节 商业模式概述

一、商业模式的概念

20世纪50年代，贝尔曼和克拉克在《经营研究》(Operations Research)发表的文章中首次提出商业模式(business model)一词。20世纪60年代初期，商业模式正式出现在国外的论文标题及摘要中，阶段性研究成果颇丰。相比之下，国内研究起步较晚，具体时间可追溯至20世纪90年代，随着互联网的迅速发展和普及，亚马逊、阿里巴巴、京东等互联网行业巨头的横空出世，商业模式及其创新逐渐走进人们的视野，成为研究和讨论的热门话题。

作为创业教育研究的先驱，保罗·蒂默斯在1998年的《电子商务下的商业模式》中明确定义商业模式为产品、服务与信息流的架构，包含各个商业参与者及其角色的描述、各个商业参与者潜在利益的描述以及获利来源的描述。

美国宾夕法尼亚大学沃顿商学院管理学教授阿密特以价值创造为出发点，基于电子商务，认为商业模式是对交易内容和结构设计的描述，以便通过商业机会的开发来创造价值。

美国著名学者莫里斯认为商业模式就是一个简单的阐述，目的是说明企业如何对战略方向、运营结构和经济逻辑等一系列具有内部关联性的变量进行整合，以便在特定市场上建立竞争优势。

美国著名投资商罗伯森曾经告诉亚信公司创始人田溯宁，一块钱在你的公司里转了一圈，最后变成了一块一，这增加的部分就是商业模式所带来的增值部分。在罗伯森的解释中，商业模式就是关于做什么，如何做，怎样赚钱的问题。

北京大学教授魏炜、清华大学教授朱武祥为了将商业模式区别于营销、战略和组织等管理学科，认为商业模式是企业与其利益相关者的交易结构，这里的利益相关者是指具备独立利益诉求，有相对独立的资源能力，与焦点企业存在交易关系的行为主体，其交易结构包括交易主体（谁参与交易）、交易内容（交易什么）、交易方式（怎么交易）以及交易定价（收支）。

综上所述，商业模式的概念形形色色，角度各异，但目前最为管理学界接受的是国外学者奥斯特瓦德、皮尼厄和图奇在2005年发表的《厘清商业模式：这个概念的起源、现状和未来》一文中提出的概念："商业模式是一种包含了一系列要素及其关系的概念性工具，用以阐明某个特定实体的商业逻辑。它描述了公司所能为客户提供的价值以及公司的内部结构、合作伙伴网络和关系资本等用以实现（创造、营销和交付）这一价值并产生可持续、可盈利性收入的要素。"

二、商业模式的特征

商业模式的特征是对商业模式概念的延展和丰富，是成功商业模式必须具备的属性。虽然各种理论对商业模式的概念还无法达成共识，但对于商业模式具有的下述特性的认识较为一致。各种理论普遍认为，商业模式具有如下特征，如图 4-1 所示。

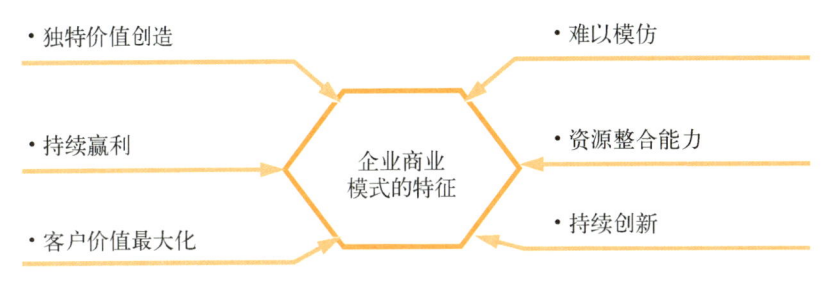

图 4-1 商业模式的特征

第一，独特价值创造。成功的商业模式能提供独特价值。从本质上看，商业模式是价值创造的产生机制，价值创造是组织存在的根本理由和发展的必要条件，也是企业所有经营活动的核心主题。

第二，持续赢利。持续赢利是指既要赢利，又要能有发展后劲，具有可持续性，而不是一时的偶然赢利。商业模式最为关注的不是交易的内容而是方式，其目的不在于概念的重整而在于实现收入与利润，因而盈利模式是成功商业模式的核心要素之一。同时，一个盈利模式必须有一定的价值主张及运营机制的导向和支撑。成功的商业模式必须具备一定的独特性与持久性。企业能否持续赢利是判断其商业模式是否成功的唯一的外在标准。因此，商业模式的设计目的就是让企业维持长期利润，这就是商业模式存在的终极根源。赢利和如何赢利也就自然成为重要的特征。

第三，客户价值最大化。一个商业模式能否持续赢利，与该模式能否使客户价值最大化有必然联系。商业模式从关注企业的利润向关心客户的需求转变，从尊重客户为出发点来思考引导企业的一切经营活动，最终才能赢得客户的信任，打造出可信赖的品牌效益，来实现企业的持续盈利的本质目的。客户价值的研究是商业模式研究的基础，通过为客户创造价值，来彰显企业的商业模式。一个能使客户价值最大的商业模式，即使暂时不赢利，终究也会走向赢利。反之，一个不能满足客户值的商业模式，即使赢利也一定是暂时的，不具有持续性。

第四，难以模仿。企业通过确立自己的与众不同，如对客户的悉心照顾、无与伦比的实施能力，来提高行业的进入门槛，从而保证利润来源不受侵犯。如人人都知道沃尔玛如何运作，也都知道沃尔玛是折扣连锁的标杆，但很难复制沃尔玛的模式，原因在于低价的背后，是一套完整的、极难复制的信息资源和采购及配送流程。商业模式并不能批量贩卖，因为企业的发展环境甚至发展前景都是不尽相同的，因此每个企业都存在其特定的企业文化和商业逻辑，这就给商业模式的架构作出了限制，因此商业模式就产生了不可复制性。

第五，资源整合能力。整合就是要优化资源配置，就是要有进有退、有取有舍，获得整体的最优。在战略思维的层面上，资源整合是系统的思维方式，通过组织协调，把企业内部彼此相关但却分离的职能，把企业外部既参与共同的使命又拥有独立经济利益的合作伙伴整合成一个为客户服务的系统，取得1+1＞2的效果。商业模式是包含诸多要素及其关系的系统性概念，而不仅仅是一个单一的组成因素，所以需要通过建构一个商业模式来对资源关系进行调整，从而适应企业发展。

第六，持续创新。创新是一种商业模式形成的逻辑起点与原动力，也是一种商业模式区别于另一种商业模式的决定性因素。因而创新性成为成功商业模式的灵魂与价值所在。商业模式的创新形式贯穿于企业经营过程中，贯穿于企业资源开发、研发模式、制造方式、市场流通等各环节。商业模式的存在是在一系列假设条件下合理设定的，因此对于环境、市场的变化及时作出反应才能使商业模式走得更远。

三、常见的互联网商业模式

（一）工具＋社群＋电商模式

互联网的发展，使信息交流越来越便捷，志同道合的人更容易聚在一起，形成社群。同时，互联网将散落在各地的星星点点的分散需求聚拢在一个平台上，形成新的共同的需求，并形成了规模，解决了重聚的价值。

如今互联网正在催熟新的商业模式即"工具＋社群＋电商/微商"的混合模式。比如微信最开始就是一个社交工具，先是通过各自工具属性、社交属性、价值内容的核心功能过滤海量的目标用户，加入了朋友圈点赞与评论等社区功能，继而添加了微信支付、精选商品、电影票、手机话费充值等商业功能。

为什么会出现这种情况，简单来说，工具如同一道锐利的刀锋，它能够满足用户的痛点需求，用来做流量的入口，但它无法有效沉淀粉丝用户。社群是关系属性，用来沉淀流量；商业是交易属性，用来变现流量价值。三者看上去毫不相干，但内在融合的逻辑是一体化的。拼多多的出现很好地解释了该种商业模式的逻辑。同学们可以在学习完后面章节内容后进一步理解拼多多的商业模式。

（二）长尾型商业模式

长尾概念由美国《连线》杂志前任主编克里斯·安德森提出，这个概念描述了媒体行业从面向大量用户销售少数拳头产品，到销售庞大数量的利基产品的转变，虽然每种利基产品相对而言只产生小额销售量。但利基产品销售总额可以与传统面向大量用户销售少数拳头产品的销售总额媲美。通过"C2B"（消费者到企业）实现大规模个性化定制，核心是"多款少量"。

所以，长尾模式需要低库存成本和强大的平台，并使得利基产品对于感兴趣的买家来说容易获得。亚马逊的图书销售、淘宝等都是较典型的长尾商业模式。

(三)跨界商业模式

科技巨头谷歌研发了无人驾驶汽车,并联合多家汽车公司与一家芯片企业开发汽车"操作系统"。以创办美国在线支付工具 PayPal 起家的埃隆·马斯克转行做电动汽车特斯拉,震撼全球传统汽车业。有人提出这是"跨界抢劫",也有人认为这是一种"跨界合作"的开始。

阿里旗下的蚂蚁金服跨界进入大众理财领域,于是余额宝就诞生了,余额宝推出半年规模就接近 3 000 个亿;而雕爷不仅做了牛腩,还做了烤串、下午茶、煎饼,还进军了美甲;小米做了手机,做了电视、智能家居,还要做汽车。

互联网之所以能够如此迅速地颠覆传统行业,是因为互联网的颠覆实质上就是利用高效率来整合低效率,对传统产业核心要素进行再分配,也是对生产关系的重构,并以此来提升整体系统效率。

互联网企业通过减少中间环节,减少所有渠道不必要的损耗,减少产品从生产到进入用户手中所需要经历的环节来提高效率,降低成本。因此,对于互联网企业来说,只要抓住传统行业价值链条当中的低效或高利润环节,利用互联网工具和互联网思维,重新构建商业价值链就有机会获得成功。

(四)免费商业模式

"互联网+"时代是一个"信息过剩"的时代,也是一个"注意力稀缺"的时代,怎样在"无限的信息中"获取"有限的注意力",便成为"互联网+"时代的核心命题。注意力稀缺导致众多互联网创业者们开始想尽办法去争夺注意力资源,而互联网产品最重要的就是流量,有了流量才能够以此为基础构建自己的商业模式,所以说互联网经济就是以吸引大众注意力为基础,去创造价值,然后转化成盈利。

很多互联网企业都是以免费、好的产品吸引很多用户,然后将新的产品或服务推给不同的用户,在此基础上再构建商业模式,比如 360 安全卫士、QQ 等。互联网颠覆传统企业的常用做法就是在传统企业用来赚钱的领域免费,从而彻底把传统企业的客户群带走,继而转化成流量,然后再利用延伸价值链或增值服务来实现盈利。

如果有一种商业模式既可以统摄未来的市场,又可以挤垮当前的市场,那就是免费的模式。克里斯·安德森在《免费:商业的未来》中归纳基于核心服务完全免费的商业模式:一是直接交叉补贴,二是第三方市场,三是免费加收费,四是纯免费。

(五)"O2O"商业模式

2012 年 9 月,腾讯 CEO 马化腾在互联网大会上的演讲中提到,移动互联网的地理位置信息带来了一个崭新的机遇,这个机遇就是"O2O",二维码是线上和线下的关键入口,将后端蕴藏的丰富资源带到前端,"O2O"和二维码是移动开发者应该具备的基础能力。

第四章　商　业　模　式

"O2O"是 online to offline 的英文简称。"O2O"狭义来理解就是线上交易、线下体验消费的商务模式，主要包括两种场景：一是线上到线下，用户在线上购买或预订服务，再到线下商户实地享受服务，目前这种类型比较多；二是线下到线上，用户通过线下实体店体验并选好商品，然后通过线上下单来购买商品。广义的"O2O"就是将互联网思维与传统产业相融合，未来"O2O"的发展将突破线上和线下的界限，实现线上线下、虚实之间的深度融合，其模式的核心是基于平等、开放、互动、迭代、共享等互联网思维，利用高效率、低成本的互联网信息技术，改造传统产业链中的低效率环节。

由于传统的服务行业一直处在一个低效且劳动力消化不足的状态，在新模式的推动和资本的催化下，出现了 O2O 的狂欢热潮，上门按摩、上门送餐、上门生鲜、上门化妆等各种 O2O 模式开始层出不穷。

（六）平台商业模式

互联网的世界是无边界的，市场是全国乃至全球。平台型商业模式的核心是打造足够大的平台，产品更为多元化和多样化，更加重视用户体验和产品的闭环设计。海尔集团 CEO 张瑞敏对平台型企业的理解就是利用互联网平台，企业可以放大，原因有：第一，这个平台是开放的，可以整合全球的各种资源；第二，这个平台可以让所有的用户参与进来，实现企业和用户之间的零距离。在互联网时代，用户的需求变化越来越快，越来越难以捉摸，单靠企业自身所拥有的资源、人才和能力很难快速满足用户的个性化需求，这就要求打开企业的边界，建立一个更大的商业生态网络来满足用户的个性化需求。通过平台以最快的速度汇聚资源，满足用户多元化的个性化需求。所以平台模式的精髓，在于打造一个多方共赢互利的生态圈。但是对于传统企业而言，不应轻易尝试做平台，尤其是中小企业不应该一味地追求大而全、做大平台，而是应该集中自己的优势资源，发现自身产品或服务的独特性，锁定精准的目标用户，发掘出用户的痛点，设计好针对用户痛点的极致产品，围绕产品打造核心用户群，并以此为据点快速地打造一个品牌。

专栏 4-1　e 袋洗的平台商业模式

e 袋洗的前身是 1990 年成立的荣昌连锁洗衣店（简称"荣昌"），鉴于传统洗衣店加盟连锁的重资产和无法管控等缺点，荣昌一直在思考如何进行"互联网＋"转型。e 袋洗在成立之初，就全面分析了传统洗衣店取件送件麻烦、清洗不够干净等用户痛点，它们提出了"按袋付费"的经营思路：送用户一个帆布袋，装多少衣服都是 99 元洗一袋。用户也可自行选择按件清洗，所有服务都是在 App 上快速下单完成。e 袋洗上门收衣送衣，免运费，48 分钟内取衣，72 小时内送回。相对于众多生活服务 O2O 平台以免费方式获取流量的路径，e 袋洗通过与洗衣店之间的分成模式实现现金流收入。据介绍，e袋洗和洗衣店之间实行大约五五分成的模式，洗衣店承担洗衣业务，物流等成本则由e袋洗平台承担。

e袋洗的目标是成为中国最大的洗涤平台，让大家有洗衣、洗鞋、家纺清洗、奢侈品养护等需求时想到e袋洗。实现这一目标之后，相当于和家庭用户产生了一个连接，之后会考虑做一些服务家庭用户、与分享经济相关的事情。无疑，e袋洗选择了与小米手机类似的发展路径：以单品带体系。e袋洗希望在将洗衣业务打造成爆品之后，推出更多的家庭服务品类。

e袋洗的构想是通过单品真正把整个体系串起来，最终做一个家庭服务平台。e袋洗将重点运营家庭服务中的2~3个重点品类，其他品类的服务通过投资孵化与外部合作等方式布局，最终实现提供家庭生活场景下80%服务的目标。

思考题： 分析e袋洗的平台商业模式的优点与缺点。

第二节　商业模式设计

一、商业模式的组成要素

组成要素，即商业模式运行中各阶段的组成部分。现阶段由于各专家、学者所在领域的研究视角及出发点、归属点的不同，学术界对商业模式组成要素的分类尚未形成统一意见。通过归纳各观点的相似处和差异点，我们发现，商业模式组成要素的研究中重复频率最高的关键词依次为：价值的核心主张、经济模式、客户关系、合作伙伴网络、内部结构、目标市场等。在当前已取得的研究成果中，认可度较高、运用较广泛的代表性观点主要有三种，分别是三要素理论、六要素理论和九要素理论。

三要素理论由哈佛大学教授约翰逊、克里斯坦森和SAP公司的CEO孔翰宁提出，在他们共同撰写的《商业模式创新白皮书》这本书里，把这三个要素概括为："客户价值主张"，指在一个既定价格上企业向其客户或消费者提供服务或产品时所需要完成的任务；"资源和生产过程"，指支持客户价值主张和盈利模式的具体经营模式；"盈利公式"，指企业用以为股东实现经济价值的过程。

六要素理论由魏炜、朱武祥提出。该观点认为组成要素是以定位为出发点，以业务系统为构架，以关键资源能力为要素保障，以盈利模式、自由现金流结构为收入来源，以企业价值提升为目的的企业运营体系。

九要素理论是由奥斯特瓦尔德等人提出，并由奥斯特瓦尔德和皮尼厄在《商业模式新生代》一书中进一步确认，他们认为商业模式组成要素是由价值主张、客户细分、客户关系、渠道通路、关键业务、核心资源、重要伙伴、成本结构、收入来源等9个内容组成。

按照奥斯特瓦尔德和皮尼厄的理论精髓，商业模式的本质和核心是如何创造价值，进而传递价值，最终获取价值三个阶段的行为和过程。这是对商业模式高度而精练

第四章 商业模式

的概括。以下我们将采用商业模式九要素来设计或创新企业商业模式。

二、商业模式画布

商业模式画布是奥斯特瓦德和皮尼厄在2011年出版的《商业模式新生代》中运用的一种商业模式创新的工具。它基于克里斯坦森对商业模式的定义,将商业模式进行可视化,分成九个构造块,如图4-2所示。

讲解视频

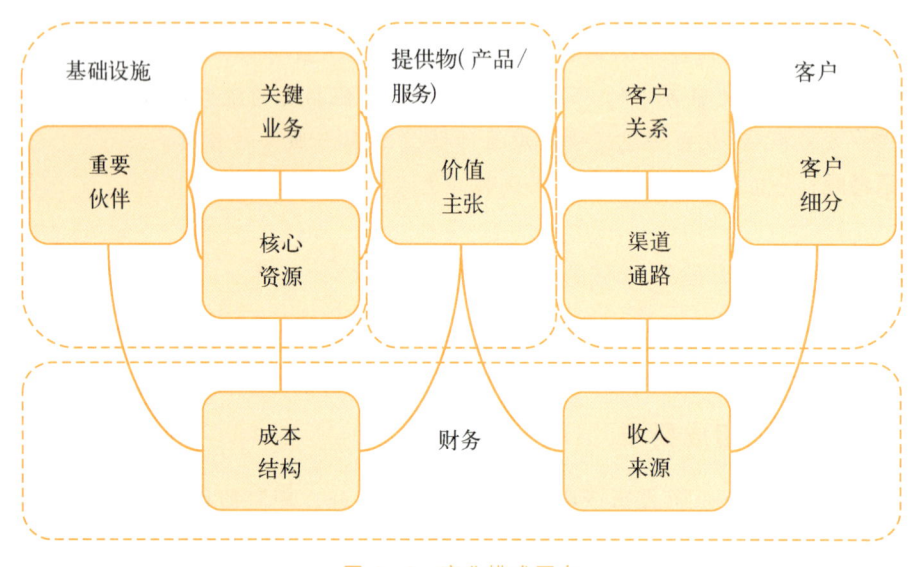

如何用商业模式画布构建你的商业模式(上)

图 4-2 商业模式画布

(一)客户细分

客户细分是指一个企业想要接触和服务的不同人群或组织。

客户细分群体类型包括:

(1)大众市场。价值主张、渠道通路和客户关系全都聚集于一个大范围的客户群组,客户具有大致相同的需求和问题;

(2)利基市场。价值主张、渠道通路和客户关系都针对某一利基市场的特定需求定制。这种商业模式常可在供应商-采购商的关系中找到;

(3)区隔化市场。客户需求略有不同,细分群体之间的市场区隔有所不同,所提供的价值主张也略有不同;

(4)多元化市场。经营业务多样化,以完全不同的价值主张迎合完全不同需求的客户细分群体;

(5)多边平台或多边市场:服务于两个或更多的相互依存的客户细分群体。

(二)价值主张

价值主张为特定客户细分创造价值的系列产品和服务。常见的价值主张:

(1)新颖。产品或服务满足客户从未感受和体验过的全新需求;

（2）性能。改善产品和服务性能是传统意义上创造价值的普遍方法；

（3）定制化。以满足个别客户或客户细分群体的特定需求来创造价值；

（4）把事情做好。可通过帮客户把某些事情做好而简单地创造价值；

（5）设计。产品因优秀的设计脱颖而出；

（6）品牌/身份地位。客户可以通过使用和显示某一特定品牌而发现价值；

（7）价格。以更低的价格提供同质化的价值满足价格敏感客户细分群体；

（8）成本削减。帮助客户削减成本是创造价值的重要方法；

（9）风险抑制。帮助客户抑制风险也可以创造客户价值；

（10）可达性。把产品和服务提供给以前接触不到的客户；

（11）便利性/可用性。使产品更方便或易于使用可以创造可观的价值。

（三）渠道通路

渠道通路指公司与特定客户细分群体建立的关系类型（渠道通路构造用来描绘公司如何沟通、接触其细分客户并传递其价值主张）。

常见渠道类型包括：

（1）自有渠道—直接渠道。销售队伍、在线销售；

（2）合作伙伴渠道—非直接渠道。自有店铺、合作伙伴店铺、批发商。

（四）客户关系

客户关系指用来描述公司与特定客户细分群体建立的关系类型。常见客户关系类型包括：

（1）个人助理。基于人与人之间的互动，可以通过呼叫中心、电子邮件或其他销售方式等个人助理手段进行；

（2）自助服务。为客户提供自助服务所需要的所有条件；

（3）专用个人助理。为单一客户安排专门的客户代表，通常是向高净值个人客户提供服务；

（4）自助化服务。整合了更加精细的自动化过程，可以识别不同客户及其特点，并提供与客户订单或交易相关的服务；

（5）社区。利用用户社区与客户或潜在客户建立更为深入的联系，如建立在线社区；

（6）共同创作。与客户共同创造价值，鼓励客户参与创新产品的设计和创作。

（五）收入来源

收入来源指公司从每个客户群体中获取的现金收入（包括一次性收入和经常性收入）。常见的收入来源包括：

（1）资产销售。销售实体产品的所有权；

（2）使用收费。通过特定的服务收费；

（3）订阅收费。销售重复使用的服务；

第四章 商业模式

（4）租赁收费。暂时性排他使用权的授权；
（5）授权收费。知识产权的授权使用；
（6）经济收费。提供中介服务收费佣金；
（7）广告收费。提供广告宣传服务收入。

（六）核心资源

核心资源指让商业模式有效运转所必需的最重要因素。常见核心资源类型包括：

（1）实体资产。包括生产设施、不动产、系统、销售网点和分销网络等；
（2）知识资产。包括品牌、专有知识、专利和版权、合作关系和客户数据库；
（3）人力资源。在知识密集产业和创意产业中，人力资源至关重要；
（4）金融资产。金融资源或财务担保，如现金、信贷额度或股票期权池。

（七）关键业务

关键业务指为确保其商业模式可行，企业必须做的最重要的事情。常见关键业务类型包括：

（1）制造产品。与设计、制造及发送产品有关，是企业商业模式的核心；
（2）平台/网络。网络服务、交易平台、软件甚至品牌都可以看作平台，与平台管理、服务提供和平台推广相关；
（3）问题解决。为客户提供新的解决方案，需要知识管理和持续培训等业务。

（八）重要伙伴

重要伙伴指让商业模式有效运作所需的供应商与合作伙伴的网络。常见合作关系类型包括：

（1）非竞争者之间的战略联盟关系；
（2）竞争者之间的战略合作关系；
（3）为开发新业务而构建的合资关系；
（4）为确保可靠供应的购买方-供应商关系。

合作关系作用：

（1）降低风险和不确定性：可减少以不确定性为特征的竞争环境的风险；
（2）商业模式和经济规模优化：优化的伙伴关系和规模经济的伙伴关系通常会降低成本，而且往往涉及外包或基础设施共享；
（3）特定资源和业务的获取：依靠其他企业提供特定服务资源或执行某些行业活动来扩展自身能力。

（九）成本结构

成本结构指运营一个商业模式所引发的所有成本。常见成本结构类型包括：

（1）成本驱动。创造和维持最经济的成本结构，采用低价的价值主张、最大程度自动化和广泛外包；

（2）价值驱动。专注于创造价值，增值型的价值主张和高度个性化服务通常是以价值驱动型商业模式为特征。

专栏 4-2 拼多多商业模式分析

拼多多是如何做到 5 斤大蒜 9.6 元包邮的

一件商品一般要经过多个环节的流道才能到达消费者，这时最终零售价相对于出厂场已经产生了很高的溢价。

以大蒜为例：

河南中牟县是我国大蒜之乡，每年销售量在 10 万吨以上，其中出口量占比一度高达 1/3。

大蒜从出土到消费者手中，需要经历多个环节（图 4-3），每一个环节都有成本、都要利润，溢价可想而知。

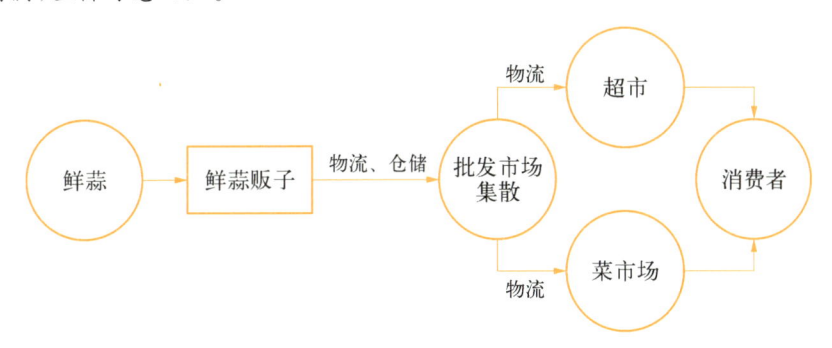

图 4-3　大蒜销售流程图

在拼多多可以 9.6 元包邮 5 斤大蒜。当北京"五环内"消费者还在质疑争论这个产品价格真假的时候，他们的父母或许每天在微信群发的正是类似的这种拼团链接。这正是拼多多得以迅速崛起的法宝：以低价团购形式，用户自发地在微信拉人拼团，获取流量；用户自发在微信分享爆款引流商品，把更多在意价格的用户吸引过来。如果拼单能形成单品爆款，商品订单达到一定的规模，就能提高议价能力，爆款销售可以促进供应链集约化，从而降低各类仓储、物流成本（图 4-4）。大蒜的收购价每斤约

图 4-4　团购模式下的大蒜销售流程图

第四章 商业模式

1元,物流费3.5元、人工费4毛、包装费1.3元、5斤9.6元的大蒜成本似乎超出了拼团销售价。由于大量发货,这些大蒜的包装材料、包装尺寸较为稳定单一,更方便管理;在物流上往往可以得到优惠,物流和包装费用可以拿到协议价,一单大蒜到最后还是有3毛到5毛的利润空间。

社交电商倒逼供应端(C2B)

在互联网领域,电商与社交是最受关注的两大产品,因为流量变现离不开电商,而社交又牢牢掌控着流量。电商需要流量,社交需要变现。因此,从2013年开始,人们就开始对"电商+社交"模式进行探索,催生了各种各样的产品。但只有拼多多成功地存活了下来,实现了迅猛发展。

和传统电商模式相比,社交拼团模式具备强烈的社交属性,使购物过程具备了温度与交互体验,充分利用社交圈内人与人之间的信任关系,以极低的营销成本实现裂变式传播。购物场景的移动化、碎片化,使电商流量成本持续攀升;而社交拼团使拼多多能够借助用户的自发分享,低成本引入海量流量,打破了电商模式发展瓶颈。

社交电商是基于顾客强烈关注的共同点来建立业务,而非着眼于顾客的差别(千人千面)。用户在分享拼团链接时大多会选择与自己有共同点的人群,分享式传播有效缩短了企业与用户的距离感、降低了不信任感,极大程度减小了企业获取顾客的成本。分享式社交模式的关键在于自下而上的宣传方式,身处于这样一个巨变的时代,人们对广告和花钱做广告的机构已经不再那么信任,对个人的信心却呈上升之势。同类人相信同类人——这也是社交电商模式能够战胜传统电商的本质原因。

为吸引农村地区用户,京东自2015年就开始实施的农村电商战略,其计划包括建立服务中心、教当地人如何网购、建立乡村合作站等,是典型的自上而下型渗透模式,效率并不高。反观拼多多与腾讯合作抓住微信流量入口利用用户的社交网络分享给亲朋好友的方式解决了信任问题,自下而上的宣传使许多刚接触互联网或刚接触网购的用户迅速成为拼多多的客户甚至成为拼多多的"营销人员"节约了企业获取顾客的成本。

拼多多的商业模式画布

1. 价值主张

以更低的价格提供相同的价值,满足价格敏感型客户群体的需求。

2. 客户细分

三四线及逐渐发展起来的农村互联网用户。

3. 重要合作

自2016年与腾讯合作以来,拼多多借助微信平台这一强流量端口,利用用户的朋友圈及社交网络低成本、高效率地传播其低价拼团模式,实现了用户的指数增长。开创性的分享式社交模式也在实现用户指数增长的同时节约了大量成本。

4. 关键业务

多边平台模式：拼多多平台将两个独立但相互依存的客户群体（生产商、消费者）连接在一起。平台通过促进顾客和商家间的互动而创造价值，拼多多的价值提升也就因此在于它所吸引的用户数量的增加。

5. 核心资源

品牌：拼多多不仅通过"分享式宣传"和大力的品牌赞助家喻户晓。另外，同样重要的是拼多多还是农业上行的主要渠道之一。专利权（专利技术）：拼多多基于平台海量数据挖掘与分析，开发完成假货识别算法，研发构建一系列模型，以评估和发现假货，进而采取限制措施。人力资源：拼多多拥有大批技术人才，为其开发新的算法设计和技术升级提供人力支持。

6. 客户关系

对供应商的客户关系和对用户的客户关系。

（1）平台与供应商的客户关系。零元入驻、提供高的曝光度、多多大学、高档品牌入驻拼多多品牌馆、"新品牌计划"扶持中小品牌。

（2）平台与用户的客户关系。平台与用户的关系认定为私人关系、自动化服务关系以及社区关系。① 私人关系。在消费的过程中消费者与商家、平台进行交流，以及消费者在完成交易后享受到商家提供的针对个人的售后服务都属于私人关系的范畴。② 自动化服务关系。拼多多的后台根据用户近期搜索和浏览过的商品，通过大数据分析的方法来判读什么是消费者可能想买的东西，然后将这些商品推送到每个消费者的首页。③ 社区关系。众多消费者在共同参与拼多多拼团的过程中已形成了一个社区，在社区中消费者可以讨论有关商品的任何方面并分享购买商品的体验。

7. 渠道通路

降低商户准入门槛、减少销售中间环节；凭借微信平台的强流量端口，拼多多的社交电商模式运营效率极高；拼团模式：充分利用庞大的互联网社交用户群体。

8. 成本结构

拼多多主要营运成本源于销售及市场推广费、管理费用以及研发费用，以2019年第二季度财报为例，其中销售及市场推广费占营运成本的85%。

9. 收入来源

拼多多的收入主要来自在线营销服务收入（广告收入）及交易服务收入（佣金收入），2019年第二季度拼多多总收入的增长主要源于在线营销服务的增长。

（资料来源：简约.爆款打爆低价，消费端倒逼供应端，"简单、粗暴"，带你解读拼多多的底层商业逻辑[EB/OL].（2020-08-18）[2023.2.26]. https://www.woshipm.com/operate/4138300.html.）

思考题：

1. 什么是社交电商？
2. 拼多多与京东、淘宝、抖音在商业模式上有什么不同？

第三节　商业模式创新

埃森哲公司总结出六种再造商业模式的途径：第一，现有商业模式通过量的增长实现扩展；第二，重塑现有商业模式的独特性；第三，在新兴市场领域模仿成功的商业模式；第四，通过兼并、收购、联盟等方式增加新商业模式；第五，发掘企业现有核心能力，增加新商业模式；第六，根本性地发生改变，创造颠覆性商业模式。

此外，罗兰贝格合伙人迈克尔·佐伦库普立足创新程度视角，总结的四种类型的商业模型创新也极具代表性：商业模式架构创新（左上象限）、渐进式商业模式创新（左下象限）、核心商业模式创新（右上象限）和模块化商业模式创新（右下象限），如图4-5所示。

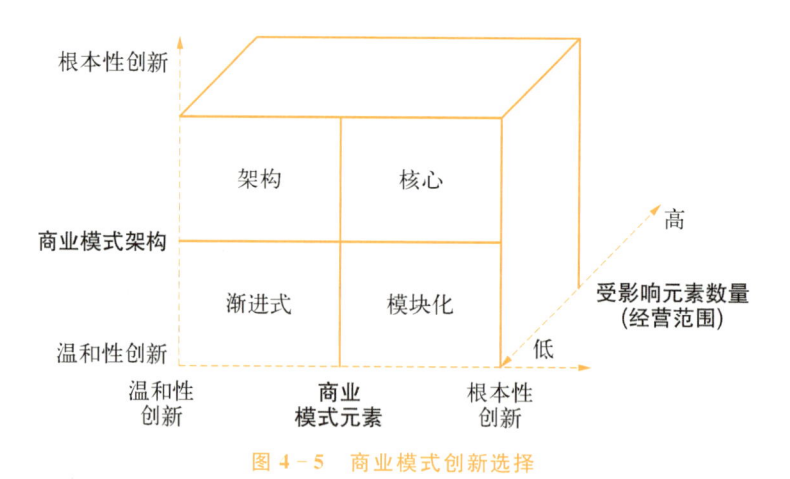

图4-5　商业模式创新选择

通过总结埃森哲公司和佐伦库普提出的商业模式创新途径的观点，其实不难发现，这两者具有本质的内在一致性。商业模式创新的程度不外乎渐进式和颠覆式这两大类。渐进式商业模式创新涉及商业模式的调整或扩展，如传统零售业添加网络营销门户，或将内部非关键业务外包；根本性商业模式创新一般基于新概念和新能力，可能对市场和行业有重大影响——比如苹果公司生产的iPod、iPhone。而不管何种程度的商业模式创新，都涉及创新路径的选择，以下基于商业模式的画布，从关键要素出发介绍如何创新商业模式。

一、基于价值主张的商业模式创新

商业模式价值主张的关键元素一般指客户价值主张（customer value proposition，CVP）。客户价值主张即产品、服务或两者组合起来以给定的价格协助目标客户以更有效、更可靠、更方便、更实惠的方式解决重要问题，满足关键需求，消除用户痛点。

商业模式应针对每一客户细分建立一套清晰的客户价值主张，不仅包括为客户提供其需要的产品或服务，而且还包括提供的方式。客户的需求越迫切越重要，现有产品或服务就越难以及时且圆满地满足客户的需求。如果企业能提供比竞争对手更

第三节 商业模式创新

优秀、更全面、更及时的解决方案,那么客户价值主张就越具差异化。如家酒店以蓝海战略的思维,使用四步动作工具,重新构建了酒店的价值曲线,是这种商业模式创新路径的典范。

专栏4-3 如家酒店以蓝海战略的思维创造商业模式的新价值

蓝海与红海

所谓红海,代表当前业已存在的所有行业,这是一个已知的市场空间,因为供给严重大于需求,市场内存在企业之间的血拼,就如一片战斗的血海。而蓝海则是指尚未开发,或者尚未被大部分企业重视的市场领域,在这样的领域中,竞争压力比较小。

在红海领域中击败竞争者始终是重要的。因为红海一直存在,并将始终是现实商业社会的一部分。但随着越来越多的行业出现供大于求的现象,对市场份额的竞争虽然必要,但已不足以维持良好的业绩增长。企业需要超越竞争。为了获得新的利润和增长机遇,企业必须开创蓝海。蓝海在很大程度上是未知的。过去的战略研究主要集中于以竞争为基础的红海战略上。通过分析现有的产业内在经济结构,选择降低成本、细分市场或重点突破策略,人们对在红海里开展有效竞争已经相当了解。表4-1列示出了红海和蓝海的区别。

表4-1 蓝海和红海的区别

项　目	红　海	蓝　海
行业	已存在的行业	未出现的行业
市场	已知的市场空间	尚未开发的市场
规则	游戏规则已确立	没有游戏规则
竞争	竞争激烈	没有竞争
方式	千军万马过独木桥	天高海阔凭鱼跃
战略	过去的、老化的战略	新时代、有活力的战略

价值创新：蓝海战略的基石

有四个核心问题对于创新企业价值主张是至关重要的。(1)剔除。哪些被产业认为理所当然的元素需要被剔除。(2)减少。哪些元素应该减少到产业标准以下。(3)增加。哪些元素的含量应该增加到产业标准之上。(4)创造。哪些从未有过的元素需要被创造。

第四章 商业模式

第一个问题促使企业考虑剔除在行业长期竞争中的攀比因素。这些因素通常是想当然的，但其实已不再具有价值。有时候，购买者所重视的价值发生变化，但公司只顾相互竞争，而没有采取任何行动应对变化，甚至对变化毫无察觉。

第二个问题促使企业考虑产品或服务是否属于过度设计。如果公司提供给消费者的超过了实际所需要的，那就是徒然增加成本却没有任何收益。

第三个问题促使企业发现与消费者不得不做出的妥协。

第四个问题促使企业发现购买者价值的新来源，以创造新的需求，改变行业的战略定价标准。

"剔除—减少—增加—创造"坐标格是开创蓝海的关键，这种表格要求公司不仅回答四步动作框架中的四个问题，同时要求在四个方面都采取行动，创造新的价值曲线。通过让企业在坐标格中填入在这四方面所要采取的行动，企业马上可以获得以下四个方面的益处：

（1）促使企业同时追求差异化和低成本，以打破价值—成本的替代取舍关系。

（2）及时提醒企业，不要只专注于增加和创造两个方面，而抬高了成本结构，把产品和服务设计过度。

（3）这一工具容易被各层次的管理者所理解，从而在战略实施中获得企业上下高度的参与和支持。

（4）由于完成表格是一项有挑战性的工作，这使得企业能严格考察每一项竞争因素，从而发现那些竞争中所蕴含的假设。

如家酒店——蓝海战略创造价值

2002年6月，如家快捷酒店由中国资产最大的酒店集团——首旅集团和中国最大的酒店分销商——携程旅行服务公司共同投资组建，2006年成功在美国纳斯达克证券交易所上市。

企业经营成功与否，战略是关键。如家的成功领跑，首先在于其制定了正确的战略，实施了恰当的战略管理。蓝海战略的战略思想是：要突破已有的市场边界，创造新的市场需求，扩展新的市场空间，形成新的价值曲线，实现企业和顾客价值双赢。通观如家的战略，很有些蓝海意味，以蓝海战略的思维理念来分析，如家主要有三个战略特点：

1. 选择新的定位，开辟市场蓝海

市场定位是企业经营战略必须要解决的首要问题。酒店业市场主要是两大类，一类是高档星级酒店，提供的是高级的全方位的服务，面向四星以上的高水平消费顾客；另一类是经济型酒店，只提供一般的有限服务，目标客源为三星级及以下消费水平的顾客。如家的投资者资金雄厚，按照习惯思维，一般都会选择高星级酒店进行投资，因为改革开放以来，我国酒店业的发展多集中在高档星级饭店，目前，大中城市高档星级酒店仍然主导整个酒店市场。经济型酒店引入我国，始于1996年锦江之星的成立，至2002年如家成立之时，仅有几年时间。如家投资者没有选择高档星级饭店，而是选择了经济型酒店，这正符合了蓝海战略的理念。

第三节　商业模式创新

2. 创新营销理念,创造主题蓝海

进入清新的蓝海市场之后,还需要创新营销理念,形成优秀的营销战略,才有可能使广阔市场由"潜在"转变为"现实"。营销理念的创新首先表现在主题的创新上,在这里,"如家"的主题是一个很大的卖点。对此,如家品牌创新的专业团队进行了精心设计。他们利用中国几千年来传统的"家"文化,结合现代旅行顾客的特点和要求进行包装,推出了"不同的城市,一样的家""适度生活,自然自在""洁净似月""温馨如家"等主题,向顾客展示中华民族"家"的理念,把顾客当亲人,使宾至如归的家的感觉深入人心。在"家"的主题中还不断传递适度生活的简约生活理念。再加上"快捷"彰显便利、高效的意味。这些理念紧紧地抓住了旅行者的心理特点,形成了强大的潜意识的导引力。这一主题设计使如家营销进入一片新的蓝海。

3. 重构要素组合,开拓产品蓝海

要使战略宏图得以实施,酒店销售的产品既要符合市场定位档次,又要凸显经营理念,特别是要实现主题理念给予顾客的承诺,这就需要重构产品要素,形成新的组合。蓝海战略要求按照"剔除—减少—增加—创造"四个步骤来去除不必要的元素,提升和创造新的元素,重新构建产品要素组合,形成酒店独有的产品蓝海。如家的产品要素组合基本上是与蓝海战略路线相吻合的。首先是剔除被产业认定为理所当然的要素。如家把价格看作是最核心的元素,采取一系列措施,围绕价格,剔除不必要的成本:门店以旧房改造为主,放弃商业地产主营方式;提供简洁的生活设施,如家只提供早餐,如果酒店附近有快餐店,连餐厅也省掉;最大限度利用周边资源,如商场、停车场、洗衣店;管理尽可能自动化、自助化,降低管理成本,最终把平均房价控制在200元以内。其次是将一些要素减少到产业标准以下。如家不设豪华大堂,基本结构是门厅加房间,设施尽量实用简化,配以淋浴、分体式空调和可折叠行李架;控制员工数量,人房比率控制在$1:0.3\sim1:0.35$。再次,需重点突出的要素增加到产业标准以上。如家把自己的定位明确锁定在住宿上,其核心产品是床,因此增加了床的舒适度;在房间装饰上,以家庭主妇的眼光布置和装修充满家居的风韵情调;服务遵循友善、便捷、标准化、规范化的原则,注重细节,营造家居氛围。最后就是创造酒店业从未有过的要素。如创立酒店呼叫中心;员工与总裁直接对话的"草根会议";成立如家酒店管理学院;用"家"文化包装创新品牌;以会员积分方式鼓励不使用洗漱套装的低碳生活方式等。由于如家推出一系列绿色环保游戏和环保公益项目,因而荣获"2010年度中国最受欢迎绿色经济型连锁酒店品牌"。由此,如家就形成了"一星的墙、二星的堂、三星的房、四星的床、五星的服务"的产品要素组合。如家的产品要素新组合如图4-6、图4-7所示。

剔除	增加
购物	住宿质量
娱乐设施	舒适性(宜人的家具)
会议会晤场所	时尚潮流
	方便性(地址)
价格	家的氛围
餐饮	连锁会员服务
大型停车场等	方便性(免费网络服务)
减少	创造

图4-6　如家快捷的价值创新

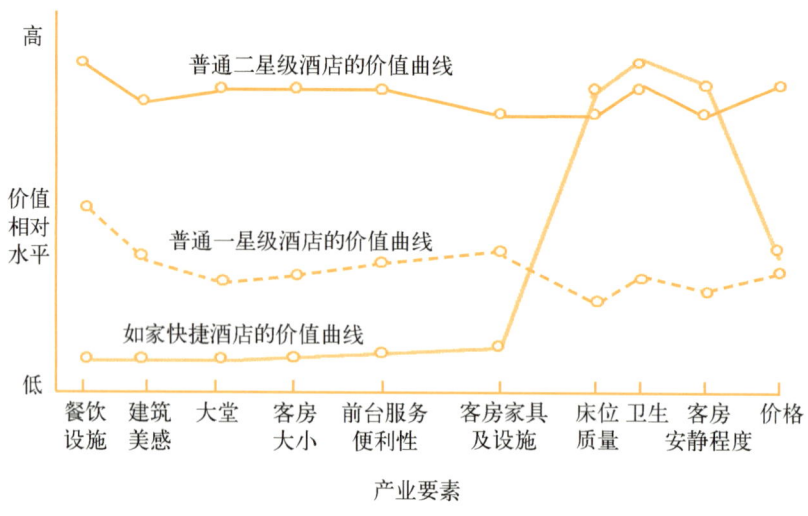

图 4-7 如家快捷的价值曲线

思考题： 从价值主张角度分析如家酒店的商业模式创新。

二、基于客户界面的商业模式创新

顾名思义，基于客户界面的商业模式创新应以客户为导向，创新方式有两种。

（1）客户关系管理创新。具体是指企业在了解了客户的潜在需求之后，提供能满足其需求的产品或服务，从而为客户创造价值。当客户感受到价值产生增值后，企业便赢得了客户的认可与信任，企业与客户的关系便愈发牢固而向深层次发展。形成强大的客户关系管理能力后，企业可制造巨大的准入壁垒，以此战胜竞争对手。

（2）分销渠道创新。企业可从渠道的长度、宽度以及系统的角度切入。渠道长度方面，企业可缩短渠道，重点发展直销；渠道宽度方面，企业可积极拓宽渠道，发展多渠道销售；渠道系统方面，企业可将垂直渠道系统和水平渠道系统交织起来，形成综合渠道系统。

三、基于核心能力的商业模式创新

核心能力是一个企业所具备的为客户创造价值的必要内部能力，包括企业的设备、信誉、客户群、知识产权、品牌名称、供应链、管理能力等。

在实施商业模式创新时，是重复利用现有核心能力，还是确定要建立新的核心能力？企业必须将这个问题列入考虑范畴之内。

企业现有核心能力应注意围绕战略目标来重复利用，如果现有核心能力已落后于市场发展并对企业进步没有帮助，企业应进行改善优化，或者淘汰现有核心能力以建立新能力。建立新核心能力需要企业开发与探索，比如企业花费时间、精力、人力和金钱建立与供应商和渠道中间商的新的合作关系。新核心能力一旦建立起来，对于企业的发展而言，益处是巨大的，当年沃尔玛建立起库存管理和配送系统，就迅速将核心业务扩展到日用品领域而使业绩大为提升。但是，建立新核心能力并不适用于每一个企业，企业应该根据自身实际情况实事求是地考虑是否开发。

四、基于合作伙伴网络的商业模式创新

外部资源也是价值创造的有力支持者。2006年经济学人智库调查有很多极具参考性的结论，其中一个结论便是：企业与关键客户、政府部门甚至竞争对手联盟，可以为自身提供更快速更灵活的响应机制，是越来越多企业商业模式获得成功的重要因素，其重要程度甚至超过了兼并与合资。六年后，IBM在其组织的全球CEO调查中也发现，在1 700位受访CEO中，几乎70%的受访者提出要重视与合作伙伴协同创新，当年评选出来的成功企业也比其他企业更加积极地实行合作以应对更具挑战性和破坏性的外部环境，实现战略上的差异化。

成功企业的合作经验具体有三种：

（1）整合供应链相关者。想要创新商业模式的企业以自身为核心，与供应链上下游的相关企业联合形成合作伙伴网络，发挥协同效应，共同为客户创造价值。

（2）打造交易平台。创新商业模式的企业与电子商务企业合作，建立企业门户网站或网页，为客户提供在线交易服务。

（3）成为交易中间商。由于对行业的熟悉和对许多信息资源的掌握，企业作为中介者，为处在同一价值网络内的另一企业代理寻找解决方案提供商或下游采购商，发挥保证交易成功的作用。

五、基于财务维度的商业模式创新

财务维度的商业模式创新以成本结构和盈利模式为立足点，企业既可以建立成本优势，也可以创新盈利模式，更可以盈利性地压缩成本。其一，企业建立结构性成本优势，或者通过合理增量化创新，便可实现成本压缩建立成本优势。比如实施自动化程度更高的外包和离岸生产，精简供应链以减少库存成本，发展与供应商的密切关系，集中采购，或者缩短拓宽产品销售和服务渠道。其二，创新盈利模式，扩大盈利来源，包括设计和改变收入媒介、交易方法和计费方式。这样可实现更具效率的价值创造和传递，往往能强化商业模式的潜力，维持竞争力。

本 章 小 结

1. 商业模式是一种包含了一系列要素及其关系的概念性工具，用以阐明某个特定实体的商业逻辑。它描述了公司所能为客户提供的价值以及公司的内部

第四章　商业模式

结构、合作伙伴网络和关系资本等用以实现(创造、营销和交付)这一价值并产生可持续、可盈利性收入的要素。

2. 商业模式组成要素是由价值主张、客户细分、客户关系、渠道通路、关键业务、核心资源、重要伙伴、成本结构、收入来源等9个内容组成。

3. 再造商业模式的途径：第一，现有商业模式通过量的增长扩展；第二，重塑现有商业模式的独特性；第三，在新兴市场领域模仿成功的商业模式；第四，通过兼并、收购、联盟等方式增加新商业模式；第五，发掘企业现有核心能力，增加新商业模式；第六，根本性地发生改变，创造颠覆性商业模式。

课堂讨论

1. 有人说商业模式就是赚钱的方式，你同意这种说法吗？
2. 商业模式与战略的主要区别在哪里？
3. 商业模式与管理模式的区别在哪里？
4. 在经营企业过程当中，商业模式比高技术更重要，你同意这种观点吗？
5. 分析专栏4-2中拼多多的商业模式，画出其商业模式画布。

案例分析

在线健身卡位战，Keep如何突围？

2022年9月6日，运动科技公司Keep更新招股书，加速上市进程。Keep营收持续大幅增长。后疫情时代，居家健身迎来新一轮爆发，玩家们卡位竞争。作为在线健身领域布局时间最长的国内平台之一，Keep独辟蹊径，成长路上"两步走"——先精准锚定利基市场，再不断扩张边界。

精练内容　汇聚人气

据灼识咨询报告，于2021年，按月活跃用户及用户锻炼次数计算，Keep是中国最大的线上健身平台。今年前六个月，Keep月活用户在平台的锻炼次数超11亿次。

创立于2014年10月，Keep最初是一款"以内容为核心"的运动工具。成立之初资金有限，产品上线前一个月，团队启动"埋雷计划"，锁定QQ、微信、贴吧、豆瓣小组的近百个健身类垂直社群，连续输出高品质的健身经验贴，培养潜力用户。这张巧妙的营销牌背后，是团队找准市场、站对风口。彼时，健身标准化内容资源稀缺，Keep在社交媒体平台大量投放的优质PGC内容，获得众多专业人士关注。Keep乘胜追击，以提供健身内容＋免费训练课程切入蓝海，从上线到突破百万用户，仅用105天完成初始积累。靠内容发家已是不易，留住用户、保持增长更难。况且，不乏B站、小红书等内容平台，重金投入发力运动板块。

当市面上的健身内容趋于丰富，Keep有什么过人之处？答案是：打出成体系、全周期、个性化的内容"组合拳"，不断迭代产品，形成优势护城河，课程主打全覆盖，为进一步提高用户黏性，Keep不断优化平台功能。更新数据中心，可视化呈现训练概况，提升用户成就感。不到三年，用户数破亿，Keep从健身工具，一跃成为聚集健身爱好者的社区平台。

疫情暴发后，居家健身赛道上，国内外玩家激战正酣，具备先发优势的Keep，坚定输出更好、更专业的内容。

2020年起，双向投入自研PGC课程和UGC社区。一方面，自研PGC课程不断推陈出新。例如冬奥会期间，Keep上线"速效全身燃脂-滑雪体式"课程。此外，在自研的基础上引入第三方内容，包括第三方授权的录播内容，及吸引帕梅拉、周六野等头部IP入驻。另一方面，Keep靠品牌势能吸引越来越多的内容创作者及行业从业者加盟。去年12月，Keep发布"万人伸展计划"，从流量、商业变现、认证培训等维度提供支持，同时开放创作者学院等产品服务，为专业内容的输出加油蓄力。

赋能硬件　打通线下

只做内容社区，再怎么向下深挖，都很难产生质变，但长远来看，品牌商业价值需要实现量级突破。Keep做起了"软件＋硬件＋服务"的生意，将内容优势延伸至智能硬件与线下场景，构建业务闭环，提供覆盖用户全生命周期的专业服务。2018年，Keep推出了自有品牌的消费品业务，包括自营商城和第三方电商平台上的智能健身设备、健身装备、服饰、食品等商品。用Keep合伙人、副总裁刘冬的话来说，Keep要构建起由智能硬件、训练装备和食品三个板块组成的消费品"金字塔"，囊括消费者"吃穿用练"的主流需求。

打头阵的是智能硬件。为了能在智能硬件产品形态上做出差异化，Keep在智能跑步机、智能单车和手环等单品上，选择了更契合Z世代消费者审美、富有科技感的外观；功能上创新应用了手机等移动端上的Keep主App联动模式。截至2022年6月30日，Keep累计卖出大约10.8万台Keep智能单车。据灼识咨询报告，Keep的智能单车累计销量在中国智能单车市场中排名第一。相比1 995美元（约合人民币13 820元）最新版的Peloton Bike，Keep单价1 000～4 000元不等的智能动感单车，更易令消费者接受。除价格亲民外，Keep智能单车搭载了特有的FTP测试技术，根据用户的测试成绩，精准推荐更适合的课程，用户无须手动调节阻力，系统会根据体能状况自动匹配合适的阻力。不断自我

第四章 商业模式

迭代优化的智能硬件产品,在颠覆人们传统健身模式的同时,也为商业增值做出重要贡献。2021年,Keep的自有品牌运动产品贡献了约53.9%的营收,较2019年增长120%至8.7亿元。

"吃穿用练"的需求得到了满足,线下生意水到渠成。Keep积极布局线下健身房Keepland,后转以成本更低的方式代运营健身房团操教室,这一模式被称为"优选健身馆"。线下健身房未必会成为Keep核心的收入构成,但一定是未来无法取代的用户增值服务。今年3月底,Keep官宣要在北京线下拓展100家"优选健身馆"。未来若把自营商品放入线下售卖,这一业务将兼具销售渠道的想象空间。

至此,Keep真正实现了内容交互、运动装备、线下体验等运动链条上的全部需求,搭建起健身领域完整生态。付费用户转化率随之提高。平均月度订阅会员数由2019年的80万人,增至2021年的330万人,2022年前6个月,提升到370万人。

Keep正在进行一场无边界的探索——全链路业务模式打通后,通过重新定义品牌精神,重塑"健身"的意义。

在单车硬件+直播的基础模式上,Keep努力通过教练打造直播的热烈氛围,提升用户在运动过程中的"愉悦感",帮助用户克服运动阻力,进而增加用户黏性。这一思路,收获了积极反馈:据Keep披露,在单车直播上线的一个月中,用户的活跃频次达到3.6次/周。受此启发,却不囿于此。Keep重新解读品牌精神——从"自律给我自由"到"自律给我快乐的自由",在"愉悦性"上更进一步。2022年五一期间,Keep合作QQ音乐上线"摇摆客厅音乐节",推出云蹦迪直播、数字藏品音乐跑、独家音乐课程、蹦迪舞步教学等系列玩法,以潮趣内容吸引年轻人。

思路打开,Keep试图在运动中融入竞技元素,进一步激活用户运动动力。日益聪明、成熟的消费者,只会为更具活力和想象空间的健身生态买单。Keep用近10%的会员渗透率,诠释着这一点。Keep正在破壁狂奔,招股书中释放出的积极信号无一不显示:上市将成为Keep成长路上的新起点。

未来Keep的边界到底是什么?创始人王宁说过,"我的梦想就是希望有一天当你运动时,你想到的是'Keep一下'"。如今,中国超7成的健身人群知道Keep,这离王宁圆梦越来越近。

(资料来源:余文舫,夏崇.在线健身卡位战,Keep如何突围?[EB/OL].[2023-02-07]. https://new.qq.com/rain/a/20220907A0A2Z700.)

思考题:

1. 绘出Keep的商业模式画布。
2. Keep的核心竞争力体现在哪里?与竞争对手相比,主要区别在哪里?
3. Keep的商业生态圈包含哪些内容?

第五章　创业团队

学习目标

1. 理解创业团队的概念与特征
2. 了解创业团队组建的主要影响因素和一般流程
3. 了解创业团队领导者需要具备的素质
4. 理解创业团队间信任建立的条件和冲突管理的策略
5. 了解影响创业团队激励机制制定的主要因素
6. 掌握创业团队中的经济利益以及非经济利益的激励方式

考核要求

本章可以通过角色扮演来检验学生对于创业团队组建和领导知识的把握和运用,通过这种方式使学生较为深刻理解创业团队的组建和领导相关理论;本章还可以通过案例分析的方式来考查学生对于创业团队激励的学习,通过这种方式使学生在运用知识解决实际问题的过程中掌握创业团队激励的技巧。

第五章　创业团队

引导案例

易步的昙花一现

2019年1月21日,中国平衡车市场的两大巨头之一——乐行天下科技有限公司的创始人周伟,被东莞警方带走,控诉他的是他曾经的合伙人——东莞易步公司董事长吴细龙。2019年5月,东莞市检察院对乐行天下科技有限公司出具"不起诉决定书",周伟等人得以无罪释放。至此,这场旷日持久、震惊全国的商战终于落下了帷幕,易步科技和乐行天下结束了长达六年的案件纠纷。然而,易步公司的日常运作也逐渐陷入混乱,发展停滞不前。易步一路走来到底经历了什么?

2007年,周伟参加全国大学生机器人电视大赛,在比赛中结识了志趣相投的闫学凯和郭盖华等,在2008年与他们共同创立了武汉若比特机器人有限公司。在创业初期的时候他们参加机器人足球世界杯中国区选拔赛,获得全国总冠军,发展形势一片大好。但周伟并不满足于此,他决定将核心业务锁定在平衡车的研发上。研发很成功,但到了量产环节,周伟却犯了难。周伟和其团队成员并没有生产和销售方面的经验,经人介绍,周伟结识了吴细龙,双方很快达成合作意向。

在投资人吴细龙与周伟团队的协商下,双方于2010年2月签订《合作备忘录》后决定成立东莞易步机器人有限公司。2008年到2012年,周伟团队凭借着过硬的专业知识和坚持不懈的努力,打造出了易步公司的主营产品——Robstep-M1代步机器人。这款代步机器人竞争对手较少,且产品质量较好,价格又相对亲民,一问世便很受欢迎,公司利润丰厚。

但好景不长,随着周伟团队和吴细龙合作的不断深入,双方的摩擦和矛盾不断增加。在公司治理层面,双方的经营方式、理念和发展方向也存在较大的差异。最后,吴细龙没有征得任何重要股东的同意,就擅自更换管理层,架空周伟一行人。周伟及相关合伙人也彻底绝望,大家纷纷辞职离开,重新开始。在离开了易步之后,周伟团队于2012年12月,成立深圳哈维科技有限公司(后更名为深圳乐行天下科技有限公司),周伟担任公司法定代表人,主营业务仍专注于平衡车和机器人的制造与研发,也成了易步的最大竞争对手。

(资料来源:徐珊,谢薇.易步的昙花一现:技术专家创业怎么这么难.中国管理案例共享中心,2020.)

思考题:是什么原因让易步科技两位合伙人从一拍即合走到了反目成仇?创业团队是什么呢?如何组建和构成创业团队呢?面对团队冲突该如何解决呢?

第一节　创业团队组建

团队组建是创业团队发展的第一阶段,也是企业创业发展的初始阶段。传统的创业团队的组建较少考虑成员间的互补关系,有较大的隐患,将最终影响企业的发展。因此,对创业团队的组建进行研究很有必要。

一、创业团队的概念与特点

2019年3月10日,习近平总书记在参加十三届全国人大二次会议福建代表团审议时强调,要营造有利于创新创业创造的良好发展环境。要向改革开放要动力,最大限度释放全社会创新创业创造动能,不断增强我国在世界大变局中的影响力、竞争力。从"创新是引领发展的第一动力""民营企业家是我们自己人"再到"释放全社会创新创业创造动能",习近平总书记对高质量发展提出了更高要求。而创业团队对创业成功的重要意义不言而喻。

(一) 创业团队的概念

创业团队的概念是在工作团队概念的基础上发展起来的,因此,我们首先从工作团队的概念入手进行剖析:

罗宾斯将工作团队定义为:一些为了实现一个目标而互相依赖的个体组合而成的正式群体。

Shonk较早把团队定义为:两个或两个以上为完成共同任务而协调行动的个体所构成的群体。Quick则认为,团队最显著的特征就是其成员都能把实现团队的目标放在首位。团队成员都拥有各自的专业技能,并且能够相互沟通、支持与合作。史密斯认为,团队是才能互补、根据共同的目标设定绩效标准,依靠互相信任来完成目标的群体。

这些工作团队的概念都没有涉及创业要素。在团队概念的基础上,多位学者从不同角度对创业团队给出了自己的概念,如表5-1所示。

表5-1　创业团队的概念

学　者	创业团队的概念	概念特点
Kamm等人(1990)	两个及以上的个体共同开发一个项目,并投入相等比率的资金	成员在企业中享有平等的财务利益,只出现在尚未向市场提供产品或服务的新企业启动阶段
Gartner(1994)	对创业发展具有直接战略影响的群体	可以包括分享新企业股权和债券、共担决策责任的人,也可以是配偶、密友以及供应商、消费者
Cooney(2005)	两个及以上积极参与企业发展(创立、收购和其他创业行为)且对企业具有重大财务利益的人	将仅在企业创建初期参与创业活动的有限合伙人排除在外

第五章　创　业　团　队

续　表

学　者	创业团队的概念	概念特点
Forbes 等人(2006)	至少由两人组成并满足条件：积极参与企业的创建和管理；对企业的组织、增长和持续性负责；以相同的社会身份共享经济利益和荣誉	定义宽泛，混淆了创业团队与高管团队的概念
Klotz 等人(2014)	对新企业的战略决策和持续经营承担主要责任的一群人	包括积极参与新企业发展战略(如制定愿景和使命、搜寻资源和雇佣员工等)的制定和实施的团队成员
Mazra 和 Math (2017)	由两个及以上负责创建或接管公司的人组成的团体，他们分担公司运营带来的风险和财务收益	考虑了创业团队进入和退出，将不参与企业创立而参与创建后公司管理的人纳入创业团队的范畴

可见，学者们关于创业团队的概念的关键点主要集中在所有权、人员构成以及参与时间上。并非在企业创立之前或创建阶段就参与创建工作的人才能算作创业团队的成员，如果某个成员是在建立企业的早期阶段因为需要而加入进来，也可以算是创业团队的成员。在人员构成上，大多数研究者认同应该撇开如律师、会计师等外部专家，只把全身心投入企业工作的创业者算在内。在所有权上，一般创业者都拥有公司的股份，但是股份的多少并不是判断创业团队成员的依据。

基于以上理解，我们认为，所谓创业团队，是指两个及以上共担创业风险、共享创业利益，享有新企业主要所有权且对企业的战略决策和管理运营承担主要责任的一群人。

(二) 创业团队的特点

对创业企业来说，搭建一个创业团队至关重要，而创业团队又有哪些特点？结合大量学者对创业团队特点的研究，整理了以下特点：

1. 目标明确

每个创业团队都设定了目标，而团队也是围绕目标进行工作和事项的开展，并且创业团队的每一位成员都非常明确总体目标以及个人目标。

2. 相互信任

创业团队成员是因为一些共同的目标而实现价值，如果彼此间没有信任就很容易出现信任危机。在各项事务的推进过程中需要信任，在团队出现问题后愿意共同承担，信任保障了团队的运营。

3. 拥有独特的技能

创业团队中包含很多具有足够多资源优势的成员，并且他们也拥有一定的特殊技能，这些技能既对企业成功有着一定的保障作用，也有助于创业团队取得一定的成绩和成果。

4. 有效的沟通机制

创业团队都是在不断的思维碰撞中运作，因此良好的沟通和交流才能有效地保障创业团队的前进。创业团队中的成员可以分享自己的想法和思路,也可以与其他成员进行探讨和交流。

5. 良好的激励机制

多数创业团队的成员都认可团队的创业价值,具有很大的同质性,这才使团队处于一个稳步前进的状态。其中,创业团队应该具有良好的激励机制,团队中的所有成员都认可团队的激励机制,并愿意采用这种激励方式。

6. 具有凝聚力

创业团体就是一个整体,团队中的每一个成员都应该同甘共苦,这样团队就会形成凝聚力和一体感。团队成员应该将团队的利益放在首位,也要充分认识到,个人利益是建立在团队利益的基础上的。

二、影响创业团队组建的因素

在创业团队的组建过程中,核心创业者是主体,商业机会是纽带,外部资源是帮手,企业的价值观和发展目标是保持团队长久稳定的前提,角色定位是保证企业绩效的关键。

(一) 核心创业者

王志东曾说过:"企业的发展,关键在于CEO的素质和把握。"企业发展的第一要素是创业团队,而创业团队发展的第一要素又是核心创业人物的素质和品格。核心创业者主要在三方面对创业团队的组建产生影响:一是核心创业者确定的创业战略,是创业团队人才类型选择的重要依据;二是核心创业者的个人素质和人格魅力能否吸引各方精英加入创业企业,能否协调团队成员间的矛盾具有重要影响作用;三是核心创业者拥有的资源平台极大地影响着创业企业未来的发展,它也是吸引和招揽一流人才的关键。

(二) 商业机会

建立一个什么样的团队取决于企业创始人与商业机会之间的匹配程度,以及企业创始人计划以什么样的速度和措施来推进企业的发展。因此,在创业团队组建过程中主要考虑的问题是商业机会(或创业机会)的开发问题,即在选择创业机会,构建创业所需的资源平台、创造价值以及获取利润的过程中什么时候组建、如何组建、组建一支怎样的创业团队的问题。在商业机会开发过程中,创业企业要遵循"按需组建,渐进磨合"的方式逐步创建一支成功稳定的高绩效创业团队。

(三) 外部资源

企业在不同时间的核心需求不同,针对某一时间那些非核心的需求,企业可以考虑借助外部资源的力量来满足。在企业的外部资源方面,企业创始人在组建创业团队时,需要考虑的问题主要体现在两个方面:一是对那些专业性强、具有一次性特点的专业知识或者是通过请兼职人员提供的专业知识的重要性,企业创始人是否十分清楚,这一点非常关键。二是对创业企业而言,如果从外部获取专业技能是否会泄露创业企业的商业机密,从而导致创业企业错失商业机会。

(四)价值观和发展目标

创业本身要承担很大的风险,而成员之间的相互认可与共同信念的支撑无疑是最好的心理慰藉,也是支持团队成员将事业进行到底的强有力的支柱。不仅如此,团队成员的配偶也需要有相同的价值观,以全力支持他的创业活动。因此,在组建创业团队时,要选择那些认同企业文化,有相同的价值观,个人目标与企业发展目标一致,能够同甘共苦的成员加入团队。

(五)角色定位

如何对成员进行角色定位,使其做到人尽其才,充分发挥个人优势,以提高团队的整体效率,是创业团队组建过程中必须考虑的一个重要因素。对于人员角色的评价标准包括:团队角色的完整性、凝聚力、稳定性和协作力。

英国学者贝尔宾曾经考察了1 000多支团队。研究理想创业团队的构成,最后提出了九种角色论,即成功的团队必须包含九种不同角色的人:

(1)提出创新观点并做出决策的创新者;
(2)将思想语言转化为行动的实干者;
(3)将目标分类,进行角色职责与义务分配的协调者;
(4)促进决策实施的推进者;
(5)引进信息与外部谈判的摘息者;
(6)分析问题与看法并评估别人贡献的监督者;
(7)给予个人支持并帮助他人的凝聚者;
(8)强调任务的时效性并完成任务的完美主义者;
(9)具有专业技能和知识的专家。

三、创业团队组建的原则与程序

(一)创业团队组建的原则[①]

创业团队组建是否科学,管理是否健全,结构是否合理,以及理念是否正确,都会影响创业的整个过程。因此,明确创业团队的组建原则,对提高创业的成功率具有十分积极的作用。下面从四个方面阐述创业团队组建的原则:

1. 目标一致

在创业团队的组建过程中,团队中的各个成员应该拥有共同的创业目标、创业理

---

① 高艺.初探创业团队的组建原则[J].劳动保障世界,2018(18):11.

念。唯有个人的创业目标同团队的创业目标一致时,整个团队才能进一步就目标进行阶段性规划和团队分工。一致的发展目标是团队齐心奋斗的基石。只有选择具有共同目标、坚持相同理念的成员,才能组建具有相同基础、具有一定凝聚力的创业团队。

2. 价值观一致

价值观一致对创业团队的影响主要体现在以下两个方面。第一个方面,成员在原则性问题上的认知与判断比较一致,因而不会出现根本性冲突。原则性问题包括是否认同组织的发展战略、职能划分制度以及利益分配制度等。一旦成员在这些方面出现分歧,就很难达成共识。因为每个人的价值观形成之后很难再发生改变。第二个方面,高效率的沟通。团队成员拥有一致的价值观和目标愿景,就算一些问题上出现分歧,一般也会更积极地探讨和处理企业事务,从而营造更和谐的团队氛围。

3. 互补搭配

创建团队就是为了避免因个人缺乏某一领域的知识而带来困境,因此创业团队组建应考虑建立覆盖多方面领域、掌握多方面知识的团队。在团队组建过程中要坚持互补原则,主要体现在四个方面:

(1)性格互补。人的性格不同,在团队分工时依据成员的性格特点安排工作,会使完成工作的效率更高。性格互补的创业团队更能产生"1+1>2"的协作效果。

(2)能力互补。一个团队在开展创业活动时具有管理、技术、市场、销售等不同类型的工作,因此具有能力互补的人才需求。能力互补就是让合适的人去做合适的事,最大限度地发挥人才作用,也最大限度地提高人才的利用率。

(3)阅历互补。在创业道路上会经历很多未知的困难,如果团队成员见识少,涉世不深,经验不足,很多时候就会乱了方寸,甚至可能受到欺骗。相反,若团队成员阅历丰富、见识广,遇事能冷静分析,沉着应对,那一定可以在创业过程中克服重重困难。

4. 权责明确

创业团队是一个以目标为导向、以工作为纽带所形成的工作集体,明确的责任义务、清晰的权责划分是有效的团队分工的基本要求。这样各负其责,各行其是,才能使团队有序地运转。

(二)创业团队组建的程序

创业团队的组建是一个相当复杂的过程,不同类型的创业项目所需的团队不一样,创建步骤也不完全相同。概括来讲,创业团队组建的一般流程如图5-1所示。

1. 确定创业目标

创业团队的总目标就是要通过完成创业阶段的技术、市场、规划、组织、管理等各项工作实现企业的从无到有、从起步到成熟。总目标确定之后,为了推动团队最终实现创业目标,再将总目标加以分解,设

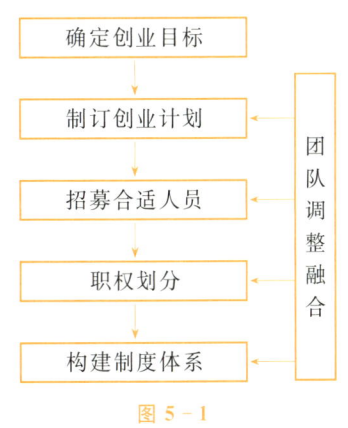

图5-1 创业团队组建的一般流程

定若干可行的、阶段性的子目标。

2. 制订创业计划

在明确创业目标后,接下来要考虑的是制订一份项目实施计划,即创业计划。创业计划是一份全方位的项目计划,它从人员、制度、管理、产品、营销、市场等各个方面对即将展开的创业项目进行可行性分析,是创业者给自己设计的创业目标和创业路线。

3. 招募合适人员

招募合适的人员是创业团队组建最关键的一步。关于创业团队成员的招募,主要应考虑两个方面:一是考虑互补性。保持招募的成员与团队原有成员之间技能和背景上的互补关系;二是考虑团队的适度规模。适度规模是保证团队高效运转的重要条件。一般认为,创业团队的规模控制在2~12人最佳。

4. 职权划分

招募完人员后,要对团队成员进行角色定位和工作分工,并赋予一定的职权,这是减少团队成员间矛盾,增强团队凝聚力,提供创业企业整体绩效的重要保证。

创业企业可以根据企业的业务内容、业务流程和九种角色论,对创业团队成员进行职权划分。

5. 构建制度体系

创业团队制度体系体现了创业团队对成员的控制和激励能力,主要包括了团队的各种约束制度和各种激励制度。一方面,团队的各种约束制度(主要包括纪律条例、组织条例、财务条例、保密条例等)约束团队成员不利行为、保证团队稳定;另一方面,激励制度(主要包括利润分配方案、奖惩制度、考核标准、激励措施等)充分调动团队成员的积极性,最大限度发挥团队效用。

6. 团队调整融合

一支高效稳定的创业团队不是一步到位的,而是在创业过程中不断调整融合,逐步建立起来的。创业团队的稳定也是指动态的稳定。因此,要遵循"按需组建,渐进磨合"的方式组建创业团队。

总而言之,创业团队的组建是整个创业团队工作的核心。任何创业团队都经过"生存下来——成功转型——规范建设"这个充满艰险的过程。大部分的创业团队都没有生存下来并成功转型,而成功转型的组织无疑都成功地建立了成熟的企业制度。在这个"惊险的一跃"中,有没有把握好创业团队组建的关键因素,使创业企业生存质量得到提升,对创业企业未来的发展至关重要。

第二节 创业团队领导

对于大多数刚刚创办的企业来说,由于资金少、工作条件艰苦、福利待遇比大企业差,而且其他各种资源都非常有限,人才就显得格外珍贵。如何管理好创业团队,吸纳和留住人才,是每一个创业企业必须思考的重要问题。核心创业者要掌握一定的领导艺术,让每一位团队成员能够人尽其才、人事相宜,不断为企业创造价值。

第二节　创业团队领导

一、创业团队领导者需具备的素质

创业团队的领导者不仅要有过人的领导才能，也要懂得分权。根据团队所处的市场环境以及社会文化不同，领导者需要具备以下素质：

（一）智慧和精力

创业团队的领导者需要足够的智慧、精力、道德和能力，才能迅速发现问题。一方面，当团队遇到突发情况陷入困境时，需要团队领导者具有更为出众的智慧；另一方面，由于团队从上到下都受他的领导，所以领导者必须全身心地投入工作。

（二）正直的品行和工作习惯

团队领导者是标杆，他们的一举一动都影响着团队成员，正能量可以激励以及带动成员，而不良行为也会让成员反感。那些能正视自身优缺点的领导者，才能轻易地成为优秀的领导者。

（三）科学的思维方式、精准的判断力

正确的思维方式才能产生正确的思想、观念和行动。领导者决定整个团队的发展方向，因此领导者必须要对整个团队的发展目标和前景有一个全面的构想。另外，团队遇到问题时，领导者应该要有灵活的判断能力，寻求解决问题的方法，以确保团队按照有利的方向去发展。

（四）成熟的大局观、更强的人际关系处理能力

拥有成熟的大局观是成为优秀领导者的关键所在，领导者要从整体上把团队督促好，让团队趋于完美。更强的人际关系处理能力要求领导者善于沟通，善于理解他人的意图和想法。当团队成员需要表达自己的看法时，领导者要适时地给予机会，并且与之交流。总之，更强的人际关系处理能力可以使团队长远持久发展。

二、创业团队信任的建立条件

创业团队信任是指成员在交往过程中，对已合作的团队其他成员的合作风险的积极预期，是成员之间的信任关系。团队信任是复杂的、多层次的，既包括团队之间的人际信任，也包括成员将团队作为一个整体所形成的信任。而创业团队信任的建立需要许多条件，具体如下：

（一）沟通互动

沟通会影响团队信任。沟通有助于信息共享、资源互换以及团队信任的建立和维持。成员之间的经常性沟通有利于信息传递，也利于产生信任以及友好的情感。有效的沟通可以提升成员之间的可信度，前期的沟通互动可以促进成员之间信任的

第五章 创业团队

建立,而中间积极和反复的团队互动又可以增加成员之间的吸引力,以及减少冲突的产生,进而增加团队信任。因此,沟通互动可以促进团队成员之间的信任。

(二) 互惠原则

互惠是指人们对对方的友善回报以友善、对对方的不友善回报不友善的交互行为。根据社会交换理论可知,互惠有利于信任的建立,创业团队中信任的建立和维持需要基于互惠和公平。创业团队信任是建立在互惠互利的基础上的。互惠原则既可以促进信任的建立和维持,也能够增强员工之间的联系,建立稳定的关系,进而促进彼此间的合作。总之,创业目标的完成需要团队成员之间的共同努力,互相依存需要彼此信任,互惠互利的关系如果发生改变,那团队成员之间的信任就很难建立。

(三) 资产专用性互换

资产专用性是指资产能够被重新用于他处而不降低其价值的程度,是资产专有用途确定之后,很难再移作他用的性质。根据社会交换理论可知,团队成员之间的合作是资源专用性互换,即资源互补,这使利益双方捆绑在一起,从而相互负责,相互信任。专用性资产是成员维持合作关系的条件,随着成员之间专用性资产的投入,团队的信任机制也就建立起来了。总之,专用性资产投入会影响团队成员之间信任的建立,专用性资产投入得越多,成员之间的信任程度更高。

三、创业团队间冲突管理的策略

创业团队冲突是指团队成员内部产生目标相异、认知差异和愿景不协调的感知状态,而团队冲突管理是指团队在应对各种冲突情况时的管理活动。例如,以目标为导向的干预,对自身改变的干预或者对他人改变的干预。团队冲突的管理方法有很多,具体分为以下几种:

(一) 整合式冲突管理

在团队冲突产生后,采用整合的方式,从团队的整体利益出发,协调冲突各方的利益。即在掌握各方的相关信息之后,通过整体的协调来实现各方利益的调和,并最终化解冲突。

(二) 服从式冲突管理

在冲突产生后,管理者通过下发指令使各方停止冲突活动。对冲突者而言,实际上就是一种放弃冲突的方式。

(三) 回避式冲突管理

回避式冲突管理与服从式冲突管理、类似,都能够让冲突立即停止。但不同的

讲解视频
创始人如何掌控公司控制权

是，回避式冲突管理只是暂时的搁置，并不是直接跳过去的形式，因此成熟的企业常常使用此种方法来解决冲突问题。

（四）命令式冲突管理

命令式冲突可以理解为管理者制造冲突，以命令的方式实现冲突的目的，进而达到相应的管理需求。这一方式在企业中极为常见。

（五）折中式冲突管理

简单来说，折中式冲突管理就是冲突各方各退一步。在面对冲突时，为了有效和及时地化解冲突，管理者会充当冲突双方的调停者，分别寻求双方折中的解决方案，从而化解双方的冲突。

专栏5-1　数字化领导力构建

数字化领导力是企业的领导者带领企业迅速适应数字化的能力。构建数字化领导力的目的在于使每一位员工用互联网的思维方式工作，即领导者要了解迅速变化的大数据，构思企业数据化的未来，运用数据化思维达到企业的战略目标。数字化领导力的构建包含两个方面，即领导的能力和行为，主要表现为以下几个方面：

战略上的数字化思维能力

具有数字化战略思维的领导者能够使用数字化思维去发现、分析以及解决企业的发展问题，能够准确地把握企业的数字化转型的战略方向，积极构建数字化愿景，适时调整优先级安排，保持战略定力，以数字化的思维模式进行任职的升级，从而运用数字化思维去看待企业的长远发展问题。

发展数字化人才的能力

企业数字化转型的成功核心在于能够构建一支拥有数字化的人才队伍。数字化领导者对员工的能力提升起着关键作用。数字化领导者更善于运用数字技术去赋能赋权，从而激发员工的主动性行为。拥有数字化领导力的领导者拥有任务管理、团队组建以及响应反馈的能力，也善于对员工和团队实现数字化的管理。

掌握应对科技发展和科技政策环境的能力

具备数字领导力的领导既能掌握甚至精通各种数字技术和技能，又能跟随科技发展动态不断发展个人的数字技能，更能掌握组织所处的外部科技政策和科技监管政策。数字化领导力构建应该更加重视企业所处的科技和政治环境。

发起以及支持企业数字化变革的能力

数字化技术对传统结构具有影响作用，如果企业没有掌握数字化技术，那企业终将被时代淘汰。所以，具有数字化领导力的领导者能够对组织结构、组织文化等进行相应变革,将数字创新运用于组织当中,并提高组织价值。

拥有数字化沟通的能力

沟通能力是解决问题、建立信任的重要方式,尤其在数字化的工作环境中,虚拟沟通不断增多,这就需要具备数字化领导力的领导者掌握各种数据化工具以及技巧来给员工创造积极的数字化沟通环境,提高沟通质量。此外,在数字化沟通当中可以建立数字化信任。具备数字化领导力的领导者要在虚拟环境中展现自己的真诚性、可靠性以及公正性,从而得到员工的信任。

思考题:在数字化领导力构建的过程中,需要哪些团队间冲突管理的策略?

第三节　创业团队激励

创业组织处于高度竞争的环境中,应对创业团队强化一种危机意识,但更重要的是要建构一套行之有效的现代激励系统。

一、创业团队激励机制制定的影响因素

激励机制对创业团队的长期持续发展具有重要意义,这种激励机制必须贯穿于企业发展的各个阶段,从而增强团队氛围,培养团队的有效性发展。在创业企业发展的各个阶段,创业团队的激励机制制定具有灵活性。对于员工的物质激励在团队的不同发展阶段是不同的,而对于员工的精神激励要贯穿企业发展的全过程。所以了解创业团队激励机制制定的影响因素非常重要。

企业的外部环境会对激励机制的制定产生重要影响。一方面,企业与外部投资者之间的利益分配会影响团队成员之间的利益份额;而另一方面,外部投资者会根据该团队的激励机制来判断团队的凝聚力,因此团队所制定的激励机制也会影响到外部投资者对该团队的可信度。

领导者制定激励机制是为了使团队成员能够合理分配企业的所有权。因此,领导人必须重视激励机制的程序,使企业内形成一种和谐的氛围,让团队成员感觉到自己的贡献与所得的物质以及精神激励相等。所以在激励机制制定时,要建立良好的程序,让团队成员感觉到被公平对待。一个好的激励机制既有助于团队成员实现个人价值,也有助于实现企业目标。

二、创业团队经济利益激励

在创业团队中,由于资源相对有限,而外部环境又比较险恶,如何有效地激励团队,如何切中创业者的心理需求进行激励,成为每一个创业者都必须着重面对的重要组织因素。团队领导需要考虑团队整体的激励制度建设,而作为团队成员个体,也应强化自我激励。激励是人们朝着某一方向或目标行动的驱动力。激励就是强化团队的主动性和积极性,最终达到提升组织绩效和个人绩效的目的。而创业团队的激励

第三节　创业团队激励

制度要有更高的灵活性，充分发挥团队整体积极性，促使他们为企业创造更高的绩效。不同的激励方式对员工的激励程度不同。

（一）股权激励

根据激励对象的不同，股权激励可以分为股票激励计划和股票期权激励计划。股票激励计划一般是以业绩或者时间为条件，公司授予被激励员工一定数量的股票，而这些股票只有达到业绩目标或一定期限时才可以出售。股票期权激励计划是指公司允许被激励对象在未来一定期限内以预先确定的价格和条件购买本公司一定数量的股份。

股权激励可以弥补传统激励手段的不足，在创业企业中具有明显的实施优势：在管理理念上，它通过员工对股权的拥有使公司与员工的关系由原来简单的雇佣与交换关系变为平等的合作关系；在激励与约束的方法上，它通过建立所有者与员工之间在所有权、管理权、经营收益、公司价值以及事业成就等方面的分享机制，形成所有者、公司与员工之间的利益共同体；在管理效果上，它变以外部激励为主为以员工自身的内在激励为主，变以制度性的环境约束为主为以自律性的自我约束为主。结果必然是有利于充分调动广大员工的工作积极性，为人力资本潜在价值的实现创造了无限的空间。总的来说，股权激励可以让员工拥有一定的剩余索取权并承担相应的风险，从而将员工个人的利益和组织的整体利益相连接，强化员工的主人翁精神，优化企业治理结构。

（二）股权激励类型比较

证监会规定的股权激励方式有三类，其中，股票增值权占比较低且主要适用于境外的上市公司。因此，重点比较股票期权和限制性股票两种激励类型。与限制性股票激励相比，股票期权激励有三个方面的优势：

（1）高管对股票期权是否行权有选择权，行权是为了逐利，但是当出现股价下跌等不利情况时，放弃行权也不会对自己带来经济损失。这对团队成员会起到很强的激励效果。

（2）股票期权的激励效应存在权利和义务不对称的情况，持有股票期权的高管可能获得极大的收益但承担极低的风险。

（3）股票期权既存在内在价值又有时间价值，而限制性股票只有内在价值。

因此，股票激励在设计特性、实施过程等方面存在差异，而结合激励效果来看，股票期权的激励效果会更强，对提高公司营业业绩以及促进公司高质量发展都具有更显著的效果。至此，创业团队在制定经济利益激励时要多考虑采取股票期权的激励方式。

（三）实施股权激励

创业企业实施股权激励，需要注意以下几个问题：

（1）使用股权激励一定要注意对象与环境。股权激励尽管有效，但它绝不是万

第五章 创业团队

能的,股权激励有它自己的适用范围和适用对象,如果用错了不仅收不到预期的效果还可能产生相反的作用。

(2) 股权激励一定要与其他激励手段合理配合使用。比如对主要经营者的激励组合可以以股权激励为主,对于其他高管人员则股权激励与非股权激励可以各占一半,而对于中层干部和技术、销售等部门的业务骨干,股权激励在其激励组合中的比重则不应超过 1/3。

(3) 股权激励一定要与目标管理和绩效考核紧密结合。不管怎么讲,激励只是手段,完成公司的经营计划、达到发展目标才是目的。所以股权激励制度和实施方法一定要结合公司的目标达成情况以及激励对象本人、本部门的业绩指标完成情况与考核办法来制订和兑现。离开了这一条,再好的激励手段也不会产生令人满意的激励效果。

(4) 实施股权激励要注意稳定性与灵活性有机结合。稳定性说的是激励制度一旦颁布就要不折不扣地实施并坚持下去,否则公司将失去员工的信任,那样的话还不如不搞股权激励。灵活性则指针对不同的激励对象在不同的环境中以及随着时间的变化,所使用的激励工具和激励方法的组合应该有所不同,也就是说要做到所采取的每一个激励措施对于所要激励的对象而言都是实用的、恰当的、高效的。

(5) 要注意在激励方式和方法上创新。首先任何股权激励工具都是人们在管理实践中创造和总结出来的,并且不断有新的激励工具在不断地被创造出来;其次每一个成熟或不成熟的激励工具都有其自身的适应性和适用条件,并不存在一个百分之百成熟、完善的股权激励方法,所以在借用或借鉴别人的股权激励方法时一定要进行改造、创新,切忌简单模仿和盲目照搬。

三、创业团队非经济利益激励

(一) 团队文化激励

团队文化是团队在长期的生存和发展中所形成的,为团队多数成员所共同遵循的目标、信息、价值标准和行为规范。团队文化是客观存在的,是团队成员在活动中必然的行为方式,独特的习惯,并在团队成员之间传播和加强,形成了常说的"团队小气候",团队文化对团队管理有着重要的作用。物质激励必不可少,团队文化激励也同样重要,它能在较高层次上调动人的工作积极性,激励程度大,持续时间也长。

(二) 职位激励

职位激励作用的大小,跟激励的对象、职位本身的吸引力、职位所对应薪资水平的吸引力密切相关。职位激励的对象应选择那些有强烈的自我实现需要和成就愿望的人员,并且这些人员应具备胜任该职位的现有能力或潜在能力。同时,值得我们关注的是职位本身的吸引力与所对应薪资水平的吸引力之间的关系。一般而言,职位本身的吸引力越大,如职位等级越高,职位激励作用就越大,此时,对应薪资的吸引力相对减弱;反之,职位本身的吸引力越小,如职位等级越低,职位激励作用就越小,此时,薪资的吸引力相对增强。

(三)情感激励

情感激励是指在管理者之间、管理者与员工之间,通过一定的方法和手段了解对方的情绪与情感,做到尊重人、理解人,从而在团队内建立一种归属感,形成和谐的人际关系,进而调动工作的积极性和责任性。总之,人们的情感具有一种激发功能,加强创业团队成员的情感沟通,可使每一位成员保持积极的工作态度,工作效率也会提高。

(四)挫折激励

挫折激励是指团队成员遭受一定的挫折时,团队领导应该及时给予积极的引导和启发,从而达到正面激励的目的和效果。此外领导者要保持冷静,努力保持大家的信心,激励大家的斗志,从而增强团队的凝聚力。

本 章 小 结

1. 创业团队,是指两个及以上共担创业风险、共享创业利益,享有新企业主要所有权且对企业的战略决策和管理运营承担主要责任的一群人。优秀的创业团队一般具有以下特点:明确目标、相互信任、拥有独特的技能、有效的沟通机制、良好的激励机制,以及具有凝聚力。

2. 创业团队的组建具有较大的不确定性,影响创业团队组建的主要因素包括核心创业者、商业机会、外部资源、价值观和发展目标,以及角色定位。

3. 一支高效稳定的创业团队不是一步到位的,而是在创业过程中不断调整融合,逐步建立起来的。创业团队一般是按照确定创业目标、制订创业计划、招募合适人员、职权划分、构建制度体系、团队调整融合的流程组建起来的。核心创业者要遵循"按需组建,逐步磨合"的原则创建团队,最终打造出一支优秀的创业团队。

4. 创业团队信任是指成员在交往过程中,对已合作的团队其他成员合作风险的积极预期,是成员之间的信任关系。团队信任是复杂的、多层次的,创业团队间信任的建立需要以下条件:沟通互动、互惠原则,以及资产专用性互换。

5. 创业团队冲突是指团队成员内部产生目标相异、认知差异和愿景不协调的感知状态。团队冲突的管理方法有很多,具体分为以下几种:整合式冲突管理、服从式冲突管理、回避式冲突管理、命令式冲突管理,以及折中式冲突管理。

6. 对创业团队的激励,重点在利益的分配机制。在充分考虑团队成员的利益需求基础上,设计出合理的股权结构至关重要。同时,通过优秀的团队文化和适当的职位激励也是利益分配机制的有益补充。

115

第五章　创业团队

课堂讨论

1. 核心创业者应该具备哪些素质？
2. 什么样的伙伴最适合创业？
3. 如何处理创业团队中的信任问题？
4. 你如何看待创业团队发展过程中的"洗牌"问题？
5. 创业团队为什么要特别关注激励问题？
6. 创业期团队的激励与成熟组织的激励问题有什么不同？

案例分析

携程的初创团队

如今的携程集团最初是由四个年轻人组成的创业团队创立于1999年的上海，他们分别是时任世界知名软件公司甲骨文中国区咨询总监的梁建章、已在网络硬件行业积累多年创业经验的季琦、时任德意志银行高管的沈南鹏和时任上海旅行社总经理的范敏。

技术骨干

梁建章最早接触电脑是在13岁那年，计算机教育开始在上海中小学试行，教学内容是编程。他学习不到半年，就开发出一个辅助写诗的程序，因此获得第一届全国计算机程序设计大赛的金奖，当时另一位金奖获得者是15岁的沈南鹏，很难预料到多年后，两人竟会再次相遇。15岁那年，初中还没毕业，梁建章就直接从初中考入复旦大学计算机本科少年班。一年之后，复旦还没有毕业，他又直接考入美国乔治亚理工大学。

在美国因为来自经济方面和环境方面的压力，他用了一年的时间完成别人两年的学业，拿到硕士学位。在他准备继续攻读博士时，突然发现"最先进的东西不在学校而是在企业"。他放弃了直博的机会，加入甲骨文公司。他所在部门是待遇最优厚的研发部门，但是他看到国内火热的创业氛围和商机，决定由技术转向市场，回到中国担任Oracle的中国区技术总监。回国后由于业务上的往来，他和季琦成为了谈天说地的好朋友。

116

案例分析

酒店魔王

季琦出生在江苏南通一个贫苦的农民家庭。高考时,季琦以全县第二名的好成绩考入上海交通大学,选择了工程力学专业,但由于专业知识很枯燥,季琦大学四年几乎一直泡在图书馆里。之后,他对生命有了新的感悟,"生命的长度是有限的,但却可以拓展生命的宽度"。大学里季琦自学电脑软件和硬件技术,校内创业并且成为了学校里的"有钱人"。

毕业后,季琦考虑到在上海落户的条件,选择留在上海计算机服务公司,出色的业绩很快成为公司的二把手,并且积累了一定人脉。之后的职业发展确定是取代公司的一把手,可季琦的师徒观念很重,不想代替胡亦邦,那个曾经告诉他"先做人再做事,人品永远走在产品前面"的人。看到在原公司中没有发展前景,季琦奔赴美国。在美国他第一次看到互联网的商机,加之在美国自己没什么竞争力,他返回上海准备大干一番,创办了专业做智能大楼的协成。在季琦之后的创业生涯中,相继创办了如家酒店和汉庭酒店,并且两家酒店都在不到五年的时间里成功上市。

资本高手

在1982年第一届全国中学生计算机竞赛上,15岁的沈南鹏和13岁的梁建章同时获奖。中考满分600沈南鹏考了594分,以致老师担心这个孩子会不会变成传说中的"高分低能",长大后不能适应社会。沈南鹏中学毕业后,被保送到上海交大应用数学系,之后,他又考取了美国哥伦比亚大学数学系。谨慎考虑过后,沈南鹏从哥大退学,重新报考了耶鲁大学的MBA。毕业之后,他向华尔街的投行投递简历,一次次满怀激情地去面试,一次次被无情地拒绝,最后终于凭借自己独到的想法得到了花旗银行的一个职位。几年之后机会终于来了,从1992年开始,海外投资者对中国公司有了美好的期待。几乎是一夜之间,沈南鹏和很多在华尔街工作的中国人,突然从"边缘人"变成了市场的宠儿。特别是沈南鹏,耶鲁大学MBA毕业,在华尔街工作两年,中国上海人,这一张完美的简历,让当初屡屡被拒绝的沈南鹏成了投行追逐的对象,他选择加入美国第三大证券公司雷曼兄弟公司。之后为了寻求更超速的发展,沈南鹏在1996年加入了德意志银行的投资银行部,因拯救"小兵"外高桥的项目受到业界关注。

管理家

范敏,考入上海交大工业管理工程系。四年后,他直接免试攻读本校管理学硕士学位。他给同学们留下的印象也是踏踏实实,成熟稳重。在读大四那年,范敏曾创立交大昂立学生科技开发公司,但这家公司后来无疾而终。

1990年,范敏研究生毕业后,进入了新亚集团。作为"比熊猫还少"的研究生,他成为公司重点培养的对象。范敏很快就成为新亚集团办公室助理,一年半后他突然申请调到刚成立不久的一家下属单位,他要从基层做起。范敏认为"种子只有消失在泥土里,才会获得价值。任何种子,在空气中是永远不会抽根发芽的"。比起集团的办公室,那里更能施展自己的才能。一次,他被派送到瑞士的洛桑酒店管理学校进修,

第五章　创业团队

在那一年的受训期间,范敏对服务有了更深刻的认识,也让他真正明白了对于服务业来说细节决定成败,如果服务者能在每一个不起眼的细节上让顾客感到你的用心,那服务就变得和别人不一样了。从瑞士归来后,范敏被提任为上海新亚集团酒店管理公司副总经理。此后,他又先后被任命为上海旅行社和大陆饭店的总经理。

"梦之队"的诞生

在1999年,对于旅游来说,那还是一个出门订酒店要靠朋友的年代,出行面临种种不便。团队发现,旅游产品具备不需要物流配送的特点,在线预订在当时来说无疑是"商业新物种"。他们意识到,随着改革开放红利逐步显现,社会人均收入不断升高,整个社会对旅游的需求也越来越大,而旅行社以外的散客群体却占绝大多数。在分析了中国巨大的人口基数和流动性后,携程的四位创始人认为,如果能够帮助中国人解决出行不自由、不方便的问题,就一定能找到公司的未来,这无疑是一片值得利用互联网作为工具去探索的广阔蓝海。

这个创业组合堪称完美:IT和咨询出身的梁建章思维理性,目光长远,善于把控全局,负责公司战略确定和管理;早有创业经历的季琦富有激情、锐意开拓,负责技术;曾鏖战华尔街的沈南鹏充满投资人的气场,负责融资;国企出身的范敏则是酒店经营好手,弥补了其他三人在旅游行业的短板,负责具体业务和市场。一拍即合,四个个性不同,经历迥异的年轻人,就这样组成了携程的初创团队。

接下来,携程不仅经历了纳斯达克上市、港交所上市等辉煌时刻,还经历了非典疫情、新冠肺炎疫情等寒冬时期。然而,从创办携程到如家,虽然这个四人团队是中国新式企业里构成最复杂、职位变动和交接最多的一个,但却是过渡最平滑、传闻最少的一个。除了幸运,成功的另一个因素就是四人的不同。

大多数创业,创始团队很多都是老同学、老同事、好朋友,有很强的信任基础,可是为什么有的一起上市敲钟,成就了一番事业,有的却成为失败案例,连朋友都做不成了,恨不能江湖再也不见。因为创业之后我们每个人都在不断进化,合伙人之间,除了是合伙一些长期利益的关系,更是合伙一些创业理念和创业规则,能跟感情利益合在一块才是长期的合伙。对于创始团队来说,股权分配,分的是公司的未来价值,分好蛋糕,是为了共同做大蛋糕,如何共同做大增量蛋糕,把公司做成一家有价值的公司,才是对所有股东的最大激励。

(资料来源:李风华,龚密密,郭亚峰,蒋石梅.创业梦之队——携程四君子的接力赛.中国管理案例共享中心,2019.)

思考题:

1. 携程的四位创始人属于哪种类型的创业团队?
2. 携程创业团队是如何组建的?分析讨论该创业团队的特点。
3. 团队和群体、创业团队和一般团队有哪些区别,携程初创团队四人分别在团队中扮演着什么角色,他们之间的互补性和相似性有哪些?一个优秀团队的结构应该是怎么样的?
4. 如何处理创始团队的股权问题?

第六章　创 业 计 划

学习目标

1. 了解创业计划的含义
2. 理解创业计划书的作用
3. 掌握创业计划书的内容
4. 理解创业计划书的整体要求

考核要求

掌握编制创业计划书的基本技能,能够运用综合经济管理知识,撰写合格创业计划书。

第六章 创业计划

引导案例

凭一纸计划书成功获得 500 万投资

小伙子孙德才在重庆打拼 9 年,创业几经挫折。在涉足裸眼 3D 领域后,凭着成功的创业计划书引来 500 万元风投资金。

孙德才做过推销员,当过电视编导。一次,他到上海帮朋友负责一个世博会项目,偶然发现布放在街头的打折机很有商机,于是在 2010 年在重庆做打折机项目。但没运作多久就举步维艰,项目最终失败,孙德才和伙伴们所有投入血本无归。但孙德才并没有气馁。"我在重新考虑了 20 个创业项目以后,发现 3D 行业充满了商机。"孙德才和朋友到电影院看 3D 电影,感觉戴着眼镜看始终不方便,"我当时就想,能不能不戴眼镜看裸眼 3D?能不能把裸眼 3D 屏幕安装在主城区商圈内做户外节目呢?"

有了想法后,他立即着手技术方面的调研,发现完全可以实现,于是写出了 5 份详细的计划书。孙德才在与天使投资的董事长见面后,向对方详细介绍了自己的创业计划,"我当时告诉他最终完成投资,需要 300 万元资金,前期需要 100 万元资金"。

这个创业项目成功引起了天使投资的兴趣。虽然当时项目还停留在创业计划书阶段,完全没有实际运作,但天使投资方看中了项目前景,很快便决定注入资金帮助项目启动,第一期 100 万元资金很快到位。

"天使投资现已经累计对这个项目投资 500 万元,超过了当初我们想要的投资额。天使投资不但给我带来了资金上的帮助,还给我带来了资源上的帮助,比如介绍成熟的业态帮助我迅速增强实力。"孙德才表示,与传统的 LED 屏幕相比,现在的 3D 投影耗电量只有 LED 的十二分之一,而且还不用破坏楼面、地面,更不会影响场地环境及总体规划。他透露,在商业地段设置裸眼 3D 视屏,已引起了多个地区的关注,"我们接下来将在部分城市布放。我们希望立足重庆,放眼全国"。

思考题:案例中创业计划书发挥了什么作用?

哈佛大学拉克教授讲过这样一段话:"创业对大多数人而言是一件极具诱惑的事情,同时也是一件极具挑战的事。不是人人都能成功,也并非想象中那么困难。但任何一个梦想成功的人,倘若他知道创业需要策划、技术及创意,那么成功离他不远了。"

第一节 创业计划概述

当你遇到了创业机会、选定了创业目标、组建了创业团队、筹集了创业资金、收集了创业信息等,是否就可以进行创业了呢?回答的是:不,现在你必须提出一份完整的创业计划书,它是整个创业过程中的重要一环。

第一节 创业计划概述

一、创业计划的概念

创业计划是对特定创业活动具体筹划的系统描述,是各项职能计划,如市场营销、财务、制造、人力资源计划的集成,是企业融资成功的重要因素之一。它可以使你有计划地开展创业活动,增加成功的概率。创业是一项涉及面广,影响因素复杂、多变的事业,要想取得创业的成功,就必须事先对创业进行周密策划与计划。

在拟定创业计划前,一定要多参阅其他类似企业的创业计划。而且创业计划并非创业企业所必要的,对于那些已经建立的组织,制订创业计划也是一项非常有价值的创业活动、一种很好的实践模式。

创业计划是创业者在创业前期必须要进行的一项工作,而创业计划书(也称商业计划书)即是创业计划的书面表达。创业计划书是用国际惯例通用的标准文本格式写成的项目建议书,是全面介绍公司和项目运作情况,阐述产品市场及竞争、风险等未来发展前景和融资要求的书面材料。

创业计划书的一般框架提纲

目录

摘要

1. 执行总结

1.1 项目背景

1.2 目标规划

1.3 市场前景

2. 市场分析

2.1 客户分析

2.2 需求分析

2.3 竞争分析

2.3.1 竞争优势

2.3.2 竞争对手

3. 公司概述

3.1 公司

3.2 总体战略

3.3 发展战略

3.3.1 初期战略

3.3.2 中期战略

3.3.3 终极战略

3.4 人力资源组织

3.5 财务管理制度

3.6 企业文化

3.7 服务概述
4. 组织管理体系
4.1 组织机构
4.2 部门职责
4.3 管理模式
5. 投资策略
5.1 股份募资
5.2 项目融资
6. 营销战略
6.1 营销目标
6.2 营销模式
6.3 产品流动模式
7. 财务分析
7.1 营业费用预算
7.2 销售预算
7.3 现金流量表
7.4 盈亏分析
8. 风险分析
8.1 机遇
8.2 风险及策略
9. 退出策略
附录：市场调查问卷

  一份优秀的创业计划书往往会使创业达到事半功倍的效果。那么，一份优秀的创业计划书包含什么内容呢？

  创业计划书是一份全方位的项目计划，它从人员、制度、管理、产品、营销、市场等各方面对即将展开的创业项目进行可行性分析。创业计划书是企业管理团队和企业本身给风险投资方的第一印象，其目的就是提供给风险投资者和一切对投资项目感兴趣的人，向他们展现项目投资的潜力和价值，向投资人介绍风险企业的产业和创业环境、市场分析和预测、主要风险因素、管理人员队伍、财务信息、投资建议等各方面的情况，以便投资人能对创业项目作出评判，从而获得融资。

  创业计划书关注重点在 6M、6C。6M 指的是：商品（merchandise）：所要卖的商品与服务最重要的那些利益是什么；市场（markets）：要影响的人们是谁；动机（motives）：他们为何要买，或者为何不买；信息（messages）：所传达的主要想法，信息与态度是什么；媒介（media）：怎样才能达到这些潜在顾客；测定（measurements）：以什么准则测定所传达的成果和所要预期达成的目标、创业计划团队的最佳组合、专业技术人员。

随着时代的进步，人们已经将视线逐渐转移到 6C 上了。6C 指的是概念（concept）：在计划书里能让阅览者很快了解企业生产的物品或服务；顾客（customers）：明确顾客的范围，即产品的市场定位；竞争者（competitors）：通过波特的五力模型分析竞争者；能力（capabilities）：强调的是创业团队的能力；资本（capital）：资本可能是现金也可以是资产，这部分计划需要详细制定；永续经营（continuation）：未来计划的制定，随时检查、随时更正。

二、创业计划的作用

创业计划具有明显的创业价值。这种创业价值是从多方面表现出来的，可以吸引投资者的投资，从而获得创办企业所需要的资金和资源。创业者把大量精力和时间放在找关系寻资金上，即使碰到了感兴趣的风险投资人，也往往因准备不足而错失良机。这样的案例经常出现，创业者往往会太关注资金，反而把获得资金的有效途径——创业计划书忽略了，其作用主要体现在：

（一）指导作用

创业计划书是创业全过程的纲领性的文件，是创业实践的战略设计和现实指导。因此创业计划书对于创业实践具有非常重要的指导作用。只有那种没有真正的战略思考和可操作性的创业文件才没有明显的效果。

（二）聚才作用

创业计划书的聚才作用是很宽泛的。主要表现在：吸引创业人才进入；吸引新股东加盟；吸引有志之士参加创业团队；吸引对创业计划感兴趣的单位赞助和支持。

（三）整合作用

创业计划书的整合作用是一个最根本、最重要的作用。在创业过程中，各种生产要素是分散的，各种信息是凌乱的，各种工作是互不衔接的。通过编写创业计划书，梳理思路，实施调研，完善信息，找到各种程序之间的衔接点，最终把各种资源有序地整合起来，围绕着利润创造和形成，进行最佳要素的组合。

（四）引资作用

资金是企业的血液，是创业的要素，是创业企业能够获得快速发展和崛起的前提。创业企业获得风险投资支持的一个重要途径就是从审验你的创业计划书开始。因此，写好创业计划书具有获得风险投资支持的不可替代的作用。

可见，一项比较完善的创业计划能客观地帮助创业者分析创业的主要影响因素，使创业者保持清醒的头脑，成为创业者的创业指南或行动大纲；让创业者明白自己的创业内容，坚定创业目标，而且兼具说服他人的功用。

三、创业计划书的整体要求

那些既不能提供充分的信息也不能使评估者激动起来的创业计划书,其最终结果只能是被扔进垃圾箱里。创业计划书往往会直接影响创业发起人能否找到合作伙伴、获得资金及其他政策的支持。创业计划书要依目标,即看计划书的对象而有所不同,譬如是要写给投资者看,还是要拿去银行贷款。从不同的目的来写,创业计划书的重点也会有所不同。为了确保创业计划书能"击中目标",创业者应做到以下几点:

(一)关注产品

在创业计划书中,应提供所有与企业的产品或服务有关的细节,包括企业所实施的所有调查。这些问题包括:产品正处于什么样的发展阶段?它的独特性怎样?企业分销产品的方法是什么?谁会使用企业的产品,为什么?产品的生产成本是多少,售价是多少?企业发展新的现代化产品的计划是什么?把出资者拉到企业的产品或服务中来,这样出资者就会和创业者一样对产品有兴趣。在创业计划书中,企业家应尽量用简单的词语来描述每件事——商品及其属性的定义对企业家来说是非常明确的,但其他人却不一定清楚它们的含义。制订创业计划书的目的不仅是要出资者相信企业的产品会在世界上产生革命性的影响,同时也要使他们相信企业有证明它的论据。

在创业计划中需要陈述产品或服务以便让参阅者一目了然。在这个过程中,主要强调生产线的意义和它能带来的最高销售量;未来在产品技术上的发展,如计划扩大生产线用于完善产品或服务,产品的生产或配送等方面的关键特征等;产品或服务的独特性原因;市场定位优势表现。

(二)敢于竞争

在创业计划书中,创业者应细致分析竞争对手的情况。竞争对手是谁?他们的产品怎么样?与本企业的产品相比,有哪些相同点和不同点?采用的营销策略是什么?创业计划书要明确每个竞争者的销售额、毛利润、收入以及市场份额,然后再讨论本企业相对于每个竞争者所具有的竞争优势,要向投资者展示,顾客偏爱本企业的原因是:本企业的产品质量好,送货迅速,定位适中,价格合适等。创业计划书要使它的读者相信,本企业不仅是行业中的有力竞争者,而且将来还会是确定行业标准的领先者。在创业计划书中,企业家还应阐明竞争者给本企业带来的风险以及本企业所采取的对策。

在撰写商业计划书时常见的现象之一,是许多新创业的企业家往往低估市场现有的竞争对手,他们缺少对竞争对手的了解。投资者认为这样的企业或者没有真正地进行市场调查或者不了解怎么搞企业经营或者他们的产品或服务根本就没有市场。那些没有竞争力的产品,一定是市场不接受的产品。在市场竞争中,既不要害怕对手,也不要轻视对手。市场调查研究是一项科学工作,在分析对手情况时一定要头脑冷静,不能带有感情因素。客观评价竞争对手可以更好地了解你的产品或服务,还可以给投资者留下好印象,让他们看到你经营企业的实力,还有助于你在竞争中让顾客看到你与对手的区别。你的竞争对手会很多,在撰写商业计划书时要集中在你的目标市场范围内,只分析那些与你有相同目标市场的竞争对手。

(三) 了解市场

创业计划书要提供企业对目标市场的深入分析和理解,阐明经济、地理、职业以及心理等因素对消费者选择购买本企业产品这一行为的影响及其所起的作用。创业计划书中还应包括一个主要的市场计划和销售策略,广告、促销以及公共关系活动的地区,每一项活动的预算和收益,销售人员,企业的销售模式,销售培训类型及其他销售中的细节问题。

1. 市场计划和销售策略

不能找到顾客就不能生存是企业经营的最基本原则。好的市场计划就是要能够接近顾客,激发顾客的购买欲望,最终把顾客的购买欲望变成购买现实。一旦定义你的目标市场之后,就要估计其规模和发展趋势,分析竞争对手的情况,探查市场和制定销售策略。投资者认为在进行市场渗透时应该把一个大市场进行区隔,有目的地制定市场销售策略。在设计市场策略时最好聘请市场顾问、广告代理人、公共关系顾问等方面的专家一同参与设计,他们可以根据专业方面的背景帮助你突出重点,提高效率。

2. 市场和销售并重

市场和销售虽然紧密相连,却是两个不同的概念,市场是通过传达某些信息促进顾客对产品或服务的了解,销售是直接把产品或服务送到顾客手中。在阅读商业计划书时,投资者把审查市场计划总是放在第一或者第二的地位,他们要知道企业是否有一个实际的和有效的市场计划把企业的产品或服务送到顾客手中。在介绍市场计划时,应该突出市场和销售并重的原则,清楚地阐述顾客可以从产品或服务得到什么好处,而不是产品的特性。好的信息传达方式可以使顾客买你的产品或服务,而不是你把产品或服务卖给顾客。

3. 市场宣传

当明确了你将要向顾客传达什么信息之后,下一步就是要阐明你如何向顾客传播这些信息,如何接触到未来潜在的顾客,采取什么方式进行市场宣传等问题。

(四) 表明行动方针

企业的行动计划应该是无懈可击的。创业计划书中应该明确下列问题:企业如何把产品推向市场?如何设计生产线,如何组装产品?企业生产需要哪些原料?企业拥有哪些生产资源,还需要什么生产资源?生产和设备的成本是多少?企业是买设备还是租设备?解释与产品组装,储存以及发送有关的固定成本和变动成本的情况等。

这部分的重点是描述企业的日常经营情况。突出描写企业如何用理论与实践相结合的原则经营。这部分内容在商业计划书中要非常具体而实际。包括如何管理库存,如何进行设备更新等内容。计划企业的经营需要制定分开的经营或程序手册。这个手册应该描写整个管理经营方面的每一个细节,包括生产、销售、服务等各个方面。如果过分描写经营的细节,不但没有必要,而且显得没有效率。特别是在申请投资时更是如此。如果在非常小的方面花费大量笔墨描述具体细节,会事倍功半。一个企业成为胜利者的最关键之处,是建立经营标准,即企业的领导人知道怎么去干他们想干的事情,企业的每个管理人员都知道企业管理的整个程序。良好的企业经营是企业取得成功的关键,良好的企业经营使企业可以在激烈的市场竞争之中常胜不败,可以克服企业发展中经常遇到的问题。

(五) 展示管理团队

企业的成功直接取决于人的素质,即人是决定企业成败的第一因素。人是企业经营的心脏。投资者在决定投资项目时重点看企业的人员素质情况。他们知道企业员工,特别是领导班子人员的素质、经历、技术、人格特点等比技术、产品或服务等更重要。特别是从长远的观点看问题,人的因素更为重要。因为这个原因,投资者在读商业计划书时往往首先看管理部分,而且特别认真、仔细地分析企业的主要管理人员的合格程度。他们不仅要看主要管理人员是否有足够的经验和能力,还要看企业的内部组织结构是否可以充分发挥领导班子的能力。

把一个思想转化为一个成功的风险企业,其关键的因素就是要有一支强有力的管理队伍。这支队伍的成员必须有较高的专业技术知识、管理才能和多年工作经验。管理者的职能就是计划、组织、控制和指导公司实现目标的行动。在创业计划书中,应首先描述一下整个管理团队及其职责,明确管理目标以及组织机构图,然后再分别介绍每位管理人员的特殊才能、特点和造诣,细致描述每个管理者将对公司所做的贡献。

(六) 出色的计划摘要

创业计划书中的摘要也十分重要。它必须能让读者有兴趣并渴望得到更多的信息,它将给读者留下长久的印象。计划摘要将是创业者最后所写的内容,但却是读者首先要看的内容,它将从计划中摘录出与创业最相干的细节:对公司内部的基本情况,公司的能力、局限性,公司的竞争对手、营销和财务战略、管理队伍等情况的简明而生动的概括。如果公司是一本书,它就像是这本书的封面,做得好就可以把投资者吸引住。成功的创业计划给人有这样的印象:这个公司将会成为行业中的巨人,我已等不及要去读计划的其余部分了。在摘要部分,应该重点向投资者传达以下几点信息你的基本经营计划是正确的,是合乎逻辑的:经营计划是有科学根据的和充分准备的。你有能力管理好这个企业,你有一个坚强有力的领导班子和执行队伍。你清楚地知道进入市场的最佳时机,并且预料到什么时间适当退出市场。你的财务分析必须是实际的,投资者不会把钱扔到水里。

第二节　创业计划的内容

创业计划书是创业者给自己设计的创业目标和创业路线,是创业者对创业活动的更深入思考,是创业者未来的创业故事。虽然,创业计划书没有严格一致的格式与体例,但一般来说,必须包括以下的关键内容。

一、摘要

摘要列在创业计划书的最前面,它是创业计划书的精华,要涵盖计划的要点,要一目了然,以便读者能在最短的时间内评审计划并做出判断,要尽量简明、生动。特别要详细说明自身企业的不同之处以及企业获取成功的关键因素。

摘要应该使投资者能够马上理解你的基本观点,快速掌握商业计划书的重点,然后做出是否愿意花时间继续读下去的决定。在摘要部分,应该重点向投资者传达以下内容:

- 有关企业的描述。主要包括企业名称、企业类型、地点、法律形式(股份公司、个人公司、合伙人公司等)。
- 申请投资目的。
- 企业状况。是老企业还是新企业,或是正在准备成立的企业。企业成立的时间,项目所包括的产品或服务已经进行了多长时间,是否已经销售。
- 产品和服务。列出已经销售或要销售的产品或服务项目。
- 目标市场。列出产品将进入的市场,以及为什么要选择这个市场的原因。同时还要提供市场调查研究和分析的结果。
- 销售策略。主要侧重于叙述产品如何进入目标市场,企业如何做广告,以及销售方式。要指出主要销售方式是直销,还是通过代理等。
- 产品促销的主要方式,如参加展览、有奖销售、捆绑式销售或其他可以促进销售的方法等。市场竞争情况和市场区分情况。简单介绍与产品有关的市场竞争情况、主要竞争对手,以及各自的市场划分和市场占有率。
- 竞争优势和特点。阐述为什么你的产品能够在市场竞争中获得成功。列举任何可以代表你的产品或服务的优势,如专利、秘方、独特的生产工艺、大的合同、与用户签订的意向性信件等。
- 优良的经营管理。简述企业管理队伍的历史和能力,特别是企业的创始人和主要决策人的有关情况。
- 生产管理。简述关键性的生产特点,如地点、关键的销售商和供应商、节省成本的技术和措施等。
- 财务状况。未来三年的预期销售额和利润。
- 企业的长期发展目标。企业未来三年的发展计划,如员工总人数、销售队伍建设情况、分支机构数目、市场占有率、销售额、利润率等。
- 寻求资金数额。项目需要资金总数、资金来源、筹集资金方式,投资者如何得到报酬等。

二、公司介绍

这一部分主要说明公司组织结构、业务性质、业务展望、供应商、协作者或分包人及专利与商标等。重点描述公司未来业务发展计划,并指出关键的发展阶段;本企业生产所需原材料及必要零部件供应商。其中一般包括以下内容:

(1) 企业的基本情况。在向投资者介绍营销策略、新产品、新技术、新服务、新想法之前,你必须要先向投资者详细介绍企业的名称、注册地点、经营场所、公司的法律形式、企业的法人代表、注册资本等基本情况。有些内容需要下功夫写好,如企业的目的、发展目标、市场营销、经营原则等。

(2) 企业的发展阶段。许多投资者想知道你的企业目前发展到什么程度,经历了哪些主要发展阶段,你已经取得了哪些进展或成绩。在商业计划书中首先要写公司成立的时间,然后写企业的主要发展阶段和企业的近期目标。企业的主要发展阶段应该包括企业创立时的情况、企业的早期发展情况、企业的稳定发展期的情况如开发新产品、提供新服务、建立新分支机构等,企业扩张期的发展情况,企业合并、企业改产、企业重组或稳固地占领市场等情况。还应该写明目前你的企业距离预定的目标还有多远,如产品是否已经开发出来,是否进入测试阶段,是否已经有订单,是否已经签订合同,是否已经建立可靠的原料供应,是否建立了可靠的销售渠道,是否已开了新的分支机构,是否已经设计好包装,是否已经做了市场调查,过去企业有哪些主要业绩,现在的经营有哪些成功。这部分可以单独成为一个段落,也可以与企业描述部分合并。

(3) 产品和服务。如果你的产品或服务技术性很高或具有革命性改进,最好把这部分内容单独成为一部分。你需要非常详细地描述清楚你的企业和你的产品或提供的服务。要写出产品的技术特点,但如果产品特别多或服务项目特别多,不需要面面俱到。在这种情况下可以把它们总归成几个类别分别描述。还要写上你的企业未来要研究和开发的产品或要提供的服务,以及你们准备什么时候开始生产这些产品或提供这些服务。

(4) 专利许可证。在阐述企业的商标、专利、许可证或版权等方面的情况时,写明这些是否还在保护期之内。如果你有许多商标、专利、许可证或版权,没有必要把它们全部列出一一介绍。需要写出数量和种类就可以。有时为了表示更有说服力,也可以从中挑选出少量几个最有代表性的或最有知名度的商标、专利等给以简单明确的介绍。

三、提供的产品或服务

产品(服务)介绍应包括产品的概念、性能及特性;主要产品介绍;产品的市场竞争力、研究和开发过程;发展新产品的计划和成本分析;产品的市场前景预测及品牌和专利等内容。

在产品(服务)介绍部分,创业者对产品(服务)的说明要详细、准确、通俗易懂,使非专业人员也能一目了然。一般来说,产品介绍必须要回答以下问题:

(1) 顾客希望企业的产品能解决什么问题,顾客能从企业的产品中获得什么好处?

(2) 企业的产品与竞争对手的产品相比有哪些优缺点,顾客为什么会选择本企业的产品?

(3) 企业为自己产品应采取的保护措施,企业拥有的专利、许可证。强调你所拥有的技术壁垒或提供有效的专利证明以表示你可以防止别人的盗用和模仿。

(4) 为什么企业的产品定价可以使企业生产拥有足够的利润,为什么用户会大批量地购买企业的产品?每一个产品的价格、价格形成基础、毛利及利润总额等。

四、市场分析

鉴于市场的变幻不定和难以捉摸,创业企业应尽量扩大收集信息的范围,重视环境的预测和采用科学的预测手段及方法。创业者应牢记的是,市场预测不是凭空想象的,对市场错误的认识是企业经营失败的最主要原因之一。在这一部分包括了:

正确地定义目标市场,是商业计划书中重要的一部分。了解目标市场可以更科学地制定市场销售策略以及开发新产品或服务,还可以预测未来的销售和利润情况。在撰写目标市场部分时主要集中在市场概况、市场变化趋势和销售策略几个方面。投资者最关心的是你的产品或服务一定要有足够大的市场,你是否清晰地了解你的机会和限制。投资者要求企业确保产品或服务有足够的市场,企业要充分了解自己的市场机会和局限性,必须向投资者证明自己有清晰明确、伸手可及的目标市场。在定义目标市场时,特别需要定义你的市场区隔。一定要有一个清晰明确、有意义的市场区隔,否则目标市场将毫无用处。市场区隔给出明确的和有意义的全部市场成分,以及给出你的目标市场的全部特点。

(1) 定义目标市场。在定义目标市场时,你需要调查在你定义的范围之内,有没有足够的顾客群足以支持你的生意。正确地定义目标市场,必须满足下述几个条件:市场是可以定义的。市场要有明确的界限,没有界限的市场必将因包括所有的人而变得毫无意义。企业必须根据某顾客群与其他人群相区别的特点来定义市场。潜在的顾客都有某些共同的、可以与其他人群相区别的特性。一旦定义目标市场之后,企业马上就要估计市场的规模和变化趋势,评估竞争对手的特点,着手进行市场调查研究;市场具有销售意义,定义市场的特点必须与购买相联系才有意义;市场要足够大,目标市场定义的顾客群体还必须足够大可以支持企业的生存和发展,企业要长期生存,需要可持续发展的项目,投资者不喜欢很快就饱和的市场;市场具有可接触性,即你所定义的市场一定要切实可行;不超过顾客的承受力,价位一定是在这个目标市场的顾客可以承受的范围之内。

(2) 描述市场规模与变化趋势。明确目标市场的特性之后，就需要评价市场的规模和评估市场的发展趋势，找到在不久的将来有可能影响市场规模和顾客消费行为的因素。企业在进入市场之前必须确定市场一定要大到可以维持企业的生存，并且在将来还有足够的发展空间。一定要向投资者阐明你的企业有足够的发展前途可以使他们的投资有利可图。一般说来，投资者喜欢既不太小，也不太大的市场规模。预测未来市场的变化可以从对现在市场的分析着手，有助于企业制定现在和未来的市场销售策略。企业对现在种种因素加以综合分析，从而推断将来的变化，可以预先做好准备应对未来的变化。预测未来与分析现在不同，预测未来可以根据人口变化和顾客行为等看得见的变化分析。研究市场变化趋势可以从人口增长率、生活习惯、科学技术的发展、新的爱好、收入增加情况、消费习惯等方面入手。

(3) 突出市场导向。在申请投资时，市场的性质和规模是关键性要素。许多投资者要求企业必须具备市场导向，企业一定要深刻地了解自己的市场。通常投资者愿意把钱投给市场导向的公司而不是技术导向或产品导向的公司。市场导向的企业需要跟着市场走。他们必须随时根据市场的变化，改变广告方式和广告内容、改变包装、改变销售结构，有时甚至需要改变产品或服务的特点等。从长远的观点看问题，市场分析可以为企业节省资金。在决定选择销售方式时，必须先确定目标市场。市场分析与制订市场销售计划不同。市场分析可以使你明确和了解顾客，市场销售计划告诉你如何接近顾客。全面了解顾客是企业成功的基础。企业成功与否依赖于企业的产品或服务是否能够满足顾客的需要和愿望。明确市场的性质和规模是商业计划书的关键部分。企业要想从外界找到资金，必须把企业的性质转向市场导向的方向上，企业的广告、销售结构，甚至产品或服务的特点等都要做相应调整。从长远来看，企业需要有可靠的市场分析来明确企业的具体方向。市场分析不同于市场计划，前者可以使企业明确自己的顾客和了解顾客的具体需求，后者告诉企业如何接触到企业的产品或服务，如果直接接触到最终使用者，则企业的顾客是最终使用者。如果中间还要通过批发商、零售商、业务代理等中间环节，则企业的顾客就不仅仅是最终使用者，所有中间环节和最终用户都是企业顾客。由于中间环节和最终用户的地位不同，他们的要求也不同。企业对他们必须区别对待。

五、生产规划

创业计划书中的生产规划应包括以下内容：产品制造和技术设备现状；新产品投产计划；技术提升和设备更新的要求；质量控制和质量改进计划。

在寻求资金的过程中，为了增大企业在投资前的评估价值，创业者应尽量使生产规划更加详细、可靠。一般地，生产规划应回答以下问题：企业生产制造所需的厂房、设备情况；保证新产品在进入规模生产时的稳定性和可靠性方法；设备的引进和安装情况及供应商；生产线的设计与产品组装方式；供货者的前置期和资源的需求量；生产周期标准的制定以及生产作业计划的编制；物料需求计划及其保证措施；质量控制方法；相关的其他问题等。其中，重点是对产品生产全过程及影响生产的主要因素进行介绍,如,生产成本、产品生产过程及生产工艺、员工具有的特殊生产技能、关键环节、产品实际附加值、主要设备及采购周期、厂房和生产设施和生产方案等。

六、人员及组织结构

企业管理的好坏,直接决定了企业经营风险的大小。而高素质的管理人员和良好的组织结构则是管理好企业的重要保证。因此,风险投资者会特别注重对管理队伍的评估。一般而言,企业的管理人员应该是互补型的,而且要具有团队精神。主要有以下几点:

(1)主要领导人。通常企业最重要的人物是企业的创始人,对于刚刚成立的公司更是如此。无论老板担任什么主要位置,或是退居二线,都要在商业计划书中描述他们的技术和资格,投资者特别看重企业主要领导人的经历和能力。必须以充足的资料向投资者显示你有足够的能力为他们赚钱。在介绍企业的管理人员时,必须考虑他们是否称职,即他们的经历和能力是否符合当前工作对他们的要求,以及他们是否有能力满足企业发展的需要。企业的领导班子是否是一个团结的整体,领导班子各个成员之间是否能够互相配合。在介绍主要领导人的情况时,要尽可能限制对无关因素的描述,突出与本项目有关的内容。介绍的领导人员数目一般不要超过个人,把需要介绍的人员集中在负责企业长期发展的人员身上。在商业计划书中要对这些人物大着笔墨描述,突显他的地位。由于篇幅的限制,可以把这些人的简历放在附录部分。

(2)董事会和顾问委员会。投资者一般要了解董事会股东的组成和各自的投资比例情况。商业计划书可以通过表格列出董事会成员和他们在企业的投资情况,以及他们的专业背景。

(3)人才引进。在考虑人才引进时,不但要考虑具体的工作职能,还需要考虑整个领导班子的平衡情况。在引进人才时,应该写出具体情况,如职位、资格要求、大约需要引进的时间、需要起的作用、工资待遇、福利等。

(4)报酬和激励机制。这部分内容需要描述企业如何建立一套有效的奖励机制,通过报酬、福利或其他方式激励员工奋发向上。在介绍企业的报酬和奖励机制时,要充分体现按劳取酬的原则,向投资者显示企业的报酬和激励机制是一整套合理公平的机制。在撰写这部分内容时,要选择重点简练介绍。

(5)管理结构和风格。企业的组织结构和管理风格决定企业的每日工作环境和企业的未来。需要从风险投资公司寻找资金的企业有必要对自己的组织结构和管理结构,如机构设置、人员设置、员工职责等方面进行重新审查,检查企业是否达到最佳运转状态。在讨论管理结构和管理风格时,撰写者应该侧重于如何管理企业,如何做决定,权力如何使用等。同时还要介绍如何创造良好的企业文化,想让员工对企业有什么样的感觉,当企业制定目标或政策时员工有什么反应等。管理结构在商业计划书中,需要用一定的笔墨介绍企业如何发挥人力资源的优势。在检查组织机构时,企业的领导人通常按照正式的组织结构关系决定如何管理员工,如何确定每个人的工作职能。管理风格应该加强企业文化。

七、财务规划

财务规划需要花费较多的精力来做具体分析,财务管理是企业的生命线,因此企业无论在初创或扩张时,对财务都需要有周详计划和严格控制的财务规划。财务规划一般要包括以下内容:

(一)创业计划书的条件假设

企业的财务规划应保证和创业计划书的假设相一致。事实上,财务规划和企业的生产计划、人力资源计划、营销计划等都是密不可分的。要完成财务规划,必须要明确下列问题:产品在每一个期间的生产和销售量;产品线开始扩张时间;每件产品的生产费用;每件产品的定价;分销渠道及所预期的成本和利润;需要雇佣数量、质量及结构等;雇佣时间和工资预算等。

(二)预计财务报告

其包括预计资产负债表;预计损益表;预计现金流量表;资金的来源和使用及盈亏平衡分析等。

(1) 预计资产负债表:提供新企业拥有的资产和负债等方面的估价,反映在某一时刻的企业状况,投资者可以用资产负债表中的数据得到的比率指标来衡量企业的经营状况以及可能的投资回报率。表明未来不同时期(一般 3~5 年)的公司年度或半年度财务状况。

(2) 预计利润表:说明基于损益的预期运营成果,反映企业的赢利状况记录月度、季度和年度销售额、销货成本、费用、利润或亏损、销售预测、生产成本、广告成本、分销和储存成本与管理费用等,提供运营结果的合理规划。

(3) 预计现金流量表:表明预期现金流入、流出的月度、季度和年度数量和时间安排,通过突出某一特定时期的预期销售额和资本费用,强调融资的需求和时机以及对营运资金的需求。

(4) 盈亏平衡分析:表明为补偿所有成本所需要的销售(和生产)水平,包括变动成本(制造、劳动力、原材料、销售额)和固定成本(利息、工资、租金等),是创业企业实现赢利的现实检验。

可以这样说,一份创业计划书概括地提出了在筹资过程中创业者需做的事情,而财务规划则是对创业计划书的支持和说明。因此,一份好的财务规划对评估企业所需的资金数量,提高企业取得资金的可能性是十分关键的。如果财务规划准备得不好,会给投资者以企业管理人员缺乏经验的印象,降低企业的评估价值,同时也会增加企业的经营风险。

八、风险分析

创业企业的高风险是众所公认的,因此,风险程度、采取何种措施来降低或者防范风险、增加收益等,在创业计划书中必须作出说明。面临的主要风险包括:经营期限短、资源不足、管理经验不足、市场不确定因素、生产不确定因素、清偿能力、对企业核心人物的依赖、财政储备、市场占有率、经济管制或其他政府设立的规章制度、非投资股东对企业的控制以及欠发红利等可能出问题的其他地方。千万不要为了增大获得投资的机会而故意人为缩小、隐瞒风险因素,这只会令风险投资者对你产生不信任,对于你的融资没有任何帮助。实事求是、诚实坦白的品质才是值得赞赏的。

九、附录

因为创业计划书正文应该相对简短,提供所有重要信息即可。包含于附录中的典型项目有详细的财务规划以及创建者与高层管理团队其他成员的完整简历等。通过这些项目,创业者能确保将重要信息展现给希望查看它的人,但同时使创业计划书的长度保持在适当的限度内。

第三节 创业计划的编制

一、编制创业计划书的基本程序

一份良好的创业计划包括附录在内一般 20~40 页,过于冗长会让人失去耐心。整个写作是循序渐进的,一般可以分成 5 个阶段完成。

(1) 初步提出计划的构想并细化。

(2) 市场调查,和行业内的企业和专业人士进行接触,了解整个行业的市场状况,如产品价格、销售渠道、客户分布以及市场发展变化的趋势等因素。可以自行组织一些问卷调查,在必要时也可以求助于市场调查公司。

(3) 竞争者调查,确定你的潜在竞争对手并分析本行业的竞争方向。确定分销问题、战略伙伴、潜在盟友,形成一份一到两页的竞争者调查小结。

(4) 财务分析,包括对公司的价值评估。必须充分考虑所有的可能性。财务分析应量化本公司的收入目标和公司战略,要求详细而精确地考虑实现公司所需的资金。

(5) 创业计划的撰写与修改,利用所收集到的信息制定公司未来的发展战略,把相关的信息按照上面的结构进行调整,完成整个创业计划的写作。在计划完成以后仍然可以进一步论证计划的可行性,并跟踪信息的积累和市场的变化不断完善整个计划。

二、创业计划的要求

一份创业计划列示了创业企业的目标、前景预测和财务预测,明确创业企业的起点、目标以及达到目标的途径;展示创业企业的鸿鹄之志,从而获得投资人、银行、供应商和客户的帮助和支持。

（1）创业计划是一种实用的思考与工具，能够帮助投资者在一个充满不确定性的创业环境中建立起长远眼光，能够识别创业环境中的各种变化并对如何适应这种变化做出前瞻性的决策。

（2）清楚、简洁，尽可能不出现不必要的分析、描述和文字，清晰地展示创业者所做的市场调查和预期的市场容量，描述未来顾客的需求特征，令人信服地解释顾客为什么会掏钱买你的产品或服务。

（3）成为吸引风险投资的重要媒介和工具，确定企业发展目标和制定企业发展战略的重要手段。对于风险投资人来说，创业计划是评价创业企业是否真正有投资或者经营价值的重要依据。

（4）在计划的适当部分，要描述出创业者头脑中万不得已、创业受阻时的投资退出策略，清晰地解释为什么你最合适做这件事情，这往往最能打动其他人和投资者。

（5）创业计划的形式多样，各有差异，怎样设计创业计划则主要依赖于企业的创业阶段、预想的投资类型。但总的讲，创业计划应该是语言清晰、结构紧凑、逻辑严密、内容充实。

三、编写创业计划书的几个误区

一份好的创业计划书是创业者自己在寻求到风险投资的支持后，能够基本顺利实施项目的操作计划。风险投资者关注的要点就是写作的要点。在审阅创业计划书时，风险投资者关注的要点主要有六个方面：一是技术和产品，该公司所用技术的创造性与独特性、产品或服务获利性及未开发的潜能；二是市场，即市场的容量，产品间的相对竞争力和潜在成长力；三是该公司的管理团队；四是公司财务增长预测；五是退出计划，在计划中，必须明确指出他们的退身之路，如公司股票上市、股权转让、回购、利润分红等；六是出色的计划摘要，它必须能让读者有兴趣并渴望得到更多的信息。

（1）忽略创业计划书所起的重要作用。把大量精力和时间放在找关系寻找资金上，即使碰到了感兴趣的风险投资人，也往往因准备不足而错失良机。

（2）创业计划书简单化或过度追求包装。有些创业者在撰写创业计划书时，把创业计划书视同于一般的工作计划和项目建议书；或者过分追求创业计划书的包装，使之水分太多，经不起风险投资人的考察。

（3）创业计划中出现了一些与产业标准、常规经验相距甚远的数据。这会使其他人、投资者和支持者感到你缺知识、少经验。

（4）目标定位错误。在大多数企业明白了创业计划书的重要性之后，其中一个很大的误区就是认为只要投风险投资者所好，就能拿到风险投资。殊不知创业计划书虽然是创业企业寻找风险投资者的敲门砖，但先是写给创业企业自己的。

四、编写创业计划必须避免的问题

创业之初，创业者制作商业计划书可以使创业者理清自己的创业思路。一个项目在脑海中酝酿时,经常非常美妙,创业者会有抑制不住的创业冲动,在这时候,创业者可以尽情地把这个思想以商业计划书的形式写出来,然后使头脑冷静下来,把反面的理由也写进去,从正反两个角度反复进行推敲,就可以发现自己的创业理想是否真正切实可行,是否具有诱人的商业前景。通过商业计划书,创业者对自己的创业会有比较清晰的认识。在创业计划编写过程中,还应注意如下问题:

(1) 创业者本身:避免对产品、服务的前景过分乐观,令人产生不信任感;对竞争没有清醒的认识,忽视竞争威胁。

(2) 创业计划书:避免数据没有说服力(特别是财务预期);概要太长而且松散——未能说准要点;导向错误;非常专业或不专业(例如,缺封面页、封面页缺少联系信息、明显的排印错误等);缺乏应有的数据、过分简单或冗长;准备不充分及写作风格和分析深度不一致。

(3) 主题的表达:要开门见山地切入主题,用真实、简洁的语言描述你的想法,不要浪费时间去讲与主题无关的内容。

(4) 资料的收集:要广泛收集有关市场现有的产品、现有竞争、潜在市场、潜在消费者等具体信息。

(5) 可行性:站在一位审查者的角度来评估该商业计划书。

五、创业计划书的口头陈述

创业计划书的口头陈述是与投资者沟通的一个重要环节。因此,在与投资者会面之前,新企业的创建者一定要做好充分准备,并严格守时,即陈述内容要以会议预定的陈述时间为限。陈述要流畅通顺,简洁鲜明,切忌堆砌资料。通常要准备好幻灯片,以提高效率和突出重点。一般来讲,口头陈述只需使用 10~15 张幻灯片。

口头陈述的关键点以及陈述技巧:

(1) 公司:用 1 张幻灯片迅速说明企业概况和目标市场。

(2) 机会(尚待解决的问题和未满足的需求):这是陈述的核心内容,最好占用 2~3 张幻灯片。

(3) 解决方式:解释企业将如何解决问题或如何满足需求,该项内容需要 1~2 张幻灯片。

(4) 管理团队优势:用 1~2 张幻灯片简要介绍每个管理者的资格。

(5) 知识产权:用 1 张幻灯片介绍企业已有的或待批准的知识产权。

(6) 产业、目标市场和竞争者:用 2~3 张幻灯片简要介绍企业即将进入的产业、目标市场及直接和间接竞争者,并详细介绍企业如何与目标市场中的现有企业竞争。

(7) 财务:简要陈述财务问题。强调企业何时能盈利,为此需要多少资本,以及何时现金流能够持平。这最好只占用 2~3 张幻灯片。

（8）需求、回购和退出战略：用1张幻灯片说明需要的资金数目及设想的退出战略。

口头陈述必须避免的常见错误有：

（1）内容繁杂，重点不突出，因准备的幻灯片过多而不得不在规定时间内走马观花地陈述它们。

（2）口头陈述超过了规定时间而违背了遵守安排的首要原则。注意：如果投资者总共给创业者1小时的面谈时间，包括30分钟的陈述和30分钟问答，那么，口头陈述就不能超过30分钟。

（3）陈述前的准备工作不充分。如果需要视听设备，在投资者没有的情况下，创业者应事先自行准备，这些应该在面谈前就准备好。

（4）陈述不通俗易懂，过多使用技术术语。

（5）遗忘了一些重要材料。如提交专利申请的具体日期等。

本章小结

1. 创业计划是对特定创业活动具体筹划的系统描述，是各项职能计划，如市场营销、财务、制造、人力资源计划的集成。

2. 创业计划书具有明显的创业价值。这种创业价值是从多方面表现出来的，不仅可以吸引投资者的投资，从而获得创办企业所需要的资金和资源，而且寻求风险投资只是其中的一个方面。还包括指导作用、引才作用、整合作用。

3. 为了确保创业计划书能"击中目标"，创业者应做到以下几点：关注产品、敢于竞争、了解市场、表明行动方针、展示管理团队、出色的计划摘要。在这六个方面里，每一点都是缺一不可的，都有着无可替代的作用。

4. 虽然，创业计划没有严格一致的格式与体例，但一般来说，必须包括以下的关键内容：摘要、公司介绍、提供的产品或服务、市场分析、生产规划、人员及组织结构、财务规划、风险分析、附录。

5. 创业计划编制步骤：初步提出计划的构想并细化。市场调查，了解整个行业的市场状况。竞争者调查，确定你的潜在竞争对手并分析本行业的竞争方向。财务分析，包括对公司的价值评估。创业计划的撰写与修改，利用所收集到的信息制定公司未来的发展战略，把相关的信息按照上面的结构进行调整，完成整个创业计划的写作。

课堂讨论

1. 撰写创业计划书的目的是什么？
2. 创业计划的内容有哪些？各部分的重点与要求是什么？
3. 在创业计划的市场分析部分，重点分析什么？
4. 编写创业计划书存在的误区主要表现在哪些方面？
5. 创业企业如何选择商业模式？
6. 创业计划书的编制程序是什么？

案例分析

奶茶店计划

黄强和刘松是大学同学，即将毕业。在校期间，他们参加过学校的创业计划大赛，虽然比赛成绩并不很突出，但这却激发了他们的创业热情。因为在比赛过程中，他们大量地查阅了关于创业计划的资料，对创业计划有了深入的了解。而且，现在国家鼓励大学生创业，并给予了一些优惠条件。因此，比赛结束后，黄强和刘松准备进行真实的创业。为了更好创业，他们编制了自己的创业计划书。

一、基本情况

1. 企业名：滴滴香奶茶店
2. 行业类型：零售
3. 组织形式：个体工商户

二、市场调查

奶茶店就是一个资金投入低、消费人群广、回收成本快，而且门面非常好找的创业项目，一般除了保留3个月左右的店租、人工和日常开销外，奶茶店经营管理不用太多周转金，非常适合小本自主创业。但是，要注意几点：

1. 经营必须有特色。没有特色的产品是没有市场的。
2. 品质要好，口感是否保持一致。
3. 小店也要专业管理。
4. 及时了解消费者消费爱好和同行产品，及时调整产品和口味。

三、奶茶店选址分析

1. 商业步行街。人流量大会为奶茶店带来源源不断的顾客，但是这样的位置一般不是很好找，而且租金也很贵，前期的投资会比较多。

2. 高校里面或周边。高校地区消费者特别集中，奶茶这样的时尚饮品也特别受大学生们喜爱，消耗量大，而且很多高校都在郊区，店面的租金一般不是很贵，是很完美的一个选址地点。不过有一个问题，那就是高校会发放寒暑假，在这一时期一般店面没什么生意。

3. 各种交通要道。火车站、汽车站、地铁入口、航空站等地方的客流量很大，顾客在等车的过程中会带来大量的消费。能进驻这样的店面也许会比商业街更好。

4. 其他理想地址。除上述地方外，还有一些理想地址也是不错的选择，例如，风味美食街、大型的游乐场、娱乐广场、旅游胜地以及集中地写字楼商务区等。

四、奶茶品种

不加盟，自制奶茶。奶茶品种有：① 珍珠奶茶；② 麦香奶茶；③ 坚果奶茶；④ 薄荷茶；⑤ 香蕉奶茶；⑥ 暖姜奶茶；⑦ 玫瑰奶茶；⑧ 西米奶茶。

五、人力资源规划

雇2~3人，2名兼职人员，员工统一着装，对待顾客要有礼貌，不能与顾客发生争执。上班期间不能浓妆艳抹，不能佩戴夸张的饰品，举止行为要端庄，能够用标准的普通话进行交流。

六、风险与风险管理

为防止人为的破坏与偷盗，奶茶店店24小时尽量不离人。每天夜里安排两名人员值班，时间从晚7:30至早7:30，早7:30后由其他员工接手看管，直到正常营业时间（上午10:00）。本店随着未来店面的扩张或营业额的增加会保险投入。

思考题：

1. 黄强和刘松的奶茶店计划考虑是否全面，是否可行？
2. 请完善他们的创业计划。

第七章　创业资源与创业融资

学习目标

1. 了解创业资源的类型与获取途径
2. 掌握创业融资的渠道与方式
3. 掌握预编财务报表和现金流量表的能力，以及盈亏平衡分析法
4. 了解不同创业阶段的融资策略
5. 了解企业尽职调查的内容与创业企业融资的路演过程

考核要求

学生能够根据所处的环境测算创业融资需求，设计融资方案。

第七章 创业资源与创业融资

> **引导案例**

每日优鲜危局

2022年7月29日,每日优鲜平台上的北京、上海、武汉、南京等多地的订单均以"所在地区无货"为由不能下单。在此背后,供应链的断裂或成为主因。

这是一家曾被资本看好的企业。公开资料显示,每日优鲜成立于2014年,当年就获得了500万美元的天使轮融资。2015年起,每日优鲜从腾讯获得了多轮融资。2021年6月上市前,每日优鲜累计融资10轮、15亿美元。除未披露融资金额的一轮战略投资外,其余融资总规模达140.47亿元。

2021年,每日优鲜在纳斯达克上市。但上市后亏损问题一直未能解决。根据每日优鲜披露的财务数据,2018年至2020年,其净营收分别为35.5亿元、60亿元、61.3亿元,但同期净亏损分别为22.32亿元、29.1亿元、16.5亿元,三年累计亏损近68亿元。进入2022年,亏损局面仍未扭转。

每日生鲜独创前置仓进行配送,在高效配送的同时,也抬高了成本。或正因如此,每日优鲜积极扩展了多元化的业务。每日优鲜创始人徐正表示,每日优鲜不再只限于做自营生鲜电商,而是要通过多业态布局,打造成"中国最大的社区零售数字化平台",为社区零售板块的商超、菜场和小店数字化赋能。

但是,这一愿望也仅仅是愿望而已。上市一年多,每日优鲜便已走到濒临退市的边缘。2022年7月14日,每日优鲜宣布与山西东辉集团达成股权战略投资合作协议。协议规定,山西东辉集团计划向每日优鲜进行价值2亿元人民币的股权投资。

通过此次战略合作,每日优鲜和山西东辉将围绕农业运营、销售与营销交换各自的资源和最佳业务实践,并在品牌农业、订单农业等全产业链进行一系列的战略合作。该笔融资短期可补充每日优鲜的现金流,为扭亏为盈争取更多时间。但是,市场并没有给出机会。此次融资实际为可转债,准确来说是借款,且转成股份的条件非常高,需要公司股价回到2块多均价之上才可行。最终,这笔借款并没有到位。

无论如何,上市仅一年多便被勒令退市,且遭遇资金链断裂,都将令创始人徐正陷入诚信危机,也令业界感到错愕。

思考题:危局中的每日优鲜应采取怎样的融资策略?

第一节 创业资源

一、创业资源的概念

资源对人的生存和发展不可或缺,在经济学中,所有可以投入生产过程的元素都可以称为资源。创业资源是资源在创业层面的反映,是企业创业成功的重要因素之一。

以下是一些学者对创业资源的定义:

Caves 和 Wernerfelt 认为,创业资源是企业家投资创业实践的重要资本条件。

Barney 认为创业资源是指创业者在市场竞争中拥有或控制的重要组成部分。

Alvareza 和 Busenitzb 认为,创业资源的匹配组合构成了创业的基本活动。

Grande 等人认为,创业资源是创业者实施创业实践活动的基础,对提升创业业绩具有重要意义。

林嵩等人认为,创业资源是创业者获得竞争优势的重要基础。他们主要通过外部收购和内部积累获取不同类型的创业资源,重新整合不同类型的创业资源来提高创业业绩。

王艺认为,创业资源是企业家实现创业目标的重要基础,对创业企业的生存和成长起着至关重要的作用。

综上,创业资源是指创业企业在成长过程中需要的各种要素、条件、信息的总称,包括资本、资产、信息、技术等有形或无形的资源,是企业生存和发展的基本条件。创业企业的成长容易受到特定资源短缺的影响,因此,在创业企业的发展过程中,特别是创业企业成立之初,资源的获取与整合尤为重要。

二、创业资源的类型

国内外学者在研究中对创业资源的维度进行了划分。研究早期,创业者认为创业资源仅仅包含人力、物质等有形的创业资源。随着研究的不断深入,学者逐渐将信息、知识等无形的创业资源纳入创业资源的研究范畴。

基于国内外学者对创业资源的不同分类,创业资源一般分为人力资源、财务资源、物质资源、技术资源、组织资源。

(一) 人力资源

人力资源主要指创业过程中的创业团队、管理团队等的知识、能力、经验,也包括创业团队或个人的认知、智慧、判断力等,以及创业者本身的人际关系网络。一个企业的成与败、兴与衰,无不与"人"有关。企业间的竞争主要是人的竞争,创业企业更是如此,因此,人力资源是创业企业最重要的资源。创业过程中的人力资源包括初始创业者、核心成员、管理团队和其他人力资源。

1. 初始创业者

初始创业者是创业团队的灵魂,他们提出核心想法或牵头组织各种资源。如字节跳动的张一鸣、拼多多的黄峥、网易的丁磊等。初创企业家的知识、技术和经验是创业企业的宝贵财富,他们的价值观和信念影响着公司的发展方向。

实际上,大多数初始创业者也扮演着管理者的角色,尤其是在创业初期,他们没有财力聘请更多的管理人员。此外,公司没有相对完整的制度和规范,企业规模小且易于管理,公司业务少且涉及范围小等。此时,最初的创业者和管理者是结合在一起的。

2. 核心成员

核心成员是围绕在早期创始人周围的团队成员。他们从不同的角度为初始创业企业家提供智慧和帮助。在企业的创建过程中，第一位创始人必须确定可能成为核心成员的人。对于创业者来说，企业初建需要收集不同的意见和想法，集思广益。如果核心成员的同质性很强，思想很难发散，不利于企业的建立和发展。相反，如果核心成员和创业者是"互补"的，而不是同质的，他们通常会为早期创业者和初创企业提出有价值的意见。

随着公司发展的扩大和创业者视野的拓展，适当增加"股东"的数量对公司是有利的。如果他或她能够被选好、用好，什么时候加入公司都不晚。因此，创始人应该始终保持开放的心理状态，随时邀请"智者"。

3. 管理团队

由于许多新创企业由核心团队成员运营，故管理团队和核心成员大多数相互重叠。如果公司发展到一定规模，现有的管理模式和管理方法可能无法适应，必须引入专业管理员。这些专家可能是现有公司的核心人员，也可能是外部邀请的专家。当然，前提是选择有能力经验丰富的专家，他们可以为公司的实践提出积极的建议，并提出未来的管理理念或想法。

4. 其他人力资源

除了上面提及的几类人力资源外，还有一些重要的人力资源，能够帮助初创企业处理专业事务，获取快速发展的动能。如专业的咨询顾问，金融机构及法律顾问，税务、海关等具体实务管理人员等。

（二）财务资源

财务资源是指创业活动所需的资金。创业活动离不开资本支持，无论是产品的开发、生产还是销售，新企业都需要一定的资金支持。一般来说，新成立的企业资本主要来自企业家的个人储蓄、家庭资本积累，或者亲友贷款或股票。技术含量高、综合实力强的创业项目也可能获得银行贷款、天使基金、政策支持基金等资金支持。在创业初期，以低于市场平均水平的资金成本及时筹集足够的资金，是成功建立和顺利运营新企业的前提条件。

（三）物质资源

物质资源是创业所需的实际资产，也是创业活动的主要条件之一。通常是指创业过程中必需的建筑物、设施、机械、办公设备和原材料等经营所必需的各类有形资源。物质资源对创业至关重要，任何从事商业活动的企业都不能离开相应的物质资源，但这并不意味着企业必须拥有物质资源的所有权，可以通过与其他资源进行交换，获取对物质资源的实际控制和利用。充足的物质资源将帮助新企业更好地发展。

（四）技术资源

技术资源包括软件技术和硬件技术两个方面。软件技术是指关于解决实际问题的软件知识，硬件技术是指用于解决这些实际问题的设备和工具等硬件知识。这些软件知识和硬件知识的总和构成了新企业的技术资源。技术资源受法律手段保护，可以成为新成立企业的无形资产。在当今高度竞争的社会中，加强技术资源开发，保护其独特性，是新企业战胜市场的关键。机械、设备、计算机系统等硬件技术资源不能成为持续的核心竞争优势。由于这些资源可以复制和再创造，企业必须保护研发产生的知识产权，以免自身利益受到他人侵害。加强技术资源保护的目的是促进自主知识产权核心技术的研究、开发和新企业的不断发展。

（五）组织资源

组织资源一般是指企业的正式管理体系，包括企业的组织结构、工作流程、工作规范、信息沟通、决策体系、质量体系以及正式或非正式的计划活动。组织资源也可以表示为个人技能或能力。其中，组织结构是一种无形资源，可以区分组织及其竞争对手。能够将创新与生产功能分离的组织结构加速了创新，能够将营销与生产功能分离的组织结构更能促进营销。对于新成立的企业来说，其组织资源还处于萌芽阶段，这需要企业家在不断培育和积累组织资源的过程中充分发挥作用。实践证明，大多数初创公司的失败都是由于无法有效地培育、积累和使用组织资源。

三、创业资源的获取途径

创业资源的途径一般来说可以分为市场途径和非市场途径两大类。

（一）市场途径

市场途径获取资源的方式主要包括购买、联盟和并购。

（1）资源购买是指利用金融资源杠杆，通过市场购买获取外部资源。主要包括购买工厂、装置、设备和其他物质资源，购买专利和技术，雇用有经验的员工，通过外部融资获得资金。需要注意的是，技术、知识等资源，特别是隐性知识，很难通过市场直接购买，需要通过非市场渠道发展或积累。

（2）资源联盟是指通过与其他组织的共同努力，共同开发自己难以开发或无法开发的资源。该方法不仅可以提取显性知识资源，还可以提取隐藏的知识资源。但联盟的前提是，联盟双方的资源和能力是互补的，有共同的利益，可以就资源的价值和使用达成一致。显性知识是指人们可以通过口头教育、教科书、参考资料、期刊、专利文献、视听媒体、软件、数据库获得的知识，或者可以明确表达通过语言、书籍、文字、数据库等编码方式传播的知识。与显性知识相反，隐性知识是指我们所知道但难以解释的知识。

（3）资源并购是一种通过股权收购或资产收购将企业外部资源内部化的交易方法。资源并购的前提是双方的资源，特别是知识等新资源高度相关。如小米公司投资并购55家生态连锁公司，共同构建小米生态企业圈，生产从电视、平衡车、扫地机到手机线、电池、电纹香等越来越多的智能电子消费品。

143

（二）非市场途径

非市场途径获取资源的方式主要有资源吸引和资源积累等。

（1）资源吸引是指新创企业利用商业计划的吸引力、创业团队的声誉获取或吸引物质资源（工厂、设备）、技术资源（专利、技术）、资本和人力资源（有经验的员工）的一种资源获取途径。

（2）资源积累是指利用现有资源，通过企业内资产积累、管理培训、技术传承形成的所需资源。主要包括自建厂房、装置、设备，在企业内开发新技术，通过培训增加员工技能和知识，通过企业的自我积累获取资金。一般来说，人力资源和技术资源的积累对于确保企业发展所需的关键人才和核心技术是非常重要的。如海底捞一般不从外部聘请经理，而是为员工建立了明确的职业发展道路。格力、海尔、华为等企业都是通过不断的技术资源积累，获得了国际竞争优势。

四、创业资源的整合

资源整合是指企业选择、吸收、激活、有机整合不同来源、不同层次、不同结构、不同内容的资源，使其更加灵活、有组织、有系统、有价值，并重构现有资源体系，摒弃无价值的资源，形成新的核心资源体系。在资源整合中，主要是优化包括人力资源、财务资源、物质资源、技术资源和组织资源在内的一些重要资源的利用。

（一）善用资源整合技巧

1. 整合资源

从创业的角度来看，整合资源主要是指尽量利用手头的资源来实现创业者的目标。整合资源有三层含义：一是通过添加一些要素来实现有效的组合以改变结构。二是这些元素通常是手头有的，虽然不是最好的，但是可以用一些技巧和技巧组合起来。三是这些创新行为往往会带来意想不到的结果。

许多创业者都是整合资源的高手，通过添加一些新元素并与现有元素重组，它们在资源利用方面形成创新行为，从而带来意想不到的惊喜。有些资源是无用的，可能会被别人抛弃，但创业者可以通过自己的经验和技能进行整合和创造。例如，许多高科技企业的企业家并不来自专业学科。出于兴趣或其他原因，他们可能对某个领域的技术略知一二，但后来他们用这种"一二"敏锐地找到了机会，迅速有效地利用和整合他们所掌握的资源，最终实现创业的成功。

整合现有资源，快速应对新情况是创业的最佳工具之一。善于利用发现的洞察力了解周围各种资源的属性，创造性地进行整合。这种整合可能基于具体情况的具体分析，而不是有计划或准备的，这是随机应变的结果。这反映了创业过程中的不确定性特征，也是对创业者资源整合能力的重要考验。

2. 步步为营

步步为营是指企业活动在资源受限情况下，通过节俭、外包等策略，最低限度降低对外部资源的需求,最大程度发挥自有资源的作用,实现资源的最佳使用,实现企业目标。

步步为营的策略首先表现在节俭上,主要策略是将成本降到最低,减少资源使用,降低管理成本。目前,很多企业使用外包战略,将一些棘手但需要开展的业务外包给专业机构,他们专注于自己的核心业务。对于小型初创企业来说,外包人力资源业务是明智的。企业不需要设立专门的人力资源专家来从事人才招聘、培训、评估等事务。有些企业甚至将财务委托给外部财务管理公司,特别适合业务单一、金额较小的中小企业。

(二) 发挥资源杠杆效应

杠杆是指用较小的力将较大的物体通过支点撬开,后延伸到其他领域,意味着用较小的投资获得更大的产出,从而产生杠杆效应。每个人的资源都是有限的。由于人们没有在日常生活中进行大范围的经济活动,他们对资源短缺没有明显的感觉。一旦从事创业需要使用大量资源时,资源短缺就会突出。创业者无论是用拼凑的方法解决面临的问题,还是一步一步地利用自己和朋友的资源,他们都深感资源短缺。这就要求创业者进一步扩大资源范围,开发他人拥有但自己可以使用的资源,发挥杠杆效应。他们一方面可以实现创业目标,另一方面可以充分利用各种资源,实现全社会资源的最大利用。

虽然存在资源限制,但创业者不受目前控制或支配的资源限制。成功的企业家善于利用重要资源的杠杆效应,利用他人或其他企业的资源达到自己的创业目的,并利用某种资源补充另一种资源以产生更高的综合价值,或者使用一种资源撬动其他资源也可以取得。事实上,大公司不仅仅是积累资源。他们善于资源交换、资源结构更新与调整、战略资源积累。这是创业者应该学习的经验。

对于创业者来说,容易产生杠杆效应的资源主要是人力资源。我们经常看到那些给公司带来根本性变化的人和群体。由美国人埃隆·马斯克(Elon Musk)设立的 Space X 在火箭回收、全球网络覆盖等领域取得了巨大成就。马斯克在其他技术和商业领域也进行了颠覆性的创新探索。事实上,每个人都有无限的潜力,只是潜力还没有开发出来。如果有良好的政治、技术和商业环境,加上个人聪明才智,人力资源将在全社会发挥巨大作用。

人力资源不仅限于个人潜力的开发。在现实生活中,个人力量总是有限的。特别是在经济全球化和全球一体化的大潮中,每一个人、每一个经济体都不可能独立存在。这就要求客观地利用人际关系获得更大的杠杆效应。实际上,每个人都有社会资本,所以个人可以通过社会交往扩展到他们的社会关系和社会圈子。圈子里所有人的贡献或多或少大大扩大了他们的资源效益。

如果其他人再次利用他们的人际关系,就会产生乘数效应,由此滚雪球似的放大社会资本效应,从而产生无法想象的效果。这需要每个人都融入到特定的社会群体中,主动联系,并在需要时寻求其他资源的使用。

第二节　融资的基础知识

一、融资的概念与分类

（一）融资的概念

从广义上说，融资也叫金融，即货币资金的融通，这种融通是双向互动的过程，既包括资金的融入，也包括资金的融出。融入指资金的来源，即常说的企业通过各种渠道筹集资金；融出指资金运用，即用筹措来的资金投资于长期资产与短期资产。

从狭义上说，融资仅指资金的融入，是一个企业根据自身的生产经营状况、资金拥有状况以及未来经营发展的需要，通过预测和决策，采用一定的方式，向企业外部或从企业内部筹集资金，以保证企业正常生产与经营管理活动资金需要的理财行为。简单地说，融资就是一个企业筹措生产经营活动中所需资金的行为。

（二）内源融资与外源融资

内源融资也称内部融资，是指在企业内部通过一定方式不断将自己的储蓄（折旧和留存赢利）转化为投资的过程。其包括向其企业主、股东、合伙人或内部职工等与企业有利益关系的人员借款而获得的资金；还包括折旧和留存赢利，其中折旧是以货币形式表现的固定资产在生产过程中发生的有形和无形损耗。这种融资方式的优点是不需要实际对外支付利息或股息，不会减少企业的现金流量；由于资金来源于企业内部，也不需要发生融资费用。所以，内源融资的成本远远低于外源融资的成本。其缺点是融资来源有限，有时无法满足企业的需求。

外源融资也称外部融资，是通过一定方式吸收企业以外的其他经济主体的资金，使之转化为投资的过程。其包括贷款融资、担保融资、风险融资、贸易融资、租赁融资、典当融资、股票融资、债券融资、产权融资等多种方式。这种融资方式的优点是高效、灵活、量大和集中。其缺点是手续烦琐，融资成本高、风险大。

（三）直接融资与间接融资

直接融资是指企业作为资金需求者，直接向资金供给者筹措资金的方式。其特点是直接性、长期性、不可逆性、流通性。

间接融资是企业通过金融中介机构，间接向资金供给者融通资金的方式。间接融资具有与直接融资截然相反的特性，即间接性、短期性、可逆性及非流通性。间接融资是自主创业者融通资金的一种重要方式。

（四）股权融资与债权融资

股权融资就是融资方有条件地出让给投资者一定数量的企业股权而获得相应资

金的过程,如发售企业股票获取融资就是股权融资中的一种。

债权资本融资是以一定的条件,向资金供给者借钱,到期偿还本金和利息的融资方式。债权就是不卖自己的股份,投资人不做你的合伙人或者股东,只借出钱,收本息。这种方式是初创企业融资的基本方式。债权融资主要有向金融机构贷款和发行企业债券两种形式。

二、融资的渠道与方式

创办企业要有适度的资金支持,如果没有资金,企业只能是无源之水,无本之木。这就要求创业者在进行创业时了解融资的渠道和方式,筹集到一定的资金。

(一)融资渠道

融资渠道是指资金来源的方向与通路,体现着资金的源泉和流量。认识融资渠道的种类及每种渠道的特点,有利于创业者充分开拓和正确利用融资渠道。一般来说,创业者筹集资金的渠道有以下几种:

1. 国家财政资本

国家财政资本主要体现了国家对创业者的扶持倾向,既包括通过财政拨款设立创新(创业)基金的方式直接对新创企业进行资助,也包括通过财政补贴、税收优惠、政府采购、财政担保机制以及建立创新企业发展园区等方式对新创企业进行间接资助。在我国,创新基金的资本来源是中央财政拨款及其银行存款利息,它不以营利为目的,通过对科技型中小企业技术创新项目的支持,增强新创企业的技术创新能力。

2. 银行信贷资本

银行信贷资本是银行以信贷方式积聚和分配的货币资本,以盈利性、安全性、流动性为基本原则,是新创企业的重要资金来源。我国除了配合国家科技发展计划、针对技术创新的科技贷款外,面向处于种子阶段、起步阶段新创企业的信贷资本比较少。当企业在市场上已经存在一段时期、具有一定经营规模以及稳定的经营项目时,可以向银行申请信贷资本。

3. 非银行金融机构资本

非银行金融机构主要有租赁公司、证券公司、创业投资公司等,它们的业务包括融资融物、承销证券、发行债券以及向企业提供资本和专业化服务。对于处于起步期、成长期的中小企业而言,随着我国金融体制改革的不断深入,非银行金融机构将能够为其提供范围更广的融资方式。

4. 其他企业资本

企业在生产经营过程中,往往会形成部分暂时闲置的资本,有的企业出于提高资本使用效率、拓宽经营范围、进行战略性投资等目的,直接对新创企业进行投资,或者对技术成果转化提供资本支持,或者独资(或者与社会其他资本联合)设立创业投资机构。

5. 创业者的自有资本

这种资本是创业者通过积累、继承而形成的资本,与外部资本相比,创业者的自有资本具有两个突出优势:一是能够节省寻找投资者的时间和精力;二是能够按照

第七章　创业资源与创业融资

自己的意愿创办公司,具有灵活性。

6. 亲朋好友的资本

这部分资本对于那些项目规模不大、处于初创期的企业而言尤其重要,有些企业正是得益于亲朋好友的资助才得以启动的。创业者可以通过合资、入股等方式说服他人投资,或者通过亲朋提供担保方式获得所需的资本。由于亲情、友情的维系这种资本对企业盈利要求较之一般投资者会有更多的耐心。

7. 外商资本

外商资本是外国投资者以及我国香港特别行政区、澳门特别行政区和台湾地区投资者投入的资本。对于创业者而言,外商资本主要来自创业投资机构。

(二) 融资方式

融资方式是指企业融资所采用的具体形式和工具,体现了资本的属性和期限,其中资本的属性是指资本的股权或债权性质。现阶段,新创企业可以使用股权和债权融资的方式。

1. 股权融资

股权融资主要有吸收直接投资和发行股票两种方式。

(1) 吸收直接投资。吸收直接投资即按照共同投资、共同经营、共担风险、共享利润的原则吸收政府、个人、法人和外商投入资本的融资方式,直接投资中的出资者都是企业的所有人,出资方式主要包括现金出资、实物出资、知识产权出资、场地出资等。投资的个人及法人拥有企业的部分控制权和利润分享的权利。

在企业初创阶段,吸收大量的直接投资,意味着创业者必须放弃相当部分的所有权给外部投资者。这样的结果是创业者的股份逐渐减少,创业者失去对企业的控制,从而可能会削减其追求成功的热情和执着。

(2) 发行股票。即通过发行股票这种有价证券来筹集自有资本。股票持有人即为股东,按投资的资本额度享受所有者的资产收益并参与公司的重大决策。股票按股东权利和义务分为普通股和优先股。普通股是公司发行的代表着股东享有平等的权利、义务,不加特别限制,股利不固定的股票;优先股是公司发行的优先于普通股股东分取股利和公司剩余财产的股票。

① 股票形式融资的好处。对于即将创立的公司来说,发行股票进行融资有如下好处:一是发行股票不会使公司有法定的责任,像债券似的按期付息,股票的股息是可以依据公司的营运情况来定的;二是普通股票没有"偿还期",不用还本;三是如果上市公司的前途预期看好,发行股票融资往往比发行债券融资对公司更有利,股票价格和股息一般是增值的,所以可以保护投资者的利益;四是公司的财务经理愿意保持一定的借债能力,因为当公司不景气的时候,没有人会买这个公司的股票,公司要想获得外部资本就只好举债,所以公司财务经理在公司景气的时候,愿意少借债,多发行股东资本,这样可以在有所需时,保有一定的举债能力。

② 股票形式融资的不利因素。公司融资采用发行股票的形式有好处,但也有一

些问题,对此公司创办者也应该有所认识:一是分散了公司的控制权,如果不愿意别人干涉自己的经营管理,创办者就必须少发行股票;二是上市股票越多,分公司利润的人就越多;三是发行股票的交易成本往往比发行债券高,因为发行股票的各种事前准备工作的成本要比发行债券更高,而且股票的风险要大于债券。

2. 债权融资

债权融资是一种非常昂贵的融资方式,企业有较高的投资回报才能到期偿还债务,因此存在较高的风险性。债权融资一般有银行借款、商业信用、发行债券和租赁几种方式。

(1) 银行借款,是创业者按照借款合同从银行等金融机构借入长期和短期债权资本的主要筹资方式。在我国,尽管有国家政策的支持,但由于普遍缺乏有效担保和有效抵押,信用度不高,初创企业很难顺利地从银行借到资金。因此,创业者应发展多种融资渠道。

(2) 商业信用,即企业通过赊购商品、预收货款等商品交易行为筹集短期债权资本的一种筹资方式。如企业赊购商品或服务的资金可能占到其流动负债的30%~40%,在小企业其百分比可能更高,这其实就是一种短期的融资。

(3) 发行债券,即企业发行向债权人定期支付利息和到期偿还本金的债券以筹集资本的一种筹资方式。债券有两种,一种叫抵押债券,即债券发行方以某种资产作为该债券的抵押品,如果借贷方破产,无法偿还,债券的持有人可以获得作为抵押的资产,将其变卖以收回他们的投资。另一种叫无担保债券,这种债券没有什么特别的资产作为抵押品,这种债券的持有者是以借债的公司的整个资产作为"抵押",如果借方破产,整个公司会被拍卖,所得款项就用来偿还债权人。

(4) 租赁。租赁是另一种形式的资金来源方式,一般按照租赁合同租入资产。企业可以采用租赁方式租入所需资产,并形成企业的债权资本。

几种基本的融资方式及其相互关系如表7-1所示。

表7-1 几种基本的融资方式及其相互关系

来源	资金性质	融资方式	形成的产权关系
内源融资	自有资金	资本金	股权融资
		折旧基金、留存利润	
		发行股票	股权融资
外源融资	借贷资金	国家财政资本	债权融资
		发行债券	债权融资
		其他企业资金(各种商业信用)	债权融资
		民间资金(民间借贷和内部集资)	债权、股权融资兼有
		外商资金	债权、股权融资兼有
		银行借贷资金	债权融资
		非银行金融机构(融资租赁、典当)	债权融资

三、融资结构

新创企业通过各种渠道筹集资金,各个渠道筹集的资金在总融资规模中的构成比例就是新创企业的融资结构。

融资结构不仅揭示了企业资产的产权归属和债权约束程度,还反映了新创企业融资风险的大小。通过企业融资总额中负债总额与权益资本的比重,以及负债总额中流动负债所占的比重的大小可以考察新创企业的偿债风险。这两个指标所占比重越大,新创企业融资风险越大。融资结构也是创业者融资决策的内容和目标,它在某种程度上体现了企业的经营状况与财务情况。合理的融资结构既是企业资产高效运作的结果,也是其起点,因此确定合理的融资结构对企业的生存发展至关重要。

四、融资成本

企业融资成本是指企业使用资金的代价,即指企业为获得各种渠道资金所必须支付的价格,也是企业为资金供给者支付的资金报酬率。企业的目标是实现企业市场价值的最大化,在某种意义上它等同于企业在具备承受一定风险的能力时,寻求投入成本最小化、资产盈利最大化的融资结构(包括资本结构)。

企业资金的来源渠道不同,则融资成本不同。如果仅靠内源融资,即企业的积累资金、折旧基金和留存盈利来投资于下一轮生产过程,若不考虑机会成本,则企业使用的资金无成本。因为此时资金的所有者和使用者合为同一主体,不必为自有资金支付使用报酬。如果资金来源于外源融资,如通过发行股票、债券或向银行借款来筹资,则存在资金使用权的让渡问题,资金需求者通过这些金融手段、利用这些金融工具,得到了资金供给者的资金,同时它也获得了利用他人提供的资金获取盈利的机会,而若资金供给者不把资金的使用权转移给这个企业,也会通过自己设立盈利实体或将资金提供给其他企业而获取投资收益。资金需求者因此而获得的盈利要与资金供给者共享,也就是要支付一定的资金使用报酬给对方。因此融资成本的实质是资金需求者支付给资金使用者的报酬,它的出现是商品经济条件下,资金所有权与资金使用权分离的必然结果。

因资金来源渠道的不同,资金需求者支付的报酬的形式不同。如果是以股权融资形式投入的资金,则报酬是企业支付给投资者的股息红利和资本利润收入;如果是以债权形式借入的资金,则报酬是企业支付给债权人的债券利息或借款利息。

从理论上讲,企业融资成本包括资金需求者支付给资金使用者的报酬。但从实际的计算上看,融资成本包括筹资费用和使用费用。筹资费用指企业在资金筹集过程中发生的各种费用,如委托金融机构代理发行股票、债券而支付的承销费、注册费,以及中介评估机构的评估费、评审费等,向银行借款时支付的手续费等。它通常在筹借资金时一次性支付,在用资过程中不再发生,因此可视作融资总量的一项折扣。使用费用指企业生产经营、投资过程中因使用资本而付出的费用,如向股东支付的股利、向债权人支付的利息等。长期资金的使用费用因使用资金数量的多少和时期的长短而变动。

五、融资风险

企业融资在本质上是一种信用融资，表现在：对于向股东的融资，企业虽然不需要还本，但要支付使其满意的股利，如若不然，股东将行使股权控制权，或者是在企业内部行使"用手投票"的权利，更换企业经理人员，或者是在企业外部行使"用脚投票"的权利，卖出企业股票，导致股票价格下跌，企业形象降低，对企业造成不利影响；对于向债权人的融资，企业不仅要按照事先的约定偿还本金，还要支付利息，如若不然，债权人将行使债权控制权，对企业财产提出要求权，企业将面临诉讼甚至破产的威胁，遭受严重的损失。

企业融资风险主要有两种表现形式：一是支付风险。我们将企业融资活动因支付能力不足而带来的不利影响的可能性称为支付风险。相比之下，企业因支付能力不足而不能向债权人还本付息所带来的不利影响要比不能向股东支付使其满意的股利所带来的不利影响要大得多。因此，支付风险主要是指企业因支付能力不足而不能按时、足额地向债权人还本付息所带来的不利影响的可能性。这是企业融资风险的第一种表现形式。二是财务杠杆风险。在企业资产收益率高于负债利率时，负债融资会给企业带来额外的负债净收益，增加股东每股收益；而当企业资产收益率下降到低于负债利率时，负债融资则会给企业带来负债净损失，减少股东每股收益。这种由于负债融资而给股东每股收益带来不利影响的可能性就是财务杠杆风险。

一般情况下，企业负债越多，融资风险越大。企业全部利用自有资金生产时，几乎没有融资风险；当负债额等于或小于权益资本时，融资风险很小；当负债额大于权益资本时，融资风险比较大。

六、融资程序

创业企业融资的一般程序包括尽职调查、提出融资方案、项目推介/路演、融资谈判、融资方案的执行与修正五个阶段。

（一）尽职调查

有时投资者会要求创业企业自己做尽职调查。尽职调查也有利于创业企业对自身的资源情况、经营状况、财务现状和法律事件有一个更加深入的了解。

（二）提出融资方案

这一阶段根据尽职调查情况，提出备选的融资渠道和融资方式，并完善商业计划书。

（三）项目推介和路演

这一阶段包括：
（1）与外部投资者进行广泛的接触与洽谈。

讲解视频

如何与风投"谈恋爱"

(2) 做融资项目推介。如果企业融资上市,还需要做路演。路演是一种证券发行推广方式,指证券发行商发行证券前针对机构投资者的推介活动。活动中,公司向投资者就公司的业绩、产品、发展方向等作详细介绍,充分阐述上市公司的投资价值,让准投资者们深入了解具体情况,并回答机构投资者关心的问题。路演的目的是促进投资者与股票发行人(融资公司)之间的沟通和交流,以保证股票的顺利发行。

(四)融资谈判

这一阶段包括:
(1) 根据路演的情况,调整融资方案。
(2) 对入围的投资者做尽职调查。做尽职调查能使企业了解更加真实的投资者。
(3) 选择最终的投资者。
(4) 融资谈判。对双方的权利和责任进行规定。

(五)融资方案的执行与修正

执行签署的融资协议,对需要重新协商的部分进行修正。

专栏7-1 尽职调查典型提纲

一、企业基本情况、发展历史及结构
① 法定注册登记情况;② 股权结构;③ 下属公司;④ 重大的收购及出售资产事件;⑤ 经营范围。

二、企业人力资源
① 管理架构(部门及人员);② 董事及高级管理人员的简历;③ 薪酬及奖励安排;④ 员工的工资及整体薪酬结构;⑤ 员工招聘及培训情况;⑥ 退休金安排。

三、市场营销及客户资源
① 产品及服务;② 重要商业合同;③ 市场结构;④ 销售渠道;⑤ 销售条款;⑥ 销售流程;⑦ 定价政策;⑧ 信用额度管理;⑨ 市场推广及销售策略;⑩ 促销活动;⑪ 售后服务;⑫ 客户构成及忠诚度。

四、企业资源及生产流程管理
① 加工厂;② 生产设备及使用效率;③ 研究及开发;④ 采购策略;⑤ 采购渠道;⑥ 供应商;⑦ 重大商业合同。

五、经营业绩
① 三年的经营业绩、营业额及毛利分析;② 三年的经营及管理费用分析;③ 三年的非经常项目及异常项目分析;④ 各分支机构对整体业绩的贡献水平分析。

六、公司主营业务的行业分析

① 行业现状及发展前景；② 中国特殊的经营环境和经营风险分析；③ 公司在该行业中的地位及影响。

七、公司财务情况

① 三年的资产负债表分析；② 资产投保情况分析；③ 外币资产及负债；④ 历年财务报表的审计师及审计意见；⑤ 最近三年的财务预算及执行情况；⑥ 固定资产；⑦ 或有项目（资产、负债、收入、损失）；⑧ 无形资产（专利、商标、其他知识产权）。

八、利润预测

① 未来两年的利润预测；② 预测的假设前提；③ 预测的数据基础；④ 本年预算的执行情况。

九、现金流量预测

① 资金信贷额度；② 贷款需要；③ 借款条款。

十、公司债权和债务

（一）债权

① 债权基本情况明细；② 债权有无担保及担保情况；③ 债权期限；④ 债权是否提起诉讼。

（二）债务

① 债务基本情况明细；② 债务有无担保及担保情况；③ 债务抵押、质押情况；④ 债务期限；⑤ 债务是否提起诉讼。

十一、公司的不动产、重要动产及无形资产

① 土地权属；② 房产权属；③ 车辆清单；④ 专利权及专有技术。

十二、公司涉诉事件

① 作为原告诉讼事件；② 作为被告诉讼事件。

十三、其他有关附注

① 公司股东、董事及主要管理者是否有违规情况；② 公司有无重大违法经营情况；③ 上级部门对公司重大影响事宜。

十四、企业经营面临主要问题

① 困难或积极因素；② 应对措施。

思考题： 你认为尽职调查的提纲中，关键的要点有哪些？

第三节 创业融资的需求

创建一个企业到底需要多少资金？应该从哪里筹集资金？怎样安排获得的资金？这些是创业者必须了解和关心的问题。这些问题涉及新创企业的资金预算、财务预算、融资渠道等多方面的问题。这些信息也是投资商所关注的，并将成为企业评估的重要参考之一。

第七章 创业资源与创业融资

一、创业融资的形式与期限

（一）创业融资的形式

新创企业融资的运用形式主要为固定资金、流动资金和发展资金。

固定资金。固定资金主要是指企业用来购置固定资产的资金，包括办公设备、生产设备、交通工具、房地产等。固定资金的借款人是希望以购入的资产提高企业的生产效率、盈利能力和偿还债务能力。一般来说，购置固定资产需要大笔资金，所需资金的期限也较长。新创企业应避免进行固定资产方面的投资，而以租赁的方式来解决办公、生产所需设备及场所。

流动资金。流动资金也称为营运资金，主要是用来支持企业在短期内正常运营所需资金，如办公费、员工工资、差旅费、宣传费等。流动资金的会计定义是流动资产减去债务。赊销、销售的季节性变化和需求变化都会引起现金流动的波动。新创企业的生产经营规模较小，所需流动资金并不高，主要通过初期投资和借款解决。

发展资金。企业的发展资金也称为增长资金，主要用来进行基础研究、技术开发、产品研制、市场调研等。新创企业在研制新产品、扩大生产规模、改变经营方向时需要大量的发展资金。其融资方式为增资扩股、银行贷款。

（二）创业融资需求期限

创业融资需求分为短期资金和长期资金的需求两大类。科技型企业的创业融资主要用于新产品、新技术的研究与生产，且周期长、市场开拓慢，需要较长时期的资金投入；而劳动密集型和资源密集型的新创企业融资主要进行简单的产品加工和资源开发，资金回收快，需求期短。

短期资金。短期资金主要用于企业的日常性及临时性的资金需要，其融资方式主要包括银行短期借款、商业信用、票据贴现、应付费用、存货抵押贷款等。新创企业在选择短期融资时应主要考虑融资成本的大小、资金来源的可靠性及灵活性。

长期资金。长期资金的筹措具有占用时间长、筹资风险大、资金成本高、筹资影响深远、筹资频率低等特点。融资方式以股权融资为主，信贷融资为辅。

二、创业融资的财务管理

（一）创业资金预算

新创企业到底需要多少资金呢？资金多了，会造成浪费；资金少了，可能会使现金断流，企业过早夭折。从新企业融资的角度来看，应该首先编制一份创业成本的清单，或为使企业运转起来而发生的成本清单。创业成本一般包括固定资产和流动资产的投入成本、企业的营业成本及税收等，如工资、设备、广告、租金、库存、税收等费用。如果企业要购买任何长期资产，比如经营用的房屋建筑物，同样要计入创业成本。表7-2

第三节 创业融资的需求

是一家小公司的创业成本预算表,通过该表我们可以看到,一般企业要准备三个月以上的准备金。通常由于要投入固定资产及一些注册资本,第一个月的成本相对较高。对于较大的企业,固定资产的投资可能延续到以后的几个月甚至更长。

表7-2 天一公司的创业成本预算表(三个月)　　　　　单位:元

项目	第一月支出数	第二月支出数	第三月支出数	三个月总支出数
创业者工资	6 000	6 000	6 000	18 000
员工的总工资报酬	12 000	12 000	12 000	36 000
租金	4 500	4 500	4 500	13 500
广告费	1 000	1 000	1 000	3 000
用品支出	1 500	1 500	1 500	4 500
电话费	300	300	300	900
水电费	300	300	300	900
保险费	30	30	30	90
税收	400	400	400	1 200
设备费	20 000			20 000
设备安装维护费	50	50	50	150
开始的库存	10 000			10 000
营业执照	100			100
押金	2 000			2 000
现金	15 000			15 000
其他	3 000			3 000
总计	76 180	26 080	26 080	128 340

一旦估算出创业成本,就能弄清对筹集资金和新企业启动来说非常重要的几件事。第一,能测定企业开始创建时需要的资金总量。这一估算对确定从什么地方筹集所需资金至关重要。第二,能对现有资本和估算成本进行比较,明了所持资金是否安全。第三,能决定一旦获得资金将如何运用它。明白哪些成本是可以节省的,而哪些成本是必需的。

(二) 预编财务报表

在分析创业成本和资金使用用途之后,新企业在财务方面的下一个步骤就是预编财务报表。对于一个成功的创业者来讲,至少应该能够阅读各种财务报表并做简单的财务分析,这样才能制订正确的融资方针和措施。

对创业者来说,最主要的财务报表包括资产负债表、利润表以及现金流量表,通过

第七章 创业资源与创业融资

对三表的分析，创业者能够较全面地了解企业的经营和财务状况。对于投资者来说，新企业的预编财务报表能够使其了解新企业的财务运行情况，从而调整自己的融资决策。

1. 资产负债表

资产负债表是反映企业在某一特定日期（如月末、季末、年末）财务状况的财务报表。它是全部资产、负债和所有者权益情况的会计报表，是企业经营活动的静态体现，根据"资产＝负债＋所有者权益"这一平衡公式，依照一定的分类标准和一定的次序，将某一特定日期的资产、负债、所有者权益的具体项目予以适当的排列编制而成。它表明企业在某一特定日期所拥有或控制的经济资源、所承担的现有义务和所有者对净资产的要求权。表7-3是新兴公司筹集到450万元的货币资金后预编的资产负债表。

表7-3 预编资产负债表　　　　　　　　　　　单位：万元

项　　目	初　期	第一年	第二年	第三年
一、流动资产：				
货币资金	450	26	23	24
应收账款		209	237	273
存货		203	227	255
其他		8	10	11
流动资产合计		446	497	563
二、非流动资产：				
固定资产		264	282	302
减：累计折旧		20	43	71
固定资产净值		244	239	231
资产总计	**450**	**690**	**736**	**794**
三、流动负债：				
应付账款		62	90	102
应交税费		36	25	26
其他应付款		10	10	10
流动负债合计		108	125	138
四、非流动负债：				
长期借款		105	95	85
负债合计		**213**	**220**	**223**
所有者权益	**450**	**477**	**516**	**571**
负债及所有者权益总计	**450**	**690**	**736**	**794**

资产负债表的分析如下：

(1) 资产负债表反映的是某一时点上企业的财务状况，反映该时刻企业的资产、负债和所有者权益的状况。

(2) 资产负债表是一个"均衡"表，遵循会计原理的基本公式：资产＝负债＋所有者权益。由上表我们可以看到，该企业每年的资产和负债及所有者权益都是相等的。

(3) 平衡表中的数据都是按原始成本计算的，而不是按资产的市价计算。

(4) 将资产负债表上各项目的期末数和期初数进行对比可以从总体上了解企业财务状况的走势，分析不同时期财务状况有什么变化，财务状况趋于好转，还是趋于恶化。如上表，资产和所有者权益每年都在增加，而负债基本不变，说明该企业财务状况还是比较好的。

(5) 依据资产负债表上的信息还可以对企业的财务及营运能力做更精确的分析，如计算资产负债率、流动负债率、流动比率、速动比率等都能更好地了解企业的状况。

2. 利润表

利润表又称损益表，它是反映企业一定时期（月度或年度）经营成果的报表，是根据"收入－费用＝利润"的会计平衡公式和收入与费用的配比原则编制的。通过利润表可以考核企业的获利能力以及利润增减变化的原因，预测企业利润的发展趋势，为投资者和企业管理者等各方面提供财务信息。利润表对所有企业主来说都是一张记分卡。如果企业不盈利，企业主核查一下利润表就能知道亏损的原因。企业主能够在净损失尚未导致企业破产前采取措施对出问题的地方加以纠正。表7-4是新兴公司预编的利润表。

表7-4　预编利润表　　　　　　　　　　　　　　　　　单位：万元

项　　目	第一年	第二年	第三年
营业收入	1 239	1 491	1 620
减：营业成本	992	1 201	1 274
减：销售和管理费用	129	143	161
营业利润	118	147	185
加：营业外收入	15	17	26
减：营业外支出	35	40	54
利润总额	98	124	157
减：所得税	51	66	83
净利润	47	58	74

利润表的分析如下:

(1) 利润表不同于平衡表,它是一段过程的记录,通常反映企业一年、一季或一个月的营运状况。创业者可以利用利润表提供的会计信息,了解企业在某一经营期间实现利润或发生亏损的情况,评价企业经营业绩的好坏,分析企业盈亏增减的原因,预测未来盈利能力的变化趋势,从而做出相应的决策。

(2) 有一些支出并没有发生资金的流出,只表现为应付账款,但在下一期会表现出来,还有一些支出(如折旧),不是现金的流出。

(3) 要分清业主的报酬与员工的报酬。员工的报酬(如工资、奖金、补贴)应算作费用计入成本,而业主的所得却要从纯利中支出。

(4) 预编利润表中的收入及利润估计值极大地依赖于创业者对销量的估计,也依赖于其对成本的估计,因为销售量的任何增长都将伴随成本的上升。因此,创业者既应对市场做更充分的调查,也应对成本有个准确的估计。

3. 现金流量表

现金流量是某一段时期内企业现金流入与流出的数量。创业者应当明了,现金流量并不等于利润。一个可以赢利的企业也会由于现金的短缺而破产。所以,如果现金流量出现明显的亏空,仅用利润这个指标来评估新创企业是否成功,就可能导致错误的结论。因此,创业者在创业之初,一定要注意资产的流动性,密切关注现金的流动。如果企业的资金周转不畅,那必然会死气沉沉,虽不倒闭也离倒闭不远了。现实中这样的情况很多,一些企业的账面上营业收入、利润均很多,但多为呆账死账,这就掩盖了现金缺乏的事实,给企业带来极大的隐患。表7-5是新兴公司预编的现金流量表,从表中可以看出,它的现金状况是良好的。

表 7-5 预编现金流量表 单位:万元

项　　　目	第一年	第二年	第三年
一、经营活动产生的现金流量			
销售商品、提供劳务收到的现金	1 239	1 491	1 620
经营活动现金流入小计	1 239	1 491	1 620
购买商品、接受劳务支付的现金	510.5	551.6	632
支付给职工的现金	300	300	350
支付的税金	51	66	83
支付其他与经营活动有关的现金	13	20	34
经营活动现金流出小计	874.5	937.6	1 099
经营活动产生的现金流量净额	364.5	553.4	521

第三节 创业融资的需求

续　表

项　　目	第一年	第二年	第三年
二、投资活动产生的现金流量			
购建固定资产所支付的现金	264	18	20
投资支付的现金	−264	−18	−20
三、筹资活动产生的现金流量			
吸收投资所收到的现金	477	39	55
现金流入小计	477	39	55
分配股利所支付的现金	16.2	18	18
现金流出小计	16.2	18	18
筹资活动产生的现金流量净额	460.8	21	37
四、现金流量净额	561.3	556.4	538

现金流量表的分析如下：

(1) 资产负债表只能表现企业某一特定时点的财务状况,而利润表只能表现企业某一时期的经营成果,它们均不能表现企业具体现金收支情况,如某企业销售一批商品,2005年12月完成商品所有权转移,但并未收到现金,这笔收入会以应收账款的形式算作营业收入反映在资产负债表和损益表上,虽然企业并没拿到钱,有可能2006年3月,企业才收到钱,那么,这一收入却不能再记入资产负债表和利润表,只有现金流量表能反映企业实际的现金收支情况。

(2) 现金流量表反映公司在一定时间之内现金的来源的应用情况,如上表所示,主要包括三个方面,即经营活动现金收支、投资活动现金收支、筹资活动现金收支。

(3) 创业者要注意自己的公司的现金流入多是来源于哪些方面？注意现金流入流出的比例,如果出现异常,就应该提高警惕了。

(4) 创业者应对企业日常经营所需的流动资金规模有一个清楚的估计,提高资金的利用率,扩大收益,发挥企业的营运能力。

1. 现金流管理

通过对财务报表的分析知道,创业者应该花更多的时间对现金流进行管理。对现金流影响最大的是应收账款、应付账款以及存货,如果能够加快应收账款的回收,延迟应付款项的支出,保持适度的存货水平,就能够显著地降低现金危机。

(1) 应收账款。应收账款是指企业在正常的经营过程中因销售商品、产品、提供劳务等业务,应向购买单位收取的款项,包括应由购买单位或接受劳务单位负担的税金、代购买方垫付的各种运杂费等。应收账款是伴随企业的销售行为发生而形成的一项债权。许多客户希望能赊账消费,所以创业者为了避免客户流失,不得不延长赊账期。这使企业的大量资金以应付账款的形式存在,减少了现金供应,削弱了企业的营运能力。对于缺乏资金周转的新企业来说,应付账款的增加可能给企业带来毁灭性的打击。因此,创业者在创建企业之初就应建立可行的赊账和回收政策。一是在准许赊销之前仔细地筛选客户。要求客户填写详细的赊销申请是预防坏账的第一道防线,在赊给客户之前,创业者以此来充分收集有关客户信用的信息,然后再利用这些信息来建立并验证未来的客户信用指标。二是建立企业的书面信用政策,让每位客户预先知道企业的赊账条款。三是采取各种措施,加快回收应收账款。如迅速递送购货账单,因为客户在收到账单之前,很少会主动付款;还可以给消费者折扣,让他们快速支付。

(2)应付账款。应付账款通常是指因购买材料、商品或接受劳务供应等而发生的债务,这是买卖双方在购销活动中由于取得物资与支付货款在时间上不一致而产生的负债。为改善现金流,企业一方面要求客户尽快支付账款,另一方面在不损害企业信用等级的前提下,应尽可能地延长应付账款的日期。一是应尽可能地与供应商谈判以求最佳赊账期限。二是通过计划可支配的现金支出来改善企业的现金流。例如,给员工每两个星期或一个月发薪而不是每星期发薪可以减少管理成本,使企业在支配现金方面时间更宽裕;通过使用兼职员工或自由职业者而不是全职长期工来减少支出。

(3)存货。存货是指企业在日常活动中持有以备出售的产成品或商品、处在生产过程中的在产品、在生产过程或提供劳务过程中耗用的材料、物料等。由于存货的最终目的是销售,所以对很多小企业来说,存货是一项重要的投资,可能在现金收支上造成沉重的负担,过度的存货会降低存货周转率,导致收益率下降,浪费企业宝贵的现金。据统计,典型的商业存货只有20%能快速周转,因此创业者必须注意滞销的存货,及时盘出这些滞销的存货。存货过少也是不可取的,可能导致产品脱销,使客户无法及时得到产品,从而丧失客户。

综上所述,监控应收账款、应付账款和存货的情况,能帮助每位创业者进行现金流管理,有效地避免现金危机。

专栏7-2 常用的财务分析公式

偿债能力分析

(一)短期偿债能力分析

1. 流动比率=流动资产÷流动负债×100%
2. 速动比率=速动资产÷流动负债×100%
3. 现金流动负债比率=年经营现金净流量÷年末流动负债×100%

(二)长期偿债能力分析

第三节　创业融资的需求

1. 资产负债率＝负债总额÷资产总额×100％
2. 产权比率＝负债总额÷所有者权益总额×100％
3. 股东权益比率＝股东权益总额÷资产总额×100％
4. 已获利息倍数＝息税前利润÷利息支出
5. 长期资产适合率＝[(所有者权益＋长期负债)÷(固定资产＋长期投资)]×100％

营运能力分析

（一）人力资源营运能力分析

劳动效率＝营业收入净额或净产值÷平均职工人数×100％

（二）生产资料营运能力分析

1. 流动资产周转情况分析

（1）应收账款周转率(次)＝营业收入÷平均应收账款余额

应收账款周转天数＝平均应收账款×360÷营业收入

（2）存货周转率(次数)＝营业成本÷平均存货余额

存货周转天数＝平均存货余额×360÷营业成本

（3）流动资产周转率(次数)＝营业收入÷平均流动资产总额

流动资产周转期(天数)＝平均流动资产总额×360÷营业收入

2. 固定资产周转率＝营业收入÷固定资产平均净值×100％
3. 总资产周转率＝营业收入净额÷平均资产总额×100％

盈利能力分析

1. 营业利润率＝营业利润÷营业收入×100％
2. 成本费用利润率＝利润总额÷成本费用总额×100％
3. 总资产报酬率＝(利润总额＋利息支出)÷平均资产总额×100％
4. 净资产收益率＝(净利润÷平均净资产)×100％
5. 资本保值增值率＝期末所有者权益÷期初所有者权益×100％

发展能力分析

1. 销售(营业)增长率＝本年销售(营业)增长额÷上年销售(营业)总额×100％
2. 资本积累率＝本年所有者权益增长额÷年初所有者权益×100％
3. 总资产增长率＝本年资产增长额÷年初资产总额×100％
4. 固定资产成新率＝(平均固定资产净值÷平均固定资产原值)×100％

思考题： 对于创业企业来说，上述能力指标哪个最为关键？

三、创业融资的需求分析

对于具体某个新创企业，资金的需求可通过一定方法估算与预测，常用的方法有销售百分比法与盈亏平衡分析法。

（一）销售百分比法

销售百分比法就建立在企业经营的历史财务报表的基础上。销售百分比法的主要核心部分是预测企业来年的销售收入(或营业收入),在此基础上假定利润表和资产负债表中大多数项目同销售收入保持一致。

1. 销售百分比法的具体步骤

(1) 考察过去的财务报表,确定哪些项目与销售收入保持固定的比例,确定哪些项目可以严格以销售收入预测值为基础进行估计,其他项目则选择其他基础做出估计。根据财务实践经验,成本、息税前收入和总资产与销售收入比例是固定的,而利息费用、税额、净收益和大部分负债(除应收账款)与销售收入比例并不固定。

(2) 预测销售收入。根据数年的历史销售情况,结合将有可能出现的影响销售的因素,确定一个发展趋势。

(3) 预测与销售收入保持固定比例的项目。

(4) 预测非固定比例的其他项目。

(5) 估算企业现实资金需求。利用公式:企业融资需求=总资产变动－留存收益增加额－应付账款增加额。

2. 销售百分比法预测融资需求实例

天成公司简要资产负债表如表7-6所示。

表7-6 天成公司简要资产负债表

2021年12月31日　　　　　　　　　　　　　　　　　　　　　单位:万元

资　　产	金　　额	负债及所有者权益	金　　额
库存现金	5	短期借款	5
应收账款	35	应付票据	10
存　　货	56	应付账款	25
长期投资	4	应付债券	50
固定资产净值	50	实收资本	55
		留存收益	5
合　　计	150	合　　计	150

天成公司2021年的销售收入200万元,现在还有剩余生产能力,即增加销售收入,不需进行固定资产方面的投资。假定税后销售利润率为10%,如果2022年的销售收入提高到240万元,需要融资多少?

(1) 将资产负债表中预计随销售变动而变动的项目分离出来。因为较多的销售量需要占用较多的存货,发生较多的应收账款,需要较多的现金。在负债与所有者权益一方,应付账款和应付票据也会随销量的增加而增加,但短期借款、应付债券、实收资本等不会自动增加。公司的盈余如果不全部分配出来,留存收益也会有适当增加,预计随销售增加而自动增加的项目列示在表7-7中。

第三节 创业融资的需求

表7-7 天成公司销售百分比法

资　　产	销售百分比	负债及所有者权益	销售百分比
现　　金	2.5	短期借款	不变动
应收账款	17.5	应付票据	5
存　　货	28	应付账款	12.5
长期投资	不变动	应付债券	不变动
固定资产净值	不变动	实收资本	不变动
		留存收益	不变动
合　　计	48	合　　计	17.5

在表7-7中,不变动是指该项目不随销售的变化而变化。表中的百分比都用表7-7中有关项目的数字除以销售收入求得,如存货:56÷200＝28%。

(2)确定需要增加的资金。从表7-7中可以看出:销售收入每增加100元,必须增加48元的资金占用,但同时增加17.5元的资金来源。从48%的资金需求中减去17.5%自动产生的资金来源,还剩下30.5%的资金需求。因此,每增加100元销售收入,公司必须取得30.5元的资金来源。在本例中,销售收入从200万元增加到240万元,增加了40万元,使用30.5%的比率可预测销售的增加将增加12.2万元的资金需求。

3. 最后确定对外界资金需求的数量

上述12.2万元的资金需求,有些可通过企业内部来筹集,2021年,销售利润24万元(240×10%),如果公司利润分配给投资者的比率为70%,则将有30%的盈余即7.2万元被保留下来,从12.2万元中减去7.2万元的留存收益,则还有5万元的资金必须向外界来筹资。

用销售百分比法确定融资量的做法比较简便,但项目在销售收入中所占比例是随情况的变化而变化的。因此,要随变化了的情况及时地、合理地对相关比例和相关融资量进行调整。

(二) 盈亏平衡分析法

作为创业者,盈亏无疑是一切行为关注的核心。创业者可以借助盈亏平衡分析法来对成本及销售量作出决策。盈亏平衡分析法就是通过计算盈亏平衡点及经营安全率来确定企业必须销售多少产品才能补偿成本,也就是在利润为零时,销售多少产品才能保本。

1. 盈亏平衡分析法的假设条件

(1)生产量等于销售量,统称为产销量。

(2)成本项目可以划分为固定成本和变动成本。在一定时期和一定的产量范围内,单位变动成本和固定成本都是不变的。

(3) 在一定时期和一定的产量范围内,产品售价是不变的。

2. 盈亏平衡分析法的基本公式

基本公式是以单一产品为基础来计算的。大多数创业者在创业之初经营的都是单一产品,因此,盈亏平衡分析法的基本公式是一种比较有效的分析工具。

(1) 成本与产量的关系。总成本是固定成本与变动成本之和,它与产品产量的关系也可以近似地认为是线性关系,即:

$$C = C_f + C_v Q$$

式中,C 为总生产成本;C_f 为固定成本;C_v 为单位产品变动成本。

(2) 销售收入与产量的关系。产品销售收入(R)是产品销量(Q)与产品市场价格(P)的乘积。即:

$$R = P \times Q$$

当产品的市场价格稳定时,销售收入是销售量的线性函数。

在销售收入及总成本都与产量呈线性关系的情况下,可以很方便地用解析方法或图示法(图 7-1)求出以产品产量、产品销售价格、单位产品变动成本等表示的盈亏平衡点。在盈亏平衡点,销售收入(R)等于总成本(C),设对应于盈亏平衡点的产量为 Q^*,则有:

$$PQ^* = C_f + C_v Q^*$$

$$盈亏平衡产量:Q^* = \frac{C_f}{P - C_v}$$

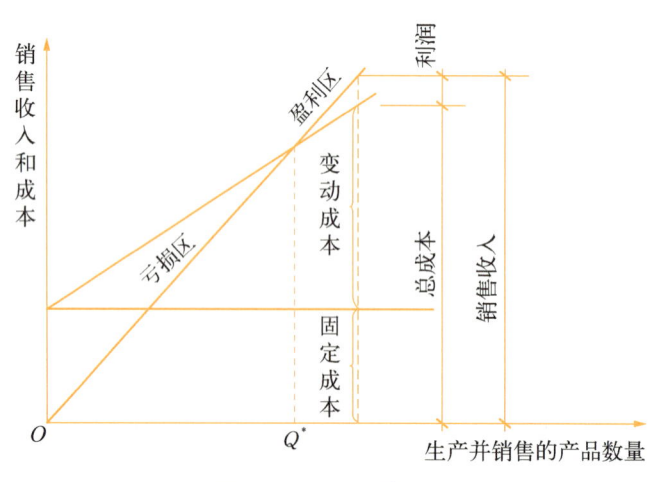

图 7-1 盈亏平衡分析

(3) 经营安全率。盈利的企业也并不一定安全。盈利太少,对于企业来说仍然存在很大的风险。一般而言,以企业盈利区的值占实际销售额的比率大小来衡量企业经营的安全性,该比率称为经营安全率。

$$经营安全率 = \frac{实际销售额 - 盈亏平衡点销售额}{实际销售额} \times 100\%$$

经营安全率越高,说明企业经营越安全,抗风险能力越强;经营安全率越低则说明企业安全性越差。表 7-8 是经营安全率判断标准。

表 7-8 经营安全率判断标准

项 目	标 准 数 据				
经营安全率	>30%	(25%,30%]	(15%,25%]	(10%,15%]	≤10%
经营安全状态	安全	较安全	不太好	要警惕	危险

3. 盈亏平衡分析法运用

以新兴公司第一年的经营情况为例。固定成本 C_f = 2 640 000 元,销售价格 P = 2 000 元,单位变动成本 C_v = 1 290 元,实际销售额为 12 390 000 元,则盈亏平衡点和经营安全率分别为:

$$Q^* = \frac{C_f}{P - C_v} = \frac{2\,640\,000}{2\,000 - 1\,290} = 3\,718.3(件)$$

$$经营安全率 = \frac{12\,390\,000 - 3\,718.3 \times 2\,000}{12\,390\,000} \times 100\% = 39.98\%$$

从计算结果可以看出,新兴公司在第一年要生产 3 718.3 件产品才能保本,该企业的经营风险不大,比较安全。

第四节　创业融资的原则与策略

新创企业的发展存在不同的阶段,在每个阶段企业都有不同的融资策略,这些策略将影响企业的融资渠道与融资方式,并形成不同的融资结构和融资成本。

一、基本原则

在制订创业融资策略时,必须依据一定的原则对一些基本问题进行分析。因此,必须注意以下问题:

(一) 适用性

适用性是指创业融资一定要适合所创企业资金使用的需要。它包括两方面的含义:首先是融资的数量和时间要合乎创业投资的要求。创业者筹措资金是为了运用资金,一定时期的创业投资规模决定所融资金的数量,投资运用时间决定了融资时间。如果创业融资不能按时满足企业投资的需要,就必然会影响企业的投资活动,影响创业目标的实现。反之,如果融资进行得过早,则会出现资金闲置,给创业者带来不应有的损失。要做到适用，就必须解决融资与投资在数量和时间上的矛盾。在合理确定资金需要量的基础上，根据资金使用的时间长短和企业货币收支情况及时、妥善地安排好融资时间。其次是创业融资必须符合企业的消化能力和配套能力。消化能力，是指创业者所创企业对所融通资金的掌握、管理以及吸收能力。配套能力则是指企业的其他生产要素，如创业者的个人创业能力、职业技能、管理企业的水平、指挥企业生产的协作配合能力。一个企业的消化能力和配套能力，直接决定着创业融资的质量。因此，每个创业者在决定融资时，必须综合考虑自身所具备的各种生产要素，积极寻找一种能使企业各种生产要素和谐运作的最佳方案。

（二）经济性

经济性是指创业融资付出的代价最小化和融资效率最大化。每个创业者可以从多种渠道筹集创业资金，但从不同的渠道筹集资金需付出的代价是不同的，融资的管理效率也会有很大的差别。因此，创业者在选择创业融资渠道时，必须把资金成本和融资管理纳入选择的范围。

资金成本作为企业融资而支出的一切费用，是创业者选择和确定创业融资方式、融通资本数量时必须考虑的问题。力争资金成本最小化是企业确定融资计划的首要标准。同时，创业融资的程序及融资过程的组织管理工作，将直接决定创业者的融资效率。融资的程序主要涉及两个问题：一是融资方案能否得到批准，二是所涉及的融资机构的工作效率。前者在很大程度上取决于国家政策以及有关金融机构的规定；后者则取决于机构的层次、数量以及工作人员的工作效率。融资过程组织管理工作的难度，则主要取决于融资的范围、融资者的意愿以及对融资的要求。创业者为了达到经济性原则的要求，在实施创业融资计划时，应尽可能选择管理难度较小的融资方案，努力降低平均资金成本。

（三）效益性

企业融资活动本身效益最佳。也就是说，创业者在计划融资时，一定要妥善安排企业的资金结构，适度举债，通过对融资成本及融资风险的权衡，将创业融资的风险控制在较低的程度；并努力运用和发挥财务杠杆的作用，以求得融资活动的最佳效益。创业者在融资过程中应认真分析，科学决策，防止盲目借贷，使自己陷入不必要的债务危机。

创业融资应有利于保持对所创办企业的控制权。一个企业的资产所有权、控制权，是企业进行独立生产经营的必要条件。部分丧失所有权或者控制权，将会导致企业利润外流，这会对创业者近期和远期的利益产生影响。因此，在评价融资效益时，必须将企业资产所有权、控制权的丧失程度，作为一个方面的内容进行评估。

创业融资必须有利于提高企业的竞争能力。一般来说，一个企业在融资时都会考虑通过融资提高企业信誉，运用规模经济的优势，努力扩大企业的产销量，提高产品在市场上的占有率。也就是说，效益性所要求的是企业融资与企业效益的同步优化。

(四)稳定性

稳定性是指创业者的融资规模、方式以及融资对象应该相对保持稳定,创业者应尽量避免突发性巨额筹资,也不应频繁更换融资方式。否则,容易破坏企业的金融形象,给人以不可信的感觉。此外,考虑到创业者融资受业务范围、自身信誉和对金融市场熟悉程度的限制,创业融资对象应相对稳定。这样,一般可以享有优先权,节省融资时间,降低资金成本。

(五)合法性

合法性是指创业融资必须遵守国家有关法律法规、金融纪律,维护各方的经济利益。要求创业者在进行创业融资时,必须首先了解政府法律、法规的规定,在法律、法规允许的范围内融资。通过歪门邪道、投机取巧的办法套取资金,最终害人害己。同时,创业者要善于抓住国家、地方对企业融资的一些优惠政策,在合法的前提下,力求经济高效。

二、不同创业阶段的融资策略

企业的融资方式是多种多样的,各个企业应根据企业所处的发展阶段和资金的需求状况,决定采用何种融资方式。我国新创企业的成长可分为五个阶段:种子阶段、起步阶段、成长阶段、成熟阶段、衰退阶段。在不同的发展阶段对资金的需求有不同策略,因此其资金的使用方式和资金的筹集方式也不同。

(一)种子阶段

在这个阶段,创业者仅有一个好的点子或创意而已。企业可能刚刚组建或正在筹建,基本上没有管理队伍。这一阶段的投资成功率最低,单项资金要求最少,获得的资金往往是考察项目的可行性。

1. 种子阶段的主要任务

企业应当在种子期内突破技术上的难关,将构想中的产品开发出来,取得雏形产品。此时的研究开发工作,并非指基础研究,而是指运用基础研究、应用研究的成果,为实用化而进行的对产品、工艺、设备的研究,研究开发的成果是样品、样机,或者是较为完整的生产工艺和工业生产方案。

2. 种子阶段的组织结构及财务特点

企业在种子阶段主要从事研究开发工作,活动比较单一,因而其组织结构也就十分简单松散。一位具有管理、技术经验的领导式人物、财务人员和几位在工程技术开发或产品设计方面具有专才的人就可以组成一个齐心协力、共同开发新技术的团体了。

就财务情况看,整个财务处于亏损期。企业此时尚未有收入来源,只有费用支出。企业取得的资金主要用来维持日常运作。一部分资金作为工资提供给创业者们；另一部分则用来购买开发实验所需要的原材料。一般来说，创业者们大多是为了实现自己的创业梦想而工作的，所以为了节约资金，不会在这段时间考虑薪水高低问题。

3. 种子阶段的融资策略

此时新创企业最需要的是能够长期使用的资金。融资策略是依靠股权融资，以支付少量的流动资金和固定资金支出。这时企业当然希望得到各个方面的资金，但一般只会得到个人投资者的青睐，几乎无法得到银行的资金支持。新创企业在种子期的技术不成熟、产品无市场、管理无经验、生产无规模，因而风险很高，敢于投资的机构和个人非常少。若不是出于对创业者的极度信任，对此项技术或产品非常了解，很少有人愿冒此风险。

(二) 起步阶段

新创企业进入起步阶段时已掌握了新产品的样品、样机或较为完善的生产工艺路线和生产方案，但还需要在许多方面进行改进，尤其需要在与市场相结合的过程中加以完善，使新产品成为市场乐于接受的定型产品，为工业化生产和应用做好准备。这一阶段的资金主要用于形成生产能力和开拓市场。由于需要的资金较大——约是种子期所需资金的 10 倍以上，而且企业没有以往的经营记录，投资风险仍然比较大，因此，从以稳健经营著称的银行那里取得贷款的可能性很小，更不可能从资本市场上直接融资，只能依靠风险投资。

1. 起步阶段的主要工作

在起步阶段企业需要解决两个问题：首先是产品与市场的关系。此时，企业要制造出小批量的产品，送给客户试用并试销。然后，根据市场反馈回来的信息，对产品、生产工艺进行改进，以使产品满足市场的需要，符合消费者的口味。只有这样，新产品才有可能得到消费者的认可。

其次是产品与生产的关系。适销对路的产品要能够大量生产出来，才有机会占领市场。在创业初期，企业的制造方法、生产工艺都很不稳定，需要反复多次的试验、调试，不断解决生产中出现的各类问题，才能提高产品的生产效率。

2. 起步阶段的组织结构及财务状况

这时企业多采取一种单元组织的结构，即打破部门界限，将企业从事研究开发活动、生产制造活动、市场营销、售后服务等方面的人员有机地组合起来。这样，对于技术、生产、市场营销中出现的各种难题，企业就能够迅速作出反应。

在起步阶段，虽然企业财务仍处于亏损阶段，但亏损额随着产品销量的增加呈不断缩小的趋势。只要财务状况向好的方向发展，这就意味着企业已基本渡过了起步阶段的种种危险，最困难的时期已成为过去，飞速发展的阶段即将来临。

3. 起步阶段的融资策略

此时中小企业既需要能够长期使用的固定资金，也需要短期融通的流动资金。其融资策略是吸引政府、企业及创投的资金。同时可以考虑以政府担保、公司担保的形式从商业银行获得信贷资金,以支付流动资金方面的需求。因此,我国企业在创业期的融资策略应以创业风险投资、政府财政投资、中小企业投资公司投资、担保下的银行贷款等股权融资为主,信贷融资为辅。

(三)成长阶段

经受了起步阶段的考验后,企业在生产、销售、服务方面基本上有了成功的把握。新产品的设计和制造方法已定型,企业具备了批量生产的能力。但比较完善的销售渠道还未建立,企业的品牌形象也需进一步巩固。因此,企业在成长期需要扩大生产能力,组建起自己的销售队伍,大力开拓国内、国际市场;牢固树立起企业的品牌形象,确立企业在业界的主导地位。

1. 成长阶段的主要任务

成长期的主要工作是市场开拓。此处的市场开拓,包括资金市场和商品市场的开拓。能有机会进入成长期的新创企业,其发展前景大都比较明朗。与种子阶段、起步阶段相比,影响成长阶段企业发展的各种不确定因素大为减少,风险也随之降低。企业为了扩充设备、拓展产品市场,以求在竞争中脱颖而出,需要大量的资金支持,所需资金约是起步阶段的10倍以上。

2. 成长阶段的组织结构及财务状况

这一阶段企业通常以集权、分权的结合为纽带,既注重整体的有效调整,又着眼于企业的自主经营;并且在要素投入(资金、人才、技术、信息管理等)和进程环节(研究开发、生产、销售与服务等)两个方面充分利用国内外的资源进行跨国界的研究开发与市场营销一体化活动。

由于销售额的迅速上升,企业利润也随之增长。企业由现金流平衡点转向损益平衡点(收回投资资本),并收入纯利。

3. 成长阶段的融资策略

此时的企业已具备通过资本市场进行大规模融资的条件,极具投资价值。其融资地位已从被动转为主动。企业可以从自己的利益、需要出发,确定合理的财务杠杆比例,采取种类较多的融资组合。

由于此时的企业极具发展潜力,不宜进行股权融资,以免稀释股权。主要考虑以吸引商业银行的信贷资金和投资基金为主,以投资公司、海外投资者的股权融资为辅。

(四)成熟阶段

处于成熟阶段的企业进行股权融资及外部融资同为重要,主要以大公司参股、雇员认股、股票公开上市等方式向社会各界筹集企业发展所需资金;从商业银行筹集以信贷额度为主要形式的资金来源,以解决发展所需的规模化生产、生产营销、产品开发,以及基础研究的大批资金。

此时企业已具备一定的生产、销售规模,也就具备了一定的融资能力。应主要考虑在证券市场上进行股票、债券等形式的大规模融资。

（五）衰退阶段

在这一阶段，企业的组织成本上升，创新意识减弱，现金流可能出现负增长。对企业来说，在这一阶段应尽快稳定人才队伍，寻找新的创新产品。对创业投资者来说，也应迅速撤离，避免资金沉淀。

专栏7-3 字节跳动的融资历程

2012年3月9日，字节跳动获得数百万人民币天使轮融资，投资方为源码资本（曹毅）、天使投资人刘峻、周子敬。同年7月1日，字节跳动获得100万美元A轮融资，投资方为SIG海纳亚洲创投基金。

2013年9月1日，字节跳动获得1 000万美元B轮融资，投资方为DST Global、奇虎360。

2014年6月1日，字节跳动获得1亿美元C轮融资，出让20%股权，估值为5亿美元，投资方为红杉资本中国、新浪微博基金、顺为资本。

2016年12月30日，字节跳动获得10亿美元D轮融资，出让9%股权，估值为110亿美元，投资方为红杉资本中国、建银国际。

2017年8月1日，字节跳动获得20亿美元E轮融资，出让9%股权，估值为222.22亿美元，投资方为Genaral Atlantic。

2018年10月20日，字节跳动获得40亿美元Pre-IPO轮融资，出让5%股权，估值已达800亿美元，投资方为软银愿景基金、KKR、春华资本、云锋基金、General Atlantic泛大西洋投资。

2020年3月30日，字节跳动获得老虎基金战略投资，融资金额未披露，市场估值已达1 000亿美元。

思考题：查阅资料，现阶段的字节跳动应采用怎样的融资策略？

本章小结

1. 为了管理新企业的财务状况，创业者要估计创业成本和资金用途；预编财务报表；制作现金流量表并进行盈亏平衡分析。

2. 对现金流影响最大的是应收账款、应付账款以及存货。

3. 融资渠道包括国家财政资本、银行信贷资本、非银行金融机构资本、其他企业资本、创业者的自有资本、亲朋好友的资本和外商资本。

4. 新企业普遍采用股权融资而不是债权融资,是因为缺少足够的现金流来支付利息,而且具有固定利息率的债务融资会使创业者拿投资者的资金做冒险的事情。

5. 债权融资是一种非常昂贵的融资方式,企业有较高的投资回报才能到期偿还债务,因此存在较高的风险性。

6. 尽职调查有助于投资者和创业者相互了解。

课堂讨论

1. 新创企业有哪些融资渠道?
2. 简述融资渠道和融资方式的相互关系。
3. 有利润就一定能做好企业吗?请从现金流的角度分析。
4. 股权融资和债权融资各有什么优缺点?
5. 新创企业在不同阶段如何选择融资策略?
6. 怎样进行尽职调查?

案例分析

HLHB 公司的融资管理案例分析

HLHB 公司基本情况

HLHB 公司成立于 2000 年,坐落于中国武汉东湖新技术开发区,是一家专注于研发、生产和销售生物塑料及制成品的高科技企业。通过建立原料采购、材料生产、产品设计和终端市场销售等完整产业链,HLHB 公司为全球众多优秀企业,包括世界 500 强企业提供完善的生物塑料包装解决方案,以共同实现环保节能、减少碳排放的计划和目标。

HLHB 公司拥有国内最先进的生物塑料全自动化生产线与试验检测设备,

第七章　创业资源与创业融资

生产多系列、多牌号、多用途的生物基、生物降解材料及制成品，可替代普通石化塑料而广泛用于工业、医药、化妆、食品、电子等产品的包装领域和餐饮具、厨具、家居用品、玩具、园艺以及农业种植等非包装领域。

HLHB公司融资历程

结合企业实际情况，HLHB公司在不同的发展阶段采用了不同的融资方式。以2010年为分界点，HLHB公司的融资历程可分为两个不同阶段，第一阶段包括研发期和萌芽期，主要以内源融资和股权融资为主；第二阶段包括快速成长期、战略转型期和稳步发展期，主要以股权融资和银行贷款为主。

（一）第一阶段（2000—2009年）

在研发期和萌芽期，HLHB公司规模小、经营风险大、财务基础薄弱，很难赢得银行等金融机构的信任，从银行取得信贷融资。但由于HLHB公司属于高新技术企业，拥有行业领先的核心技术与广阔的发展前景，因此，HLHB公司受到了追求高风险、高收益的机构投资者的青睐，获得了创业投资。这一阶段，HLHB公司经营发展所需资金一方面来源于股东自有资金、企业留存收益等内源融资渠道，另一方面来源于YZZB、DTZB等机构投资者，融资情况如表7-9所示。

表7-9　HLHB公司2000—2009年融资情况

年份	金额	融资对象	融资方式	资金来源
2000年	100万人民币	股东ZXB、ZLB、XHG	自有资金	内源融资
2001年	1 000万人民币	股东ZXB、ZLB、WSH	自有资金	内源融资
2002年	1 560万港币	YZZB	私募股权	外源融资
2009年	2 060万美元	DTZB	私募股权	外源融资

（二）第二阶段（2010—2016年）

经过十年的发展，HLHB公司的经营已经步入正轨，盈利能力和抗风险能力大幅提高，信用程度显著增强。在快速成长期、战略转型期和稳步发展期，HLHB公司的融资方式发生了显著变化，融资渠道更加多元。这一时期，HLHB公司的融资方式主要为外部融资和政府资金扶持两种。外部融资的一种方式是来自于机构投资者的非上市股权融资，如2011年12月，HLHB公司获得ZDYH 3 000万美元的股权投资。另一种方式是来自银行的间接融资，这主要是因为伴随着公司经营实力和信用程度的增强，HLHB公司对银行的吸引力大大增强，自2010年后，公司贷款金额逐年递增，由2010年的3 000万元增长至2016年的10 650万元，银行贷款已成为HLHB公司最重要的融资渠道和途径，银行贷款具体情况如表7-10所示。

案 例 分 析

表 7-10　HLHB 公司 2010—2016 年融资情况

年份	序号	金额/万元	年利率	期限	银行	流动性
2010	1	2 000	5.56%	1	武汉农村商业银行	短期借款
	2	1 000	6.06%	1	汉口银行	短期借款
2011	1	1 000	8.528%	1	汉口银行	短期借款
	2	1 000	7.544%	1	光大银行	短期借款
	3	900	6.56%	1	中国农业发展银行	短期借款
2012	1	900	6.00%	1	中国农业发展银行	短期借款
	2	1 000	7.544%	1	光大银行	短期借款
	3	1 000	7.200%	1	汉口银行	短期借款
	4	500	6.600%	1	汉口银行	短期借款
	5	50	6.600%	1	汉口银行	短期借款
	6	450	6.600%	1	汉口银行	短期借款
2013	1	1 000	6.90%	1	光大银行	短期借款
	2	3 000	6.60%	1	武汉农村商业银行	短期借款
	3	1 000	7.80%	1	汉口银行	短期借款
	4	1 000	6.90%	1	交通银行	短期借款
	5	900	6.00%	1	中国农业发展银行	短期借款
2014	1	1 000	8.10%	1	汉口银行	短期借款
	2	800	8.10%	1	汉口银行	短期借款
	3	500	8.10%	1	汉口银行	短期借款
	4	625	8.00%	1	招商银行	短期借款
	5	1 000	7.80%	1	招商银行	短期借款
	6	3 000	6.60%	1	武汉农村商业银行	短期借款
2015	1	800	8.160%	1	汉口银行	短期借款
	2	4 000	7.800%	2	武汉农村商业银行	固贷借款
	3	3 000	7.287%	1	武汉农村商业银行	短期借款
2016	1	3 800	7.800%	1	武汉农村商业银行	固贷借款
	2	1 000	8.160%	1	汉口银行	短期借款
	3	850	8.600%	1	湖北银行	短期借款
	4	2 000	6.720%	2	武汉农村商业银行	短期借款
	5	3 000	7.287%	2	武汉农村商业银行	短期借款

作为高新技术企业，HLHB公司得到了政府的大力支持，2012—2016年间获得了诸多财政补贴，合计2 164万元，这在一定程度上缓解了HLHB公司的融资压力，促进了HLHB公司的健康发展。

伴随着业务规模扩大和发展速度提升，HLHB公司自2011年开始启动上市流程。

HLHB公司融资特点

从整体上来看，HLHB公司的融资既有成功与可借鉴之处，也存在问题与不足。

(一) 融资亮点

1. 立足企业本身，增强融资能力

在创立初期，公司经营风险大，财务基础薄弱，有长达七年的时间都处于持续亏损状态。但是公司管理层高瞻远瞩、立场坚定，专注于核心技术的研发与应用，建立先进的生产管理体制，提高公司运行效率，最终使公司获得了较强的盈利能力和经营实力。在这种情况下，HLHB公司的信用程度提高，融资能力显著增强，增加了银行和其他融资机构的信心，获得了更多的融资机会和更低的融资成本。

2. 积极拓展融资渠道，优化融资结构

HLHB公司成立初期，资金来源主要是股东的自有资金，这种融资方式在企业发展初期发挥了重要作用。但伴随着公司规模的扩大，单纯地依靠内部融资已经不能满足企业长远健康发展的需要，外部融资方式成为HLHB公司满足自身生产经营和实现规模扩张的必然选择。在这种背景下，HLHB公司积极拓展融资渠道与途径，融资方式由自有资金、股权融资转变为股权融资、银行信贷、政府扶持资金等，并且现阶段HLHB公司也在积极推动境内上市，希望通过资本市场进行股权融资。HLHB公司的融资方式变得更加多元，融资结构也趋于合理，能有效地降低了自身的融资风险和融资成本。

3. 融资规模大、成本低

与其他中小企业相比，HLHB公司的规模较大，经济效益较好，经营风险较小，信用程度较高，因而对银行、机构投资者等金融机构的吸引力较强，能获得较大的融资规模和较低的融资成本。融资规模方面，HLHB公司从YZZB、DTZB、ZDYH获得股权融资；从银行获得贷款。融资成本方面，HLHB公司的银行借款年利率介于5.65%～8.6%之间，低于10%，可见HLHB公司的融资成本已经比较低。

(二) 融资问题

1. 银行贷款期限短，存在流动性错配

银行贷款是HLHB公司最主要的融资方式，但其银行贷款主要以一年期以内的流动性贷款为主，贷款周期较短。短周期贷款不利于公司发展长期业务，企业若将贷款资金投入周期较长的项目，会产生流动性错配，项目收益产生较慢，但在当期却需要现金流支付银行贷款,贷款到期时本金偿还压力较大。

2. 上市股权融资遭遇挫折,资本市场融资受限

HLHB 公司的股权融资以境外融资为主,境外资本的股权融资对公司在境外融资后续融资具有一定的积极作用,如境外资金追加缴入资本或境外资本市场 IPO。2011 年 HLHB 公司启动在境外上市的流程,但受到当时"中概股"财务造假事件的影响,中国公司在境外上市的整体估值水平较低,公司境外上市的流程也相应停止。之后,公司战略重心转移到国内,欲在国内资本市场进行上市,但 HLHB 公司股权融资的股东中存在境外股东,如果公司想在国内上市融资,就需要修改调整整体架构,调整框架需要寻求合适的战略投资者,短时间之内很难实现,最终延缓了公司在国内上市融资的进程,进一步增加了公司的融资难度。

即使 HLHB 公司拆除其 VIE 架构,在国内公开发行上市也面临着很多约束。上市前 HLHB 公司需要经历股份制改制、资产评估、上市前辅导等一系列工作,需要长时间的改制和材料准备。即使前期工作完成,当前我国国内资本市场上市批准制度为核准制,上市也需要证监会发行审核委员会通过并核准后才可启动发行流程。此外,市场上大量企业在 IPO 审核"排队",对于 HLHB 公司而言,上市融资所需条件的准备时间也将十分漫长。

(资料来源:王璐. 中小企业融资问题研究——以 HLHB 公司为例[D]. 武汉:湖北工业大学,2015.)

思考题:

1. HLHB 公司选择了哪些融资渠道?
2. HLHB 公司在第一阶段采取了哪些融资策略,为什么?
3. HLHB 公司在第二阶段采取了哪些融资策略,为什么?

第八章　创业企业管理

学习目标

1. 了解新创企业的成长过程与管理
2. 了解创业失败的概念
3. 了解如何进行创业重塑
4. 了解二次创业的本质

考核要求

采用小论文的方式考核学生对创业失败案例的分析能力。

引导案例

员工："不加薪就离职"

某生活用纸类电商企业创建于 2016 年 6 月，经过 2 年多的打拼，疏通商业各个环节，业务量连续突破，在 2018 年下半年每天装车辆达到十几辆车，并开始实现盈利。然而，正当公司老板刘总准备大干快上的时候，除打包主管王师傅外的 13 名打包工人要求小时工资由 15 元涨到 20 元，否则就集体离开公司，其中有 5 人是从公司成立时就一直跟着公司干。刘总无法理解的是，公司的工资水平已经高出当地 20% 左右，工人怎么还会要求涨工资。工人的理由是公司每天的发货量太庞大，干活很辛苦。打包主管王师傅私底下告诉刘总，工人是看到公司生意日益兴隆，就有了涨薪的想法。刘总明白工人内心也舍不得离开，这是在要挟公司。因为这些工人在当地无法在短时间内找到新的、收入更高的工作。同时，他也知晓工人涨工资的利害关系，如果满足工人的愿望，就会出现工资成本率上升过快，虽然公司营收增加，但利润却减少。如果不满足工人的要求，工人一旦集体离开，会影响公司的发货，至少会造成短时间内的负面影响。刘总意识到，工人涨工资的要求要妥善地解决。

面对面商谈沟通时，刘总明确告诉工人，公司开出的工资已经要远高于当地同行水平，无力再支付更高的工资，希望工人能理解公司并留下来继续工作，如果真要离开，公司也别无他法。工人选择了离职，公司业务立即陷入瘫痪状态。主管王师傅透露，工人离开公司后，并未马上找到新的工作。他们每天都会有工人回到公司的仓库走走，观望公司是否会妥协答应他们涨工资的要求。

业务停摆后，刘总分析了打包工人的历史统计数据。按小时工资 15 元和打包量 160~170 个包计算，每个包的人工成本是 8~9 分/包。接着与打包主管、审单人员一起进行打包数据测试。首先，将公司公斤数的货物包裹按重量分为 1 公斤以下、1~3 公斤、3 公斤以上分类打包。然后，测算打包主管王师傅打包速度。刘师傅打包量可以达到 300＋/小时。如果按照原来的工资标准，工人的小时工资应该能达到 24~27 元。由此，王总发现工人在磨洋工。

刘总决定，公司与工人各让一步，答应工人的涨薪要求，工人也要答应将原来的小时工资制改为计件工资制。答应工人将工资涨到 20 元/小时，打包量为 240 包/小时（主管王师傅的 80%）计算。据此计算，打包的人工成本为 8.3 分/包。最终有 11 个工人重新回到公司。刘总发现，这 11 个工人回来后自发分成了各为 5 人和 6 人的两个小组，小组内部分工是平均分配。5 人小组的效率明显较高，每天都能超额完成工作定额，而 6 人小组却比较吃力。一段时间后，在 6 人小组中有一个人离开公司，两个小组的效率达到同样的水平。自此之后，每个小组都很重视甚至主动参与公司招聘考核打包工人，能达到小组要求的就留下，达不到要求的就拒收。

刘总将原来的计时工资制改为计件工资制后,通过标准化管理,有效解决了员工的离职危机,公司降低了工资成本率,提高了劳动生产率,工人的工资水平均有较大提升,公司的打包发货成本得到很好的控制。

思考题:上述案例中企业在成长中遇到了什么问题?是如何解决的?

第一节　新创企业的成长

新创企业的成长往往呈现一定的规律性,在认识这些规律性的基础上,企业可以有效把握各个成长阶段可能出现的突出问题,并为之做好充分的准备。

一、新创企业的成长规律

美国管理学家伊查克·艾迪思博士从企业生命周期的各个阶段,分析了企业成长与老化的规律及特征。艾迪思把企业生命周期形象地比作人的成长与老化过程,认为企业的生命周期包括三个阶段、九个时期,如图8-1所示。

讲解视频

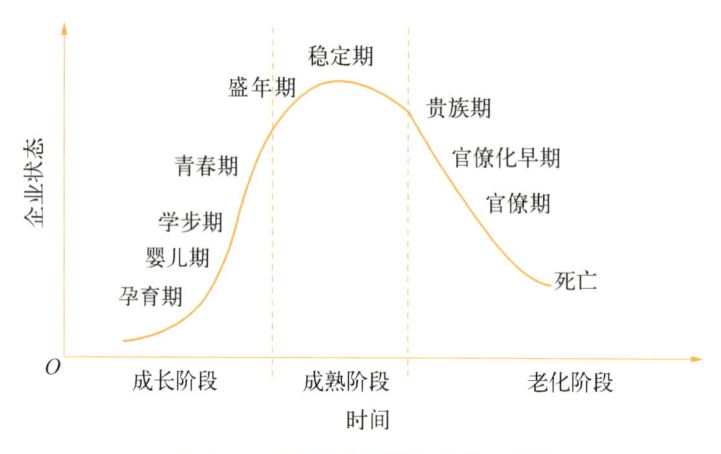

精益创业是什么

图8-1　企业生命周期各阶段示意图

成长阶段包括孕育期、婴儿期、学步期、青春期;成熟阶段包括盛年期、稳定期;老化阶段包括贵族期、官僚化早期、官僚期、死亡。每个阶段的特点都非常鲜明。企业组织体系随着生命周期不断演变,将会展现出可以预测的行为模式,在迈向新生命阶段时,组织体系都将面临某种阵痛。此时,组织若能通过程序的制订以及有效的决策来攻克难关,促成转型的成功,则所面临的问题均属过渡性的正常现象。反之,如果组织只是一味地走老路,那么更多的异常问题将随之而来,而且一再重复,妨碍组织的发展。

(一)成长阶段

1. 孕育期

这一时期所强调的是创业的意图和未来能否实现的可能性。所以虽然这一阶段

第一节 新创企业的成长

只是高谈阔论而没有具体的行动,但创业者正在通过"推销"自己的"奇思妙想"来确立所要承担的义务。创业者创办企业是因为存在尚未被满足或根本还没有出现的需求,他所关心的是市场应该需求或将要需求什么,而不是已经存在的市场需求,甚至试图培育并改变市场的行为。因此,企业在技术创新和产品开发时,需要以市场需求为中心,"开发能够卖得出去的产品,而不是花费大的力气推销自己能够生产的产品"。同时,创业想法要经得住现实检验,创业的主张应具有可操作性。

2. 婴儿期

这个时期的企业处于刚成立阶段,像襁褓中的婴儿一样,抵抗力很弱,随时都有生病的可能。此时,企业存活的关键取决于摄取足够的营养(运营资本)和父母的照顾(创办人的承诺)。企业的特点主要表现在:这阶段重要的不在于想什么,而在于做什么,一切以结果为导向。正因为如此,企业缺乏明确的方针和制度,也没有什么程序或预算,企业员工数量少,企业用人多数在创业者周围的圈子里寻找,企业的决策高度集中,不存在权力或责任的授予,可以称为创业者的独角戏。同时企业内部相互间直呼其名,没有高低之分,且没有成形的聘任或考核标准。企业的年营业额低,企业资产数量也不多。从企业发展后劲上看,婴儿期的企业情况很不乐观,除了产品市场前景还算过得去以外,其他方面的情况都可以用"不足"来表达。除了创业时可能带有一两项专利技术外,企业不论是财务资本、人力资本、技术水平、治理结构和管理制度都十分有限,而品牌、商誉等无形资产则根本无从说起,可以说是一片空白。这一时期最容易出现两个问题:一是把成功的目标定得过高,相应低估了对资金的需求,从而出现资金不足的问题,对此应严格监控应收账目周转率和存货周转率;二是来自社会和家庭的压力容易使创业者中途放弃,导致创业夭折,对此应动员众人给予理解与支持。

3. 学步期

这个时期的企业已经克服了现金入不敷出的困难局面,产品或服务开始被市场所接受,企业开始日渐兴旺。为了进一步扩大市场规模和盈利能力,企业在产品或技术上的创新能力开始增强,使企业显得充满活力。企业的销售额节节上升,而且日益繁荣。但学步期的企业容易犯下面三个错误:一是容易被眼前的机会所驱使,缺乏战略眼光,从而导致某些初生之犊的企业做出一些不明智的决策与承诺;二是缺乏一种系统化的制度,缺乏明确的行为方针、系统的规章制度和健全的预算体系,除了家长式的创业主管以外,没有等级观念、没有组织系统,企业往往表现出不稳定性,容易受挫折;三是缺乏一种科学化的授权体系,易成为家族制企业,阻碍企业的进一步发展壮大。

4. 青春期

这一时期是企业成长最快的阶段,技术水平和产品设计能力迅速提高,生产成本下降,规模效益开始出现,市场开拓能力也迅速加强,市场份额扩大,产品品牌和企业的名声已为世人所知晓。青春期的企业资金剩余情况很乐观,足以支撑企业的快速发展。随着高素质人才进入企业,企业的整体素质提升了很多,给公众的印象是该企业呈现一片欣欣向荣的局面。

在这一阶段,企业需要强调的是制度、政策以及行政管理,创业者本身也意识到这一点,通过引入职业管理人员来改变原有企业的管理风格,制订一整套激励、考评、薪酬制度,重新确定各种权责,解决学步期所产生的问题,减少决策制订的随意性,能够创造并驾驭机会。这样将触及企业"元老"的既得利益,新旧势力对权力的争夺便不可避免,大量的精力耗在解决矛盾冲突上。此外,目标的转换使权力的更迭更为复杂,企业在这一时期应实现由以量取胜到以质取胜的转变,这种转变实际上非常复杂繁重,需要依靠众人齐心协力。因此,创业者在创业之初创立良好的企业文化是非常重要的,这将有助于解决企业面临的或大或小的冲击。职权的授予、领导风格的改变和目标的转换,也可能导致冲突,并伴随着部分人才的流失。

(二) 成熟阶段

成熟阶段是企业生命周期曲线中最精彩的部分。在这一阶段的企业具有学步期企业的远见和进取精神,同时又摆脱了创业者的影响而获再生,并不断走向成熟。企业也从以量取胜转向以质取胜,从苦干转向巧干,出现了一些企业运作的理想化特征:一是企业的制度和组织结构完善;二是企业的创造力、开拓精神得到制度化保障;三是企业非常重视顾客的需求、注意顾客的满意度;四是计划能够得到不折不扣的执行;五是企业对未来趋势的判断能力突出;六是企业完全能够承受增长所带来的压力;七是企业开始分化出新的事业和组织。总体上说,成熟阶段的企业既富有进取心,具有奋发蓬勃的动力,又具有很强的控制力,此时企业的创新力与控制力能达到最大限度的统一。

1. 盛年期

盛年期是企业生命周期中最为理想的时期,在这一时期,企业的自控力和灵活性达到了平衡。企业很清楚自己在做什么,将向什么方向发展,以及如何发展。它具有学步期企业的远见和进取精神,同时又具备在青春期所获得的对实施过程的控制力与预见力,能够事先进行计划并加以控制。

2. 稳定期

稳定期是企业停止增长开始衰退的转折点。整个企业开始丧失创造力以及鼓励变革的氛围,不敢突破过去曾发挥作用的条条框框,越发趋于保守。稳定期有几大变化:企业对短期盈利能力的重视开始日渐上升,财务人员的地位超过市场、研发人员的地位,投资回报成为衡量业绩的最为重要的标准。企业的自我保护意识不断增强,而与顾客的距离却逐步拉大。

但是,这种巅峰状态需要精心呵护才能持久。因为在企业成熟期,企业遇到了创新精神衰退和创新力有下降趋势的问题。创新精神衰退的原因首先在于企业领导人本身。在环境相对舒适的成熟期里,企业领导人很容易丧失创新品质,并开始变得保守甚至固执起来。此外,成熟期企业的各项规章制度已经很健全,各级人员只要按规定办事就行,因此人员的创新力便很容易"沉睡"起来。但是市场是变化的,企业的创新力

"沉睡"时间过长,就会影响其满足顾客需要的能力,企业的市场竞争力就会随之下降。

(三) 老化阶段

企业进入老化阶段后,企业和员工的自我保护意识不断增强,与顾客的距离越来越疏远,体现企业活力的行为不见了。

1. 贵族期

这一时期,企业目标越来越短视化,企业内部缺乏创新,试图通过兼并其他企业作为获取新的产品和市场来"买到"创新精神,同时,企业内部形式主义流行,钱被花在控制系统、福利措施和一般设备上。贵族期企业不肯承认现实,尽管其市场日渐萎缩,在产品和营销技巧上越来越无法与对手竞争,但仍抱有一副"平安无事、生意照旧"的态度,而采取提高价格等极端方法,这会加速企业滑入老化期的下一阶段——官僚化早期。

2. 官僚化早期

面对前期造成的恶果,企业内部不去关注该采取何种补救措施,相反把他们的创造力放在剪除异己、保全自己的内讧上,并随着企业业绩的进一步下降,人们变得更加偏执。人员的过分流失使事情不断地恶性循环,直到企业最后破产,或成为完全的官僚化企业。

3. 官僚期与死亡

随着各方面人员的流失,行政型的人员越积越多,企业变成了一个完全膨胀了的官僚机构,没有成果导向的概念,没有创新,也没有团队协作的观念,有的只是最完善的制度、表格、程序和规定。同时,官僚化企业会主动为来自外界的干扰者制造各种障碍,只想通过一个非常狭窄的渠道与外界保持联系。处于官僚化的企业外表看起来实力雄厚,但其核心可能已经腐烂,不可避免地最终难逃破产之厄运。

在生命周期的不同阶段,企业存在不同的问题,有其特殊性,如表 8-1 所示。每一个阶段向另一个阶段转换时,问题就产生了。为了学会新的行为方式,企业就必须放弃旧的行为模式。当企业花费精力努力从旧的行为模式转变到新的行为模式的时候,企业的各种问题都是正常的。企业凭借自己内在的能量就可以解决正常性的问题。不正常问题则是需要外部干预的。企业成长意味着具备了处理更大、更复杂问题的能力。创业家的职责就是对企业进行管理,使之能够进入下一个更富有挑战性的生命阶段,将企业引向盛年并保持下去。

表 8-1 企业生命周期中各时期的特点

时 期	特 点
孕育期	企业尚未诞生,仅仅是一种创业的意图
婴儿期	行动导向,机会驱动。因此,缺乏规章制度和经营方针;表现不稳定;易受挫折;管理工作受危机左右;不存在授权;管理上唱的是独角戏;创业者成为企业生存的关键因素

续　表

时　期	特　　点
学步期	企业已经克服了现金入不敷出的困难局面，销售节节上升，企业表现出快速成长的势头。但企业仍是机会优先，被动的销售导向，缺乏连续性和重点，因人设事
青春期	企业得以脱离创业者的影响，并借助职权的授予、领导风格的改变和企业目标的替换而再生。"老人"与新来者之间、创业者与专业管理人员之间、创业者与公司之间、集体目标与个人目标之间的冲突是这一时期的主要问题
盛年期	企业的制度和组织结构能够充分发挥作用；视野的开拓与创造力的发挥已制度化；注重成果，企业能够满足顾客的需求；能够制订并贯彻落实计划；从销售和盈利能力来讲，企业都能承受增长所带来的压力；企业分化出新的企业，衍生出新的事业
稳定期	企业依然强健，但开始丧失灵活性。表现为对成长的期望值不高；不努力占领新市场和获取新技术；对构筑发展远景失去了兴趣；对人际关系的兴趣超过了对冒险创新的兴趣
贵族期	大量的资金投入控制系统、福利措施和一般设备上；强调的是做事的方式，而不问所做的内容和原因；企业内部缺乏创新，企业把兼并其他企业作为获取新的产品和市场的手段；资金充裕，成为潜在的被购并的对象
官僚化早期	强调是谁造成了问题，而不去关注应该采取什么补救措施；冲突和内讧层出不穷；注意力集中到内部的争斗，忘记了顾客
官僚期	制度繁多，行之无效；与世隔绝，只关心自己；没有把握变化的意识；顾客必须想好种种办法，绕过或打通层层关节才能与之有效地打交道
死　亡	企业解散、倒闭

二、新创企业成长的管理

新创企业在成长过程中，要在战略和管理方面实现一系列重大的转变，其中最为突出的是发展战略、创业者向职业经理人转变、管理工作规范化和内部交易成本等问题。

（一）发展战略

新创企业通常规模较小，但同样需要制订战略。明确的发展战略对新创企业来说是至关重要的。有了清楚的发展战略，新创企业可以集中并有效地利用自身的资源，可以通过借助别人的力量等途径有意识地积累资源，进而降低资源不足对新创企业发展的制约作用。

日本现在很成功的企业，如佳能、本田和小松等，几十年前还是落后的、弱势的企业，根本不被福特、施乐和卡特·彼勒等美国的大公司看在眼里，但日本的佳能等企业在当时就有明确的战略目标。这些企业在初期大多生产一些利润较低且被大企业忽略的产品，灵活地运用自身的资源，然后逐渐培养企业的制造能力，增强企业对市场的了解,积累实力。日本企业成功的奥秘在于战略意图清晰。例如,日本的佳能公司一开始就抱定"击败施乐"的战略意图,为实现此意图,他们首先掌握施乐的专利技术,获取技术许可,依靠施乐的技术生产产品,获取市场营销经验,强化内部的研发力量,许可其他制造商使用自己的技术,进一步强化自身的研发能力,进入施乐力所不及的日本和欧洲市场……最终成为施乐强有力的竞争对手。

制定与实施战略决策,有助于小企业将精力集中于影响企业经营绩效的那些关键因素和环节,注重企业的发展方向与未来环境的适应性,积极主动地应变,利用环境变化中存在的各种机会,使企业在变化的环境中发展壮大。

从产品—市场的角度,可以将新创企业的战略扩张方向划分为六类:

1. 一种产品/一个市场

在一项新投资的最早阶段,一个产品/一个市场的产品策略是经常使用的。通常一个企业家将试着开拓出一个强大的市场,来安置一种单一的基本产品。

2. 一种产品/多种市场

第一种可选择的扩展就是一个产品/多种市场策略。通过一个小的财力和物力的支持,现有的产品可以投放新市场。将地板清洁剂从商品化市场向家庭市场扩展就是一个例子。这个理论的另一个例子是在国内首次销售后到国外去销售某种产品。

3. 改良产品/一个市场

表面上顾客期望"新的、改进的"产品,用改良产品/一个市场的策略,当新产品瞄准原先目标市场的同时,原先的产品就被取代,逐渐地趋于停产,甚至离开产品组合。如果保留现有的产品,改良产品在其销量上的冲击必须认真进行估价。使现有产品过时这样做不太好,除非改良产品具有一个较高的利润差额。

4. 改良产品/多种市场

一种改良的产品也可以投放到几个市场。于是改良产品/多种市场的策略,多求助于额外的市场部分。例如,一个家具商可以卖普通的上完漆的家具给消费者,也可将未上漆的家具直接卖给有自己制作需要的消费者。

5. 多种产品/一个市场

通过使消费者满意可以为小企业的产品组合增加新产品创造一个好市场。产品的增加多于产品的改进,但改进的产品一般与现有产品相似。例如,卢姆电话机公司最初生产了一个快速拨号器,它在20世纪80年代被推广,三年后销售超过500万美元,后来在电话工业发展过程中,消费者的需求量降低了,卢姆成功地以相关的新产品——调制解调器来代替了它。

6. 多种产品/多种市场

用新的但类似的产品追逐不同的市场是另一种产品策略——多种产品/多种市场的市场处理方式,这种方式对于一种新产品可能减少现有产品的销量的企业是特别适用的。例如,一个生产以木材为燃料的家用火炉的企业,可以推广一种办公室用的燃气炉。

（二）创业者向职业经理人转变

在企业规模很小、经营业务比较简单的情况下，仅仅依靠经营者个人的努力就可以支撑起企业的运转。但是，当企业规模扩大、经营活动范围扩展、组织层次增多之后，仅仅依靠经营者一个人的力量绝对不够，必须依靠企业全体员工的共同努力。因此，随着小企业的发展，适当弱化经营者在小企业经营中的决定性作用，更好地发挥集体的力量，是十分必要的。

适当弱化经营者在小企业经营中的决定性作用，并不是说要降低经营者在小企业中的作用，也不是单纯要把企业经营决策权从经营者手中分散给下属，而是要把经营者个人的贡献转化成集体的成绩，将经营者成功的经营思想转化成企业文化的一部分，将企业融入社会整体之中，使企业的发展与社会的发展同步。这样的企业才真正会具有持久的竞争力量，才会具有长期生存与发展的根基，才能摆脱小企业因规模小而产生的种种困扰。

（三）管理工作规范化

规范化管理对企业的发展犹如地基对楼房。仅仅看地面上的部分，每栋楼房都可能各具特色，但不管什么样的楼房，对地基的要求都是一样的，即稳定、扎实、支撑力强；而且，楼层越高，对地基的要求就越严格。规范化管理是企业成长的"地基"，它可以促使企业的经营行为更加理智，是企业经营风险的"减振器"。

在创业初期，迫于生存的压力，企业一切以顾客和市场为中心，这样做的本质是单纯以获取资金为中心，并不是真正意义上的市场导向。企业的全体成员只是重视成果，而不重视过程；只重视所得，而不重视成本。以至于企业的销售量和销售收入都在快速增长，但利润没有增长反而却可能下降甚至亏损，"红红火火不赚钱"。企业发展起来后，规模扩大了，市场基本上稳定了，企业需要严格过程管理，借助扎实的基础管理工作强化成本核算，通过管理制度建设构建基本的管理工作秩序，进而提高工作效率。这些都是规范化管理的基本要求和工作内容。

（四）内部交易成本

创业企业在初创期花费极短的时间完成从 0 到 1 后，迅速进入从 1 到 n 的快速扩张阶段。在这个快速扩张阶段，伴随着财报中所反映的产品成本、销售成本、管理费用等会计成本及费用的快速上升，沟通成本、决策成本和试错成本等管理成本也会急速攀升。如果创业企业的现金流短缺或这些成本费用无法有效冲抵，创业企业存在的管理问题将要比经营问题更加严峻。

1. 沟通成本

在与沟通相关的组织、人际、价值观及风俗文化等方面，创业企业不同于非创业企业。组织结构尚未健全，组织沟通渠道尚未完全打通，沟通方式尚处于磨合阶段。企业氛围的和谐程度与默契程度较低，内部组织之间、员工之间、创始人与员工之间对业务流程、管理方式方法等认识的差距较大，缺乏高度信赖并未做到开诚布公。随着产能的快速扩大和业务范围的不断深入，新客户数量大量增加和新员工不断加入，然而客户及员工关系的管理仍处于点对点的初级阶段，必然要花费创始人和员工大量的时间和精力，从而过量挤占经营资源。

2. 决策成本

创业企业最大的成本是决策成本。对于创业企业来说，一切都是新生事物。每一个涉及市场定位、客户群体、赛道情况、技术情况、商业模式等与市场相关的因素，都需要做出决策。如何搜寻与筛选客户、需要多少新员工和他们从哪来、如何分配组织资源、如何处理有问题的产品、如何改善社区关系等未遇见过的、性质与结构不明的、例外的非结构化问题较多。

决策权往往集中于创始团队，然而创始团队并不总是一成不变的。当企业遇到关键节点（创业筹备期、募资期）、重大危机、业务调整、外部（如股东、投资人）要求发生时，很有可能会发生决策团队的人员变动情况。相应地，当企业形成初步管理团队和董事会、完成种子轮融资或者第一次实现盈利后，企业团队构建才能趋于稳定。

3. 试错成本

试错是创业企业成长的最好方式。在不断试错的过程中产生的成本即是试错成本。只要存在不确定性，就有试错成本。试错成本涉及面较广，产品试制、盈利模式、人员安排、资金统筹等都会产生试错成本。

对于创业企业来说，一方面，通过不停地试错，寻找发展机会、寻找解决问题的最佳的路径或方式方法。创业企业发展之初，对试错成本还抱有极大敏锐度和警惕性。另一方面，当企业发展到一定阶段后，不知道究竟怎么做才是正确的，反而会在这方面疏忽或粗心。以创新为借口，总摸着石头过河，不但浪费了时间，浪费了机会，还导致大家思想迷茫，这才是最致命的地方。

第二节　创业失败与重塑

创业成功率低是公认的事实，每年都会有很多新创企业停业。停业的原因多种多样，其中最常见的原因是企业资金链断裂导致无力偿还债务。在这种情况下，创业者会宣布破产，全部或部分偿还债权人的债务。此外，创业企业虽然具有债务偿还能力，但创业者意识到如果继续运营下去，企业将无力还债，不得不宣布"业务停顿"，这是另一种常见的创业失败。

一、创业失败的概念

由于视角不同，以及与新企业歇业、资不抵债、破产等概念相混淆等，目前学界与业界对创业失败概念的界定还比较模糊。期望目标与实际差距甚大，被认为是失败；想做大做强，但总是小打小闹，是失败；本可以做成一个伟大的企业却陷入平庸，是失败；企业倒闭，更是失败。该如何准确定义创业失败呢？麦格拉斯等把创业失败定义为创业者在创业过程中没有达到期望的目标而主动终止新创企业。坎农和埃德蒙森认为创业失败是创业企业偏离了初始设定的方向，企业难以持续。谢泼德对创业失败的描述是，企业的收入下降或成本费用增加但无法获得新的融资，从而无法继续运营。布鲁诺则将创业失败看成是各种原因（合法性问题、合伙人意见分歧、某业务的利益转移等）所引起的业务中断。

虽然人们对创业失败的概念存在一定的分歧，但基本上可以分为狭义和广义两类。狭义的创业失败是指由于创业者个人原因或经营管理不善等原因致使创业企业被动关闭，是创业企业法人资格的终止，属于法律范畴，等同于企业的破产、倒闭或者清算。广义的创业失败是指创业企业由于受到外部环境恶化或企业内部不利因素的影响造成企业难以为继而面临被动关闭危机或业务终止的失败。

二、创业失败的类型

（1）从创业的主体看，可以分为创业者个人失败和创业企业失败。创业者个人失败是指创业者个人由于各种原因失去企业控制权甚至被迫离开创业企业，但企业依然正常运营。创业企业失败是指创业企业面临收入下降或费用提高，且无法获得新的融资，因而在当前产权和管理条件无法继续运营的状态。

（2）从创业的环节看，可以分为过程失败和结果失败。过程失败是指创业过程中出现重大失误，且难以得到纠正，致使企业蒙受难以承担的损失，最终导致创业失败。结果失败是指企业没有出现创业者期望的、想得到的结果。

（3）从创业企业是否重新开业看，企业终止和业务终止。企业终止是指创业者由于财务问题等原因被迫终止企业运营。业务终止是指创业企业的绩效很差导致企业处于亏损经营且难以扭亏而不得不终止业务。

（4）从创业企业财务看，可以分为经济性失败和财务性失败。经济性失败是指创业企业生产经营所实现的全部收入不足以补偿生产经营过程中包括资本成本在内的全部成本，从而使企业处于亏损状态而走向失败。

当创业企业出现经济性失败时，如果其投资者愿意接受较低的投资报酬率（甚至是负的投资报酬率），并继续向企业注入资金，那么企业可继续经营。但是，当企业长期亏损且扭亏无望，潜在投资者失去继续注资信心而终止新的投资，创业企业要么选择在一个资产数额较低但仍可盈利的较小规模上继续经营，要么宣布企业终止，进入倒闭清算。

财务性失败通常是指由于财务上的原因而使创业企业不能清偿到期债务，或不能履行债权人的契约责任，所以，又称为契约性失败。根据失败的程度和处理程序的不同，财务性失败又可分为技术性无力清偿和资不抵债两种。

① 技术性无力清偿。它是指创业企业由于理财不当，而使某一特定时间的现金流出量大于现金流入量所产生的不能清偿到期债务的情况，通常表现为企业的某一项债务或某一时间点的债务不能按时偿还，与创业企业经营是否赢利无关，也就是说营利性企业也可能出现不能及时清偿到期债务的情况。当创业企业处于技术性无力

清偿状态时，可以向债权人申请债务宽限一定的偿还时间，或债务减免，如得到债权人认可，则企业继续生存下去，相反，则不得不终止经营，进入清算。

② 资不抵债。它是指创业企业的全部资产的市场公允价值低于其负债的账面价值，使得企业的净资产出现负数。这是由于创业企业收不抵支而导致全部债务不能偿还。这不仅使债权人的权益难以得到保障，而且使创业者承担巨大的压力和风险。当创业企业资不抵债时，一般应按照法定程序进行破产清算，但当创业者或创业企业承诺在一定时间彻底扭转这种局面，并制订出切实可行的重组计划时，经债权人同意，也可以不进行破产清算。

三、创业失败的原因

成功总是惊人的相似，失败则各有各的原因。我们一般认为，创业失败的原因主要有内因和外因两个方面，内因是指存在于创业企业内部，企业可以规避、控制或消除的不利因素，其主要表现为创业者能力不足、对产品的理解程度不足、内部管理存在较严重问题、财务管理存在严重漏洞、企业过度扩张、忽视客户价值主张、创业者过度自信等；外因是指存在于创业企业外部，创业者或创业企业无法左右、难以控制或消除的不利因素，如政治、经济和自然现象等，主要表现为复杂多变的市场因素、不利的宏观经济因素等。

(一) 创业失败的内部原因

1. 创业者能力不足

创业者能力不足是创业失败最主要的原因，他们不知道如何运营企业，单凭直觉管理企业，在经营管理创业企业的过程中经常会出现重大失误，出现重大失误后又无法及时做出正确处理而导致失败。而经验丰富、训练有素的企业家则会迅速发现并轻松地规避问题。

2. 创业者经验不足

创业者经验不足主要表现在创业者管理经验不平衡和缺乏行业经验。创业者经验不平衡指的是创业者在创业企业的主要活动中缺乏全面的经验，如财务、采购、销售和生产。由于创业者在这些关键领域中的一个或多个经验不足，都会导致创业走向失败。创业者缺乏行业经验是指创业者对创业企业所涉及的商业领域知之甚少，不了解所处行业的生态。创业者缺乏行业经验而采取不当竞争方式方法而失败。

3. 对产品的理解程度不足

在创业初期，创业企业经过努力突破技术上的难关，将构想中的产品开发样品、样机，并初步掌握较为完善的生产工艺路线和生产方案。由于时间、资金和市场时机等原因，在产品尚未完全成熟和做好后续准备的情况下，样品、样机匆忙从实验室转移至生产车间转变成产品，产品仓促投放市场，为创业企业的经营留下隐患。产品的隐患的来源主要存在于三个方面：

一是产品性能。创业者从市场中发现商机或产品创意，将产品创意变成现实的过程中,创业者和技术攻关人员每天都在为技术、工艺、材料、成本等成百上千的问题寻找解决方案,遗憾的是,这些新的方案又会衍生出成千上万的新问题,问题不断重复、不断膨胀。如,在产品研发受成本控制的前提下,为了降低成本不得不用价格便宜的塑料材料取代价格昂贵的金属材料,但产品性能必将受到影响,而且必须重新选择新的工艺技术。最后在耗费了大量时间和精力的情况下,不得不多方妥协确定产品。此时的产品越来越复杂了,制造成本也膨胀了不少,性能却降低了,与当初的产品创意其实已经大相径庭。

二是产品的成本控制。绝大多数创业者发现,样机、样品的制造成本能很好地做到精确控制,可转移至车间进行批量生产后,却发现做不到精确控制了,成本不断超出。如,在实验室生产样机、样品时,创业者根据产品初步定价精确控制制造成本,转移至车间后,没有人能及时地、清楚地了解每件产品的实际制造成本。由于难以做到精确控制产品制造成本,产品利润率变得不确定了。

三是由于生产管理不善等导致不良产品太多,或者不良率太高,成本和损耗都过大,加上创业之初产品也缺乏知名度,因而导致产品滞销,造成大量库存囤积。

4. 内部管理存在较严重问题

大多数创业企业在初创时期,由于管理制度不健全、人员少等原因,企业处于被大量不确定性事物驱动和疲于应付的状态,从而难以发现创业企业存在的一些重大隐患,甚至不得不选择性忽视管理中存在的一些重大问题。如忽视安全生产导致火灾发生,摧毁了企业中存放的材料或造成重大的人员伤亡事故等,企业难以承受的损失,迫使公司宣布破产。

5. 忽视客户价值主张

创业企业和竞争对手有太多的雷同,但缺少比竞争对手更优更好的差异点,以及面向客户的个性化产品和服务策略,即核心竞争能力不足。虽然创业企业在一定时期内具有某种优势,但容易被对手低成本复制、模仿或发现经营管理方面的漏洞而丧失优势。诺基亚曾经的辉煌与今日的失落是最好的例子,当年,诺基亚手机利用将数字化处理技术将产品变得更加小型化和便捷化击败摩托罗拉手机成为行业领先者。时至今日,苹果公司迎合客户需求,利用数字处理通信技术与互联网技术智能化推出智能手机,在市场中遥遥领先于其他竞争对手,而诺基亚手机则很少有人使用。

6. 财务管理存在严重漏洞

财务方面的问题主要表现在财务管理混乱和资金链断裂两个方面。新创企业规模小,存在诸如财务管理混乱、挤占或挪用公司资金,甚至公私财务不分等问题。如果企业某个财务人员利用职务之便侵占公司的财物,那么企业很容易就会破产。当然一经发现,企业可以通过法律诉讼等手段,追回被侵占的财物,挽回损失。虽然这些财务方面的问题可以通过加强管理规避,但是资金链断裂对于创业企业来说却是最致命的问题,也是最常见的问题。许多人在创业之初并没有考虑到流动资金的重要性,所以在没有足够的流动资金的前提下就贸然创业。殊不知,很多人在创业后经营不顺利的时候,需要坚守一段时日时,就因为没有充足的流动资金而不得不提前关门。

如，在2011年年底之前，具有垂直电商鼻祖地位的凡客诚品是电商行业的明星。创业之初靠营销驱动，配之以准确的品牌定位、专业的快递和包裹包装质量迅速在市场中站稳脚跟并拥有一席之地。凡客在打响市场知名度后，通过市场融资，快速扩张。这些资金几乎都带有对赌协议，不能不做出业绩。为了继续提升业绩，不得不扩张品类，企业于是走向弱产品重平台之路。商品没有质量保证，成为"地摊货"，库存积压严重，商品卖不出去，又找不到新的融资，资金链断裂。供应商因货款得不到及时支付而终止合作，缺乏供应商合作的凡客不得不停业。

7. 企业过度扩张问题

过度扩张就是创业者和创业企业超越了客观上所拥有的资源和主观上利用这些资源的能力的盲目扩大生产规模或多样化的跨界经营。在没有可靠的市场和充裕资金支持的情况下，如果盲目地扩大生产规模，而企业的财务系统却无法应对这种急速成长使企业陷入财务困境的可能性提高，进而增加企业的风险，企业通过举债扩张，负债越多，企业陷入财务困境的可能性更大。为了借债，在很多情况下，创业者总是试图通过走捷径来节省会计成本，这种做法最终会产生灾难性的后果。在没有可靠的市场和充裕资金支持的情况下，如果盲目地进入一个创业者并不熟悉的行业进行多样化跨界经营，新业务很容易拖垮初始的主营业务。

8. 创业者过度自信

许多研究发现，企业管理者的过度自信程度普遍要高于一般大众。有相当一部分创业者在获取第一桶金之后，很快出现盲目自信和过于乐观的情绪；对自己所创企业和自己的能力做出过高的评价，不会看重一些公认的负面信息；认为自己已经具备创业成功的必备要素，即使有所欠缺也不能影响自身的创业，而投资那些高风险产品创新和盈利可能性低的机会。也有部分创业者往往认为自己的能力要高于身边的人，那些对身边人的约束并不适用于自己，有"贪多求快"的不切实际的期望，对一些别人认为负面因素不去重视，在此基础上做出有所偏差的决策，过度自信的创业很难从注定失败的项目中退却，从而导致资源的大量浪费。

(二) 创业失败的外部原因

创业者或新创企业不仅在自身条件方面受到限制，也会受到其所处的外部环境因素的影响。

1. 复杂多变的市场因素

激烈的市场竞争、缓慢的市场增长和过小的市场规模都会加大新创企业获得资源的难度以及压缩新创企业的盈利空间，从而威胁到企业的生存。

2. 不利的宏观经济因素

有研究表明，当政府没有合适的财政和货币政策、法律法规和经济环境来支持企业创业者的创业或新创企业的发展时，创业者和创业企业更容易失败。

四、创业重塑

（一）重塑产品和企业品牌形象

重塑产品和企业品牌形象是创业重塑最基本的方式之一。重塑产品和企业品牌在人们心目中的形象，可以采取重新定位目标消费群、提高产品和服务质量、运用品牌营销等手段提升品牌知名度，进而逐步产生品牌号召力，形成品牌效应，从而助推新创企业走出失败阴影。

用设计的力量重塑产品和品牌，是常见的创业重塑形式之一。在我国，技术和生产工艺都非常成熟，大家都可以生产出有用、可用、耐用的产品，因而在同行业中产品同质化越来越严重，产品竞争力越来越弱，企业生存空间越来越窄。因此通过对用户、竞争产品和行业的深入研究，洞察用户最真实的体验，挖掘用户对产品的诉求和深层次问题，为用户设计差异化品，使创业企业从失败中走出来。从需求层面衡量产品的五个维度：

（1）美观简洁。美观的产品能给消费者带来视觉冲击，从而刺激消费者的消费欲望。

（2）易用性。易用性意味着产品易被用户理解、操作，可以减轻记忆负担，是决定用户是否喜欢使用该产品最重要的因素。

（3）乐用性。一个产品或服务仅仅可以让用户正确地使用是不够的，还必须以系统的人性化设计给用户带来快乐感，让用户乐此不疲，甚至爱不释手把产品当伙伴。

（4）独特性。著名营销专家杰克·特劳特在他的著作《商战》中有这样一句话：你在整个市场竞争中的核心不是满足用户需求，而是根据竞争对手作出的差异化占领用户心理。在当今时代，独特性远远要比全面性重要，只要想到一个独特性就有可能在某一点上占据一席之地。

（5）文化内涵。文化内涵是产品和品牌的灵魂，突出产品和品牌的文化内涵，传达企业的理念和思想，并得到用户持续的认同，实现产品和品牌文化与消费者内心认同的文化和价值观共鸣。

（二）企业再造

企业再造是创业重塑的第二种方式。企业再造的主要目的是扩大产品市场接受度，提高营业收入，提升企业绩效。企业再造大致可以分为五个步骤：

（1）确认客户的核心需求。客户购买产品或服务的实际目的是满足核心需求，不仅仅是产品或服务所提供的直接效用，还包括消费心理诉求。

（2）确定改造的关键流程。对照创业企业当前所提供的产品或服务，找准能满足消费者消费诉求的着力点，发掘需要改造的关键流程。

（3）确定流程改造的目标和任务。流程改造的目标定位要向标杆企业学习，标杆企业可以不限于相同产业。明确流程改造需要完成的主要任务,列出任务清单。

（4）重新设计业务流程。企业再造不是对组织进行肤浅的调整、修补,而是要进行脱胎换骨式的彻底改造,抛弃现有的业务流程和组织结构以及陈规陋习,从根本上重新思考业已形成的基本信念,即对长期以来企业在经营中所遵循的基本信念如分工思想、等级制度、规模经营、标准化生产和官僚体制等进行重新思考,要紧紧围绕改善顾客满意度、产品和服务质量、成本、员工工作效率等关键绩效指标设计流程。

（5）改变思维,塑造新文化。设计完善后,要加以推广深植和固化才能见成效。

(三) 重建创业团队

创业重塑的第三种方式是重建创业团队。一个好的创业合伙人,会在企业困难的时候迎难而上并帮助企业实现腾飞;同样,一个不合格的合伙人,不仅仅会延误商机,甚至可能给企业带来灾难。如,史玉柱有一支"失败也不离不弃的伟大团队"。陈国、费拥军、刘伟和程晨被称为史玉柱的"四个火枪手",史玉柱在二次创业初期,身边人很长一段时间没领到一分钱工资,但这四人始终不离不弃,一直追随左右。又如,1985年,乔布斯被苹果公司的总经理伙同公司高管联手赶出公司,导致苹果公司10年后面临破产的危机。在我国,"哥们式合伙,仇人式散伙"的情况很多见。创业团队成员之间存在的经营管理分歧、合作不默契、理念不一致等问题往往是企业发展的桎梏甚至是企业轰然倒下的直接原因。随着创业竞争的加剧、创业节奏的加快、人才争夺的白热化,多位创始人联合创业的现象已成为近期的趋势。而且实践已经证明,联合创业的成功率要远高于个人独立创业。如何在有限的时间内、在有限的人脉圈子内快速组建出一个精简而优秀的创业团队就成了新的挑战。

除了要考虑理念相同、能力互补等因素外,创业者组建团队还必须考虑以下几点:

（1）自己是公司毫无争议的绝对领导者。合伙创业不是单干,而是一起大家干,大家一起干需要有一个前提:你在合伙人心目中已经奠定了一个非常良好的位置。如,无论何时,任何的股权分配和利益分配自己都有绝对权力,不能成为公司的问题。

（2）团队成员背景不能过于接近。家族成员、老同事、同学很容易走到一起共同创业,团队核心成员的背景过于接近,形成"核心圈子",导致圈子之外的人,能力再强,位置再高也会觉得自己是外围。而且,太封闭的团队,其生命力和适应性是有限的。

（3）团队规模不宜过大。初创企业的人员数量上不能太多,能基本满足需求就可以,一般来说,以3～5人为宜。否则会增加内耗,造成不必要的麻烦。

（4）团队成员背景不宜太好。团队成员的背景以不超出公司早期业务的需求为界,尤其在邀请那些同行大企业的管理层加盟时要慎之又慎,不然初创企业不仅承担不起那些来自大企业管理层的团队成员的人力成本,而且容易出现谁也不服谁现象,在领导权方面增加不必要的内耗。

（5）团队成员能坚持全职上班。创业其实也是一种生活方式。在创业的日子里,每个人都觉得每天 24 小时的时间太短,非常忙碌,基本告别朝九晚五。

(四) 价值链再造

价值链再造以增加价值为中心,通过重新设计企业的采购、研发、生产、销售和服务的流程,以实现价值最大化。价值链再造将企业、供应商、顾客等整合在一起,共同为价值最大化而努力。总体而言,创业企业的价值链再造可以从以下几个方面着手:

(1) 在决策层面解决如何实现在降低成本的同时维护客户价值或企业收入不变、在提高客户价值的同时保持成本不变,以及在降低工序投入的同时保持成本收入不变等问题从而体现客户化价值增值。决策层面的价值链再造主要涉及企业战略、计划、创新、品牌和企业文化等内容。

(2) 在管理层面解决如何提供有效的支撑服务来提高管理效率和控制管理费用等问题。管理层面的价值链再造主要涉及的内容包括企业信息管理、人力资源管理、财务会计管理、行政后勤管理等。

(3) 在运营层面解决如何实现持续性经营与发展从而实现企业价值增值、收入增长和成本控制等问题,运营层面的价值链的内容主要包括采购、仓储、计划、调度、车间、质检、成品、分销、配送、售后服务等。

第三节　二　次　创　业

一、二次创业的由来

二次创业是我国特有的概念。在 20 世纪 80 年代末至 90 年代初,深圳市经济开始出现发展减速、质量不高、产业结构层次低等问题,经济特区原有的特惠政策已普惠全国,给深圳的经济与社会发展带来了严峻而又现实的挑战,为了实现经济的再次腾飞,深圳政府提出通过二次创业实现"增创新优势",这是在经济领域首次提出二次创业的概念。1989 年,中国四通集团段永基针对企业自身发展方式率先提出了二次创业,并于 1992 年实质性地提出了以"集团化、产业化、国际化、股份化"的二次创业目标推动企业实现快速发展,这是我国企业第一次提出企业层面的二次创业。此后,这一概念被广泛应用到企业的再次发展上。从 1993 年开始,我国大批企业掀起了二次创业的浪潮,几乎在很短的时间内,一些初具规模的企业都不约而同地迈上了二次创业的历程。综观这些实施二次创业战略的企业,它们通常表现出如下共同特征:企业的平均寿命在 10 年以上;企业中高层管理团队已经趋于稳定;企业在既有市场中已经获得一定份额,但距离领先者的差距仍然很大,这个差距正是企业领导者的梦想所在;企业领导者坚信自己的实力,认为企业的未来仍然需要自己的指引;企业都有精彩的从无到有的创业史;企业具有个人色彩强烈的企业文化。

二、二次创业的概念

二次创业有着深刻的、丰富的、科学的内涵,必须从其内在逻辑揭示其内涵,对其进行科学的定位,使其由名词转变为概念。二次创业是知识经济发展的最高阶段,知识产业是龙头,知识运营是二次创业的核心。知识运营是知识经济时代的经济增长方式,通过知识对其他生产要素的渗透和整合,使知识在生产系统中占主导,使知识产业成为其他产业的先导与主导,使人类由一次创业转变为二次创业,使人类发展成为可持续发展。

在微观企业层次上,二次创业就是用知识运营带动资本运营,用资本运营带动资产运营,用资产运营带动产品运营,用产业结构升级带动产品更新换代。在宏观产业层面上,二次创业就是使知识产业成为其他产业的龙头产业。因此,上述二次创业的微观方式是宏观方式的内涵,宏观方式是微观方式的外延展开。二次创业的实质,是使信息产业、知识产业同传统产业之间从分离走向以知识产业为中心的统一。这种统一是内在的而不是外在的,使传统产业中的知识在质和量两个方面由从属转为主导。只有知识产业龙头化,才使新的知识产业同传统产业走向统一。知识是传统产业统一的桥梁和纽带。而只有知识产业龙头化,才使这种桥梁和纽带地渗透到传统产业的各个领域中,使它们各自得以升华和超越。

三、二次创业的性质

(一) 二次创业是企业发展过程中的蜕变

众所周知,事物的发展是一个由低到高,由量变到质变的过程,事物发展到一定的阶段,条件具备时,就会产生质的飞跃。二次创业是在一次创业的基础上搭建企业发展更高的平台和框架,是一个超常规、跨越式发展的过程。因此在二次创业中,要抢抓一切可以利用的机遇,加快速度,全面发展,使经营规模在量上和经济效益在质上都有一个大的飞跃。比如,要在三至五年内,使年销售收入达到一亿元以上,年创利润达到一千万元以上,综合实力在区域内同行业中始终保持在前三名,达到这个水平,可以说就是一次大飞跃。

(二) 二次创业是一次全方位的创新

创新是企业发展的不竭动力。二次创业就是一个不断创新、全面创新的过程。要完成二次创业的宏伟目标,务必要抓住创新不放,在观念创新、机制创新、管理创新、技术创新上大做文章。因此必须强化创新意识,做到与时俱进,创造性地开展工作,敢于否定那些不符合时代要求和企业发展的东西,敢于否定那些不符合市场经济要求的老规矩、老经验、老标准、老办法等,解放思想,更新观念,建立和完善适应市场经济的运作机制、组织体制、管理模式、经营方式,重新确立调整产量、质量、成本、效益等生产要素的辩证关系,建立和完善新的管理标准和管理体系,运用更加科学、先进、高效的新技术、新工艺等,做到全面创新。

(三) 二次创业是一次全方位的大调整

二次创业要解决的是企业发展的活力、动力和实力问题,事关企业全局,涉及生产经营的各个方面,必须强调全面调整,要以改革的精神,全面调整资产结构、组织结构、产品结构和经营结构。调整资产结构,就是建立多元化的产权结构,进行资产重组和优化配置;调整组织结构,就是调整集团和子公司的组织形式,改革管理体制和劳动制度,建立适应市场经济的运行机制;调整产品结构,就是大力开发高附加值、高技术含量、高市场占有率的新产品,优化产品结构;调整经营结构,就是要做到自产自销与联产代销相结合,内贸外贸相结合,主业经营与其他经营相结合,逐步实现多元化经营。

四、二次创业的时机选择

二次创业的时机选择非常重要,关系到二次创业能否成功。通常而言,在以下三个重要时刻进行二次创业,企业更容易实现预期的二次创业目标。

(一)企业业务和市场较为稳定的时候

稳定就意味着企业初始业发展遇到了持续、高速增长的瓶颈,企业只有突破这一瓶颈,才能迎来新的快速增长。这种二次创业被称为稳定型二次创业。

(二)企业家预见企业存在潜在危机的时候

这种预见往往产生在两种情况之下:一是外部环境的显著变化,使得企业家的原有认知模式发生了根本性的变化,对未来潜在危机有了明确的预测;二是企业领导者的更迭,新任领导者对未来潜在危机做了新的预判。这种二次创业称为潜在危机型二次创业。

(三)企业已经出现一些早期危机迹象的时候

这些危机表现为市场占有率减少、利润降低、企业决策缓慢或决策难以得到有效实施。早期危机迹象的出现,迫使企业家采取二次创业战略,以扭转当前企业面临的困境。这种二次创业称为挽救型二次创业。

在稳定型二次创业和潜在危机型二次创业的情况下,企业处于较为主动的地位;而在挽救型二次创业的情况下,企业则较为被动。

五、二次创业与一次创业的比较

二次创业与一次创业的差异不仅体现在企业发展的时间上,更体现在两者的内涵上。简单来说,一次创业就是企业诞生的过程,从无到有的过程,从企业创建筹备到企业形成一定的技术优势和市场优势的过程。二次创业则是企业发展的一次延续,指的是企业逐步走向成熟、形成规模经济的过程,是从有到强的过程。一次创业是二次创业的基础,二次创业是一次创业的一个延续和拓展,而并非相互脱节。其根本目的是一致的,即为了企业的延续,追求企业价值的最大化。

换言之,一次创业着眼于企业的创立和发展,探索企业的生存机制;二次创

第三节 二次创业

业着眼于企业的发展,探索的是企业的发展机制,提出企业的发展战略,如表8－2所示。

表 8－2 二次创业与一次创业的比较

序号	特征		一次创业	二次创业
1	标志		起家(生存、形成规模)	持续发展(新的增长方式)
2	领导		创业者	企业家
3	主体		创业者	企业
4	实质		资本原始积累	组织结构的完善和建设
5	动力		生存或机会	资源整合
6	目的		追求利润最大化	兼顾社会责任
7	经营目标		顾客满意	股东、员工、顾客均满意
8	产权		业主制(一元化)	公司制(多元化产权)
9	创业资源	资金	自身和亲朋好友	企业或社会
		人才	家族成员	社会
		管理者	家族成员	社会
		信息(知识)	个体、单渠道、随机、地域化	群体、多渠道、规律、地域化和非地域化
		技术	模仿	学习和创新
10	管理		家庭式管理	科学、规范管理
11	决策		"强人统制"	集体决策、规范化管理
12	经营		实体经营(企业规模经济)	虚拟经营(企业规模和范围经济)
13	战略	目标	比较优势和领先者优势	持续竞争优势
		优势来源	价格和成本(要素)	品质和差异(能力和竞争力)
			市场(产业结构)	企业资源整合
		选择产业	多元化产业	专业化产业
		种类	利基战略/低成本战略	综合战略/创新战略

二次创业本质上是一场大变革。无论是从经营管理的发展、观念的创新还是深化改革、进行机制和体制的创新方面来看,都是一场大变革。它是通过三个战略性措

第八章　创业企业管理

施,即飞跃、创新、调整,解决关系集团发展的三个深层次的根本问题,即实力、动力和活力问题,最终达到提高企业适应市场的能力,提高遇到危机时的再生能力的目的。它是对现有的机制和体制,包括所有制形式、运作机制、管理模式、经营机制、分配机制和用人机制等进行脱胎换骨的改造,而不是修修补补或者改良,所以说它是一场大变革。

本章小结

1. 创业企业的成长过程分为三个阶段:成长阶段、成熟阶段、老化阶段。创业企业的各个阶段有不同的特点。新创企业在成长过程中,要在战略和管理方面实现一系列重大的转变,其中最为突出的是发展战略、创业者向职业经理人转变、管理工作规范化和内部交易成本等问题。

2. 狭义的创业失败是指由于创业者个人原因或经营管理不善等原因致使创业企业被动关闭,是创业企业法人资格的终止,属于法律范畴,等同于企业的破产、倒闭或者清算。广义的创业失败是指创业企业由于受到外部环境恶化或企业内部不利因素的影响造成企业难以为继而面临被动关闭危机或业务终止的失败。

3. 创业失败的类型。从创业的主体看,可以分为创业者个人失败和创业企业失败;从创业的环节看,可以分为过程失败和结果失败;从创业企业是否重新开业看,企业终止和业务终止;从创业企业财务看,可以分为经济性失败和财务性失败。

4. 创业失败的原因。内部原因:① 创业者能力不足;② 创业者经验不足;③ 对产品的理解程度不足;④ 内部管理存在较严重问题;⑤ 忽视客户价值主张;⑥ 财务管理存在严重漏洞;⑦ 企业过度扩张;⑧ 创业者过度自信。创业失败的外部原因:① 复杂多变的市场因素;② 不利的宏观经济因素。

5. 常见的创业重塑的形式主要包括重塑产品和企业品牌形象、企业再造、重建创业团队、价值链再造。

6. 二次创业是创业企业的蜕变、是一次全方位的创新、是一次全方位的大调整。

7. 二次创业的时机选择:企业业务和市场较为稳定的时候、企业家预见企业存在潜在危机的时候、企业已经出现一些早期危机迹象的时候。

课堂讨论

1. 创业企业失败的根本原因是什么？
2. 创业企业如何解决战略目标的实施？
3. 为什么新创企业的行动方案容易出现偏差？
4. 有人认为企业二次创业是企业家的事，与其他人无关，你认为呢？

案例分析

实体店开不下去了

昂波鞋业创始人陈昂2004年开始涉足休闲鞋行业，在2010年春节后实体店销售额开始出现明显下滑。2010年下半年陈昂与其他3位股东决定在惠州、东莞、中山等城市开设连锁店。先后在惠州开设了6家连锁店，业绩有所起色，但在东莞、中山的连锁店均投资失败。到2012年，惠州连锁店业绩整体下滑，库存积压高达1 000多万元，靠借债支付员工工资和门店租金度日，其他3位股东也先后退出。

陈昂认为产品品类、款式、店员的销售服务等出了问题，应该调整产品和提升员工能力。不幸的是，经过追加广告投放、更新商品陈列摆放、加大促销力度、培训员工等，店铺销售仍然难有起色，经营愈加困难。但陈昂同时发现，有很多客户进店后会拿手机拍照，然后就走人。店员也说，那些客户拍照后走人的鞋都是在某电商大平台上价格更便宜的同款，客人只要在门店试好尺码，线上下单，等一两天的快递就能到手。这时陈昂幡然醒悟，不是产品问题，也不是销售服务问题，更不是客户群体问题，而是商业环境发生了巨大变化。陈昂认为互联网＋是必然的趋势。受员工反馈意见的启发，他决定更换赛道：关闭门店开设网店，转战线上销售。

陈昂慎重考虑后，决定在某平台开设集市店铺(俗称C店)。重新招聘了2位销售员加1位美工共3位新雇员。陈昂订了一组自己非常喜欢的鞋，上架后的半个月内网店没有流量，无人问津。先后2次各花了2 000元在直通车上试水，一单未卖。陈昂不死心，先后在直通车上共花费2万元推广费用，只卖了

3双鞋。半年之内网店净亏损120万元,陈昂才醒悟过来,原来自己喜欢的东西,并不代表大众也喜欢,选品应该迎合市场的需求,产品通过了点击率和收藏加购率测试之后才能批量订购。

网店经营又回到起点,从先批量订购后上架更改为先拿现货上网测试(不积压资金),通过后才上架。可是,怎么网上测试呢?陈昂认为大家都是门外汉,自己不懂,员工也不会,是人的问题。另外找人测试后得出的结论是,测试数据太差,产品款式做不起来,无法爆款。

遭受了代运营、刷单等多次打击后,陈昂重新定位自己在公司的角色,老板应该是一个公司运营的决策者和产品经理的综合体。陈昂自此走访各个档口做市场调研:价位、款式、品牌等,经过2个月的调研发现了有趣的几点:一是只要款式新、舒适度高的休闲鞋就有市场,并不一定要品牌。二是价格在200~300元的休闲鞋最受欢迎。三是休闲鞋是主场主流,商务鞋(皮鞋)市场逐渐萎缩。四是网店不能仅仅是图片加文字,应该用动态图或小视频增强客户体验感。通过市场数据对比,最后陈昂选择了10款休闲鞋试卖。产品上架后,有5款热卖,其中有1款定价269元的鞋2个月卖了300万双。陈昂长吁一口气,公司终于活了下来。

一路走来,昂波鞋业从实体店转战网店,存在认识误区、盲目决策、方法失当等过失,走了很多的弯路,公司的发展可谓是一波三折。庆幸的是,公司最终成功转型,找到了一条适合自己的电商发展之路。

思考题:
1. 分析昂波鞋业的决策与试错对公司的影响。
2. 分析昂波公司转型过程中的决策存在的问题。

第九章 大学生创业

学习目标

1. 了解大学生创业的基本情况
2. 掌握大学生创业的准备

考核要求

要求对大学生创业企业进行调查研究,编写调查报告。调查主题可以侧重某一个方面,如创业项目的选择,创业团队的组建等。

第九章 大学生创业

引导案例

从"知识界的淘宝"到"线上社会大学"

华南理工大学"荔枝微课",是中国第三届"互联网+"大学生创新创业大赛金奖项目。在成立第一年,企业就登上胡润百富"2017中国最具投资价值的新星企业50强"。2018年,创始人黄冠入选福布斯发布的30×30创业精英榜[①]。黄冠凭借扎实的计算机能力和创新意识,从大三起就创立了多家互联网公司。另一位创始人陈励的"创龄"更大。大一的她在淘宝刚兴起之时就开了线上店铺。随着生意越做越大,她更是把大学城第一个快递点引入华南理工大学。而第三位创始人雷浪声则较为低调,一直埋头创新互联网软件研发及运营的手段。计算机技术过硬的黄冠、营销老手陈励以及锐意创新的雷浪声,碰撞在一起,赋予了"荔枝微课"强大的生命力。

"荔枝微课"以生活实用类为核心内容,将自身定位为一款免费、开放性的"微信开课平台",并以微信公众号为主要入口,突出产品的工具属性,实现"随时随地听课,随时随地授课"的便捷化知识传播。

起初囿于资金和人脉,"荔枝微课"只能将自己定位成讲师与用户之间的桥梁。讲师原有的用户群及其永久免费的属性还是为平台引入了不菲的流量。初期,平台用户大多来自非一线城市,近七成为女性。他们的需求淹没在新中产的知识焦虑中,一直"没有被看见"。因此"荔枝微课"的出现于他们而言更像是雪中送炭。2017年7月,一位名叫"桂妃娘娘"的讲师开始在平台讲授"人际关系"课程,起初她得多找一份工作才能改善入不敷出的生活。但是在平台支持及自己的努力下,8月份的某个晚上她的课程销售额突破了十万。而到了11月时,她靠授课获得的月收入已将近五十万。与"桂妃娘娘"相比,菇农张雪巍的故事则显得更为励志。在成为讲师之后,他变成了家人眼中经常对着手机自言自语的"神经病"。半年多过去,他通过课程获得的总收益约30万元,这已经赶上他在种蘑菇时最好年份的全部收入。

"荔枝微课"上线于2016年6月,不到三个月的时间就已破百万用户,一年就获得近亿元融资,且吸引了各路民间英雄开课,"知识界的淘宝"初见端倪。在接下来的时间里,为了适应市场需求,团队于2018年创立了"兰心书院";2019年年底深耕成人教育领域,建立新品牌——"十方教育"。"荔枝微课"则专注平台化和成人素质教育,成为十方教育旗下的子品牌。2020年新冠疫情暴发,影视后期制作成为平台内容中职业技能课程的又一个"爆品",也让团队坚定了成人新职业在线教育的战略创业方向。随后,为了顺应"主播"的市场需求,又创立了广受好评的"梨花声音大学"。

没有成功的企业,只有时代的企业。截至2021年3月份,荔枝微课平台已有入驻讲师600万,1亿学员遍布全球,上线的课程更是多达1600万。

[①] 30×30创业精英榜指30位30岁以下创业精英榜。

回首五年间取得的成果,团队很自豪地说:"当我们从知识付费转型深耕时,很多人不看好,觉得我们没有做教育的基因。但我们做出来了,甚至在一些垂直培训领域,我们做到了第一。风口会消失,风向会变化,只有人心不变,用户需求才能长存。"

思考题: 大学生创业应该做哪些准备?

第一节 大学生创业概述

大学生创业指的是在校大学生和大学毕业生群体开展的创业活动。在美国高校,大学生创业活动由来已久,大家熟知的比尔·盖茨创造了微软帝国,也创造了学生创业的神话。此后,陆续有许多学生公司诞生在大学校园的浓厚创业氛围中,并逐渐成长为世界著名企业。

一、大学生创业的现状

美国的大学生创业热潮起始于1983年美国得克萨斯州立大学奥斯汀分校的两位MBA学生举办的第一届商业计划大赛,从此美国许多高校都开始举办自己的创业计划大赛,进而催生了大批初创企业,尤其是高新技术企业,据统计,美国表现最优秀的50家高新技术公司有46%出自麻省理工学院的创业计划大赛。从某种意义上来说,大学生创业计划大赛催生了大学生创业热潮,驱动了美国高科技企业的蓬勃发展,进而影响了美国经济的转型与发展。在创业活动最为活跃的麻省理工学院,其学生创业的大企业就超过了千家。在美国的影响下,其他西方发达国家以及亚洲的日本、韩国也纷纷效仿,大学生创业成为一个时代的象征。

我国最早的大学生创业计划于1998年5月诞生于清华园,成为社会各界关注的焦点之一。2000年4月,教育部为鼓励大学生创业,出台了一项政策:大学生可以休学保留学籍,创办高新技术企业。随后,大学生创业热在全国迅速传递,许多大学生投身其中,一时间,创业成为大学里最时髦的辞藻和大学生成才的新捷径。

专栏9-1 视美乐——我国第一家在校大学生创立的公司

1998年5月,清华大学开风气之先举办了首届大学生创业计划竞赛,激起校园创业热情。1999年4月,材料系四年级学生邱虹云的发明——大屏幕投影电视在第二届"挑战杯"学生课外科技作品大赛上夺得一等奖。而创业活动则是从清华自动化专业五年级学生王科开始的。宁波理科状元出身的王科敢想敢干,最强烈的欲望是创业。邱虹云的发明给了他创业契机。王科在公司兼过职,他了解投影机的市场需求和进口产品的昂贵价格,从而意识到了这项发明的"价值",他提出要以十几万元的价格买下邱虹云的技术。不过,聪明的王科很快意识到这项专业技术含量很高的产品如果没有技术上的支持和不断突破,很难发挥它应有的价值。于是,王科说服邱虹云以技术入股,共同开发使之成为市场产品。视美乐公司成立,成为我国第一家由在校大学生创立的公司。

思考题: 大学生创业应该如何组建团队?

近年来我国大学生创业问题越来越受社会的关注,因为大学生属于高级知识人群,并且经过多年的教育以及背负着社会的种种期望,在社会经济繁荣发展的同时,大学生创业也成为大学生就业之外的新兴现象。需要指出的是,我国大学生创业备受关注一个重要原因是大学扩招引起大学生就业等一系列问题,一部分大学生通过创业形式实现就业,与国家所提倡的"创业促进就业"不谋而合。大学生创业肩负着提高大学生毕业就业率和社会稳定等的历史使命。

但是,也应看到,我国创业的大学生人数占大学生总数的比例约为1.4%,远远低于发达国家20%~30%的水平,成功创业的案例更是屈指可数了。从创业的层次和领域来看,中国大学生只有少部分涉足网页设计、软件编制等高科技领域,绝大部分从事家教、餐饮业、开办书店、服装店等科技含量和就业门槛较低的创业活动,与自身专业背景相去甚远,没有发挥大学生对高、深专业知识和技能的占有优势。

大学生创业有自己的优势,当然也存在劣势,对此必须要有清醒的认识。

二、大学生创业的优势与劣势

(一)大学生创业的优势

1. 大学生创业充满激情

大学生往往对未来充满希望,他们有着年轻的血液、蓬勃的朝气,以及"初生牛犊不怕虎"的精神,而这些都是一个创业者应该具备的素质。更为重要的是现代大学生有创新精神,有对传统观念和传统行业挑战的信心和欲望,而这种创新精神也往往造就了大学生创业的动力源泉,成为成功创业的精神基础。

2. 大学生创业知识含量高

大学生在学校里学到了很多理论性的东西,有着较高层次的技术优势,而目前最有前途的事业就是开办高科技企业。技术的重要性是不言而喻的,大学生创业从一开始就必定会走向高科技、高技术含量的领域,"用智力换资本"是大学生创业的特色和必然之路。一些风险投资者往往就因为看中了大学生所掌握的先进技术,而愿意对其创业计划进行资助。

3. 大学生创业能学以致用

大学生创业的最大好处在于能提高自己的能力,增长经验,以及学以致用;最大的诱人之处是通过成功创业,可以实现自己的理想,证明自己的价值。

4. 大学生创业得到各方支持

由于大学生创业具有良好的社会影响,对促进大学生就业、增强大学生自信心以及增加学校品牌影响力等方面都有良好的促进效应,因此,无论是政府、学校还是社会,对大学生创业都给予了大力支持。

2015 年的政府工作报告中,第一次用"大众创业,万众创新"描述对就业问题的期待。提出将推行"高校毕业生就业促进计划"和"大学生创业引领计划"。大学生创业无疑是处在非常好的时期。

(二) 大学生创业的劣势

1. 大学生创业心理准备不足

由于大学生社会经验不足,常常盲目乐观,没有充足的心理准备。对于创业中的挫折和失败,许多创业者感到十分痛苦茫然,甚至沮丧消沉。大家以前创业,看到的都是成功的例子,心态自然都是理想主义的。其实,成功的背后还有更多的失败。看到成功,也看到失败,这才是真正的市场,也只有这样,才能使年轻的创业者们变得更加理智。

2. 大学生创业技能欠缺

急于求成、缺乏市场意识及商业管理经验,是影响大学生成功创业的重要因素。学生们虽然掌握了一定的书本知识,但终究缺乏必要的实践能力和经营管理经验。此外,由于大学生对市场营销等缺乏足够的认识,很难一下子胜任企业经理人的角色。

3. 大学生创业市场意识不强

大学生对创业的理解还停留在仅有一个美妙想法与概念上。在大学生提交的相当一部分创业计划书中,许多人还试图用一个自认为很新奇的创意来吸引投资。这样的事以前在国外确实有过,但在今天这已经是几乎不可能的了。现在的投资人看重的是你的创业计划真正的技术含量有多高,在多大程度上是不可复制的,以及市场盈利的潜力有多大。而对于这些,你必须有一整套细致周密的可行性论证与实施计划,绝不是仅凭三言两语的一个主意就能让人家投资的。

大学生的市场观念较为淡薄,不少大学生很乐于向投资人大谈自己的技术如何领先与独特,却很少涉及这些技术或产品究竟会有多大的市场空间。就算谈到市场的话题,他们也多半只会计划花钱做做广告而已,而对于诸如目标市场定位与营销手段组合这些重要方面,则全然没有概念。其实,真正能引起投资人兴趣的并不一定是那些先进得不得了的东西。相反,那些技术含量一般但却能切中市场需求的产品或服务,常常会得到投资人的青睐。同时,创业者应该有非常明确的市场营销计划,能强有力地证明赢利的可能性。

三、大学生的创业环境

(一) 创业成本

创业环境与创业成本有关,创业成本一般分为两部分:一部分是生产要素成本,

第九章 大学生创业

也叫硬成本、狭义创业成本,主要受劳动力、土地等生产要素成本的影响;另一部分是获得生产要素和组织生产的成本,被研究者称为软成本,是广义的创业成本,主要受政府服务效率、政府政策和区位条件等外部环境因素的影响。表9-1是基于全球创业观察(GEM,Global Entrepreneurship Monitor)的创业环境因素分类。

表9-1 基于全球创业观察的创业环境因素分类

创业环境类型	创业环境因素
政策性创业环境	政府政策、政府项目支持
商务性创业环境	金融支持、研发转让效率、商业和专业基础设施、进入壁垒
公共性创业环境	教育与培训、有形基础设施文化和社会规范

(二) 创业政策

创业环境中我们主要介绍我国对大学生投资创业的优惠政策。为支持大学生创业,国家各级政府出台了很多优惠政策,涉及融资、开业、税收、创业培训、创业指导等诸多方面。对打算创业的大学生来说,了解这些政策,才能走好创业的第一步。

根据国务院、教育部、人保部、财政部和中央人民银行等部门出台的有关扶持大学生创业的相关文件汇总来看,创业政策主要分为以下四类:创业教育培训政策、创业财税金融政策、创业免费服务政策、创业文化培养政策:

1. 创业教育培训政策

我国目前的创业教育培训政策实施现状要求全国各地高校建立一个以创业实践为目的创业教育培训环境,并要求高校建立完善的创业教育培训系统。北京大学开展了以学生创业实践需求为目标的创业教育探索和创业培训实验,同济大学邀请校外创业达人举办大学生感兴趣的培训讲座,华中科技大学开设第二创业教育课堂,重新定义就业指导课程。经过高校创业教育培训的不断实施和更新,我国大学生创业教育培训和实践取得了很大进步。2016年,国务院要求各地各高校针对自主创业学生实行持续扶持、全面指导、一站式服务等政策帮扶措施,同时开设创新创业教育培训课程强化创新创业实践。

2. 创业财税金融政策

当前大学生创业最大的障碍是缺乏启动资金和资本。近年来针对大学生创业资金缺乏、资本关注较少等问题,全国各地出台了一些专门针对大学生创业者的财税金融优惠政策。

(1) 税费减免政策。国务院办公厅规定,应届高校毕业生从事个体经营创业项目3年内免交登记类、管理类的各项收费。财政部、国家税务总局规定,高校毕业生进行创业行为,在3年内减免当年应缴的增值税、城市维护建设税、教育费附加和个人所得税等各类税目。

(2) 注册资金优惠政策。人社部规定，可以根据大学生从事的不同行业领域，科学合理地设置注册公司的应缴资金并允许注册资金分期缴纳。北京市规定高校毕业生申请开办公司注册资本在 100 万元以下的，最低注册资本金为 3 万元。

(3) 创业基金和无息贷款政策。北京市大学生选择自主创业，可申请不超过 50 万元的无息贷款，根据大学生组成的创业团队及合伙经营创业项目的实力按规定适当扩大贷款规模，同样享受无息政策。目前北京市启动大学生创业服务平台和大学生创业板。在北京四板市场设立大学生创业板的独立板块为全国首创，将完全采取资本市场的运作模式，为挂牌大学生企业提供融资等专业服务。

3. 创业免费服务政策

目前，国务院公布的全国大学生创业指导建议要求，全国各地要提供实践性强的免费创业教育培训、创业孵化培养、创业专业辅导，创新大学生创业孵化方式，完善孵化功能，提高创业孵化成功率。

2016 年，人社部在关于实施大学生创业引领计划的通知中要求，政府应与高校结合提供更多大学生创业免费服务，要采取多种方式搭建大学生创业者交流平台，经常举办交流活动，为大学生创业过程中寻找合作伙伴、创业资源、创业投资人等创造更多条件。要积极引导大学生参加创业竞赛活动，增加大学生创业项目的曝光，获得创业大赛奖金，进而找到创业投资机构、天使投资人等专业的投资。要加强免费服务创新，增加免费服务范围，积极探索将促进就业创业政策措施与当今互联网＋创业等社会流行的发展方式有效结合。

4. 创业文化培养政策

创业文化是当今社会普遍存在的一种文化共识，在全面深化改革的市场经济作用下，大学生在创业过程中逐渐成长积累的积极向上的社会创新价值观和道德观念，主导着大学生的思维方法和行为模式。良好的创业文化是激励大学生团结互助、独立自主、艰苦奋斗、勇于面对失败和敢于创新成功的重要因素，是推动国家经济发展的重要动力。良好的社会创业文化，引导和鼓励大学生通过努力拼搏创新的实现自我和社会价值，进而推动一个民族的创新活力。培养创业文化可以培养当代大学生成为自强不息、独立自主、努力拼搏、敢于争先和勇于创新的优秀人才，最终实现大学生的人生价值和社会价值。

另外，各地还有针对性地出台了一些优惠政策，大学生创业在筹备阶段应多加了解，以便节省成本。

专栏 9-2 江西省大学生创新创业优惠政策

降低门槛

政府投资开发的孵化器等创业载体应安排 30％左右的场地，免费提供给高校毕业生。有条件的地方可对高校毕业生到孵化器创业给予租金补贴。

减税降费

2025年12月31日前,高校毕业生在毕业年度内从事个体经营,符合规定条件的,在3年内按每户每年14 400元为限额依次扣减其当年实际应缴纳的增值税、城市维护建设税、教育费附加、地方教育附加和个人所得税。2022年12月31日前,对月销售额15万元以下的增值税小规模纳税人免征增值税,对小微企业和个体工商户按规定减免所得税。对创业投资企业、天使投资人投资于未上市的中小高新技术企业以及种子期、初创期科技型企业的投资额,按规定抵扣所得税应纳税所得额。

普惠金融

落实创业担保贷款及贴息政策,将高校毕业生个人最高贷款额度提高至30万元,对高校毕业生创办符合条件的小微企业,最高贷款额度提高至600万元,其中300万元以内贷款按国家、省现行政策予以贴息,鼓励各地对300万元至600万元之间的贷款进行贴息;经金融机构认定,对高校毕业生10万元以内、获得设区市级以上荣誉的高校毕业生30万元以内的贷款申请,以及具有博士学位、正高专业技术职称、高级技师职业资格的人员创办的小微企业,申请100万元以内创业担保贷款,原则上免除担保、反担保手续;鼓励各地降低贷款利率,简化办理流程,支持符合条件的高校毕业生创业就业。

大赛激励

对于参赛学生,在入学推免、奖学金评选、学分认定、论文成果认定等方面上给予适当倾斜;对于指导教师,在职称评定、非津贴工作量认定等方面完善激励政策;对于参与大赛组织工作且所在学校取得优异成绩的管理岗位人员,学校要给予评优评先等方面的奖励,实施职员制的学校可考虑给予有突出贡献的人员晋档的奖励。

激发活力

将学生开展创新实验、发表论文、获得专利和自主创业等情况折算为学分,将学生参与项目实验、项目打磨、路演答辩等活动认定为实践学习,研究生参赛成绩可用于充抵毕业业绩条件,激发不同学段学生参赛的积极性和主动性。

思考题:了解各省市的大学生创业优惠政策,归纳政策所属的类型。

第二节　大学生创业的准备

对于处在创业准备期的大学生而言,有了创业热情、创业意愿和创业规划还是不够的,这些终究只是纸上谈兵。参加创业实践活动,不仅可以检视自己的创业规划的可行性,还可以培养创业素质,它是大学生走上社会,开始创业之路之前不可或缺的环节。

大学生在校期间可以参与的创业实践活动形式很多,首先是参加各种模拟竞赛类活动,如大学生创业大赛、创业计划书大赛等。其次,大学生还可通过参与社团组织活动、创业见习、职业见习、兼职打工、求职体验、市场和社会调查以及专业实习等活动来接触社会,了解市场,并磨炼自己的心志,提高自己的综合素质。第三,平时可多与有创业经验的亲朋好友交流,甚至还可通过 E-mail 和电话拜访自己崇拜的商界人士,或向一些专业机构咨询。这些"过来人"的经验之谈往往比看书本的收获更多。通过这种人际交往途径获得最直接的创业技巧与经验,将使大学生在创业过程中受益无穷。第四,投身于真正的创业实践。在毕业前后进入创业启动阶段,可以单独或与同学轮流租赁或承包一个小店铺,或加工、修理、或销售、服务等,在真刀真枪的创业实践中提高自己的创业能力。

本节我们重点介绍大学生积极参加社会实践活动、投身于真正的创业进行实习,以及积极参与创业竞赛活动三个问题。

一、积极参加社会实践活动

"纸上得来终觉浅,投身实践觅真知",大学生们要加强理论与实践相结合,注重实践环节,通过社会实践活动体会社会实践"受教育,长才干,作贡献"的原则。

大学生的社会实践活动在 20 世纪 80 年代初拉开序幕,从少数学生的自发活动发展到现今全国范围的有组织、有计划、有目的的每年有数百万大学生参加的社会教育工程。大学生文化、科技、卫生"三下乡"和大学生志愿者文体、科技、法律、卫生"四进社区"活动,是新形势下大学生社会实践活动的深化发展,具有扎实的群众基础和广阔的发展前景。大学生社会实践活动主要包括以下几类:

(一)调研类

(1)社会调查。围绕经济社会发展的重要问题,开展调查研究,提出解决问题的意见和建议,形成调研成果。高校也应该加强对大学生社会调查的选题、途径、过程的管理和指导,开设社会调查课程或讲座,帮助大学生正确认识社会现象,掌握科学研究方法,提高分析问题和解决问题的能力,努力把握事物的本质和规律。

(2)科研攻关。在社会实践中参与技术改造、工艺革新、技术传播,积极为社会发展献计出力,不断提高科学素养,培养良好的学术道德,弘扬求真务实、开拓创新的科学精神。参与科研项目,能通过实验充分锻炼动手能力,找出创业金点子,锻炼策划能力。有关部门也应该规范和促进大学生科技成果转化,鼓励大学生开展创业实践,提高创业技能。

(二)宣传类

(1)科技推广。依据当地的经济和社会发展的实际需要,充分发挥大学生的科学文化水平较高的优势,通过科技服务、文化服务、农业科技调查等多种形式,广泛开展计算机知识、科普知识等技术培训和科技产品的宣传推广,提高当地的生产技术水平。

（2）文化宣传和法律普及。深入基层、利用板报、文艺演出、座谈会等形式,在农村基层干部和群众中宣传理论知识和法律基础知识,使广大群众在实践中明确责任和使命,把爱国主义热情转化为成才报国的实际行动,并通过法律知识来武装和保卫自己,为实现经济社会全面、协调、可持续发展献计出力。在促进农村特别是经济较落后地区社会经济发展中提高自身素质,实现全面发展。

（3）环境保护。充分发挥青年大学生的人才技术优势,在调研的基础上,根据地方需求,大力开展环境保护、心理健康等方面的服务活动,力所能及地帮助地方解决困难。还可以举办环保讲演、在农村基层宣传倡导环保观念,参与治理环境污染的工作和活动。

（三）服务类

（1）挂职锻炼。深入基层中,担任一定的社会工作,开展社会实践活动,了解基层生活,与劳动人民进行交流,经历基层生活锻炼,同时提供我们力所能及的帮助与支持。

（2）勤工助学。在校期间利用课余时间通过自己的智力、专业特长和其他能力为他人或单位提供劳动、咨询和技术服务,同时获得相应的报酬,为自己赚取学费和生活费。

（3）医疗服务。医学专业的青年大学生深入社区和边远农村,开展现代助医服务宣传,进行医疗卫生保健宣传咨询和开展医疗服务。

（4）志愿者服务。"青年志愿者"是当代大学生"学雷锋、树新风"的新型组织,优秀的青年大学生们通过这个组织自发组织起来,参加重大会议、各类比赛等服务工作。

（四）帮扶类

（1）支教扫盲。主要任务是培训农村中小学师资,丰富中小学生的暑期生活,为农村中小学实施素质教育服务。开展扫盲活动,帮助青壮年文盲提高文化水平,积极组织农村返乡的大中专学生通过为家乡中小学生举办成才报告会,"大手拉小手",密切长期联系,加强交流,促进共同提高。

（2）企业帮扶。青年大学生依靠自身的知识优势和专业技能优势,为企业提供服务,帮助企业解决难题,促进企业的运作。

（3）社区援助。在居民社区成立援助服务站,由青年大学生成立家教、法律、健康、科技、心理疏导等各类援助队,帮助社区内的一些单亲和特困家庭。

二、投身于真正的创业进行实习

对欲进行自我创业的大学生而言,修炼自我的过程,单凭在学校中学习是不能完成的,也很难有条件在自己的企业中完成,绝大多数人只能通过"打工"的方式在别人的企业中完成,这是修炼的基本途径。"打工"一般是利用课余和寒暑假时间进行。现在社会留给学生的"打工"机会很多,而利用"打工"也确实可以充分锻炼自己的综合能力,如市场调研、销售、组织、人力资源管理、财务管理、物流管理以及人际交往等各方面的能力。

大学生"打工"的实际工作往往都是烦琐的或者重复性强的工作,但不能小看这些工作。例如,做销售,在此过程中,大学生可以观察消费者的消费能力、消费观点、对公司产品及市场相关产品的评价等,掌握市场信息、预测市场需求、洞察市场空白,以市场指导生产。如果担任市场销售的学生团队领导,还可以借机向公司相关销售人员讨教经验,申请到生产现场参观等。担任学生领导,可以带领学生充分发挥团队协作能力,超额完成任务,积累人员管理、物流管理、财务管理等方面的实践基础经验。以后,从事相关的项目创业时,在市场方面便有了对照和参考。在其他内容的打工实践中,同样可通过简单的工作综合积累相关经验。

如果在自主创业的小公司、小企业中工作,那是最好不过的了。因为可以将所需知识和各个经营运作环节全面熟悉,而不会有盲点。熟悉之后要面对特定行业全面分析,以研究自己的长处和不足,并确定适合个人特点的做法。另外,即使是老板在赔钱,从某个角度说也是在为自己的成功准备经验。因为此时有充分的资料和机会来研究创业成败。这些资讯条件是外面的人永远得不到的。身在企业内部,用一个老板的眼光研究这些资讯,是在为自己做实地演习。同时还有足够的机会与老板一块交流,这是向老板学习的最好时机。因此,不要怕与老板交流、谈心,也不要不想、不愿说出内心的真实想法,但要注意分寸,不可自傲自大,不要忘记自己的身份,不能因为自己是大学毕业生而显示出比老板高一等。

那么,欲创业的大学生在创业实习、实践中具体应从哪些方面修炼自己,掌握自主创业的本领呢?

(1)了解和熟悉企业产品的生产工艺、原材料购进渠道、产品的销售渠道,这是欲创业者应具备的基本常识,即明确生产什么、如何生产、原材料从何而来、产品又如何销售出去等问题。

(2)了解该企业产品的特点、优势和劣势。不同企业生产的同类产品,除了有共同的基本功能外,通常都有各自的特色。应通过比较分析,博采众长,设计出更能满足消费者需要的产品,为创业做好产品准备。

(3)了解企业的机构设置和管理方式。企业管理界有一句话:"管理无定式"。意思是说企业的管理没有固定模式可循,因为不同行业、不同产品、不同的技术条件,甚至不同的地域和人文环境都会影响管理方式和组织机构的设置,所以,对未来企业的管理设想不能局限于理论或某一企业的模式,应了解现有企业的管理现状,分析不足,总结归纳,为欲创企业的管理做准备。

(4)预测市场前景。在企业各部门工作可以有机会观察市场的需求变化,预测产品的市场前景。因为任何一种产品都有其生命周期,在产品成长期投入该行业的风险最小。了解和掌握了这些规律,就会为成功创业打下良好的基础。

通过这一过程的锻炼,熟悉和了解该行业的现状及未来发展前景,当时机成熟时,就可以自立门户。

三、积极参与创业竞赛活动

（一）寻找竞赛信息

首先要做的就是了解获取竞赛信息的渠道，网络、书本等都是我们日常可用的途径。随着网络日益发达，我们可以运用搜索手段，找到我们需要的答案，在对大学生科技竞赛信息有了一个初步的了解之后，选择符合自己专业特长和兴趣所在的竞赛。

参加竞赛，需要提前了解、收集的关键信息主要包括大赛赛制、作品形式和评分标准、专业要求、近几届比赛获奖作品的信息、时间跨度等。

大赛的赛制、作品形式和评分标准，影响参赛者确定自己的参赛方式，但也可以帮助参赛者确定今后研究和努力的方向，参赛者清晰了解这些信息后可以最大限度地少走弯路。在实际生活中，有很多参赛者因不清楚赛制等规则方面的信息导致自己在比赛的时候陷入被动的局面，即使自己的作品再好也无法充分展现出来。

专业要求，可以帮助参赛者确定自己需要哪些方面的知识储备，比如在组建团队方面可以更好地进行相关专业队员的匹配、也可以和自己的实际情况进行对比，找到自己的专业短板，通过课堂内外的学习来丰富自己的知识储备。

近几届比赛获奖作品的信息，可以作为参赛者选题的参考，通过分析这些获奖作品，参赛者可以更直观地认识到这类比赛的考查点。参赛者通过对这些获奖作品共性的总结可以找到比赛鼓励和推崇的元素，通过对这些获奖作品不同点的分析可以找到创意的突破点、加分项，让自己的作品能形成差异化，并脱颖而出。

（二）寻找参赛项目

第一类是自己或是伙伴们符合市场需求的创业想法。例如，摩拜单车的创始人胡玮炜最初的想法是："我曾经想，如果自己是机器猫，想用单车的时候能从口袋里掏出来，不想用的时候又放回袋子里该多好啊"，这就是她的创业初心，后来 mobike 成立了。

第二类是在社会实践或教学实习活动中发现的市场痛点。例如，西北农林科技大学的学生田义在一次跟随老师下乡授课时，发现当地果农的水果滞销严重，她就产生了公益创业的想法，成立了杨凌农加电子商务有限公司，14 个月累计销售 1 480 万斤苹果，实现销售收入 2 817 万人民币，切实解决了果农的销售问题，项目也入围"互联网＋"大学生创新创业大赛全国总决赛。

第三类是老师科研成果转化的科技创新项目。例如，安徽农业大学植保学院的"安徽省病虫害监测预警平台"，就是由丁克坚教授团队的科研项目成果转化而来，获得了"创青春"全国大学生创业大赛的国家银奖。

（三）组建团队

第一，团队需要一个技术控。比如，做的是科技成果转化项目，团队中有个专业知识水平高的学霸是一个不错选择；又如，做一个 App 项目，计算机专业的高才生应该是团队挖掘的目标。

第二,团队需要一个美编。一个PPT制作高手和精通photoshop等平面设计软件的伙伴是值得邀请的对象,他可以让项目路演PPT和商业计划书排版耳目一新。

第三,团队需要一个财会小能手。他可以解决十分抓狂的财务报表制作问题,让财务预算更加合理。

第四,团队需要一个音质好、形象佳、气场足、思路清晰的答辩合伙人。他可以让项目多几分胜算。

第五,也是最重要的,要选好一个有情怀、有气度的队长。队员都是各个领域的佼佼者,当然会有各自的小脾气。海纳百川,有容乃大。队长的任务是智慧地把大家组成一个有战斗力的团队,让大家各施所长,披荆斩棘。

(四)寻找指导老师

一般在大型的比赛中指导教师的作用是非常大的,指导教师可以利用自己的专业水平、实践背景、资源协调能力、团队管理能力等为参赛学生提供实质性指导和建议,因此尽量找一位指导教师来协助完成比赛项目。

选择指导教师:

(1)专业相关度。专业相关度是非常重要的因素,因为在项目研究的过程中难免会遇到难以解决的问题,这个时候就需要指导教师引导参赛者突破难点。

(2)时间安排。要找有比较充足的课余时间的指导教师,这样反馈的问题能够得到及时回复,同时指导教师会有更多的精力关注项目进展。

(3)有大赛指导经验。有经验的指导教师能够为参赛者提供技能之外的经验指导,会让参赛者学到更多的比赛技巧以及了解更多的细节,从而让参赛者少走弯路。当然还有其他的,譬如指导教师有团队项目研究需要的资源等,这就需要具体问题具体分析,根据自己团队的需要来寻找指导教师。

(五)编写创业计划书

创业计划书(也称商业计划书)的编写要求及主要内容,详见本书第六章,这里不再赘述。

专栏9-3 大学生创业大赛

中国国际"互联网+"大学生创新创业大赛

(一)大赛介绍

1. 大赛简介

中国国际"互联网+"大学生创新创业大赛,由教育部与政府、各高校共同主办。

大赛旨在深化高等教育综合改革,激发大学生的创造力,培养造就"大众创业、万众创新"的主力军;推动赛事成果转化,促进"互联网+"新业态形成,服务经济提质增效升级;以创新引领创业、创业带动就业,推动高校毕业生更高质量创业就业。

2. 大赛目的

以赛促学,培养创新创业生力军。大赛旨在激发学生的创造力,激励广大青年扎根中国大地了解国情民情,锤炼意志品质,开拓国际视野,在创新创业中增长智慧才干,把激昂的青春梦融入伟大的中国梦,努力成长为德才兼备的有为人才。

以赛促教,探索素质教育新途径。把大赛作为深化创新创业教育改革的重要抓手,引导各类学校主动服务国家战略和区域发展,深化人才培养综合改革,全面推进素质教育,切实提高学生的创新精神、创业意识和创新创业能力。推动人才培养范式深刻变革,形成新的人才质量观、教学质量观、质量文化观。

以赛促创,搭建成果转化新平台。推动赛事成果转化和产学研用紧密结合,促进"互联网+"新业态形成,服务经济高质量发展,努力形成高校毕业生更高质量创业就业的新局面。

3. 奖项介绍

高教主赛道:中国大陆参赛项目设金奖50个、银奖100个、铜奖450个,中国港澳台地区参赛项目设金奖5个、银奖15个、铜奖另定,国际参赛项目设金奖40个,银奖60个、铜奖300个。另设最佳带动就业奖、最佳创意奖、最具商业价值奖、最具人气奖各1个;设高校集体奖20个、省市优秀组织奖10个(与职教赛道合并计算)和优秀创新创业导师若干名。

青年红色筑梦之旅赛道:设金奖15个、银奖45个、铜奖140个。设"乡村振兴奖""社区治理奖""逐梦小康奖"等单项奖若干。设"青年红色筑梦之旅"高校集体奖20个、省市优秀组织奖8个和优秀创新创业导师若干名。

职教赛道:设金奖15个、银奖45个、铜奖140个。设院校集体奖20个、省市优秀组织奖10个(与高教主赛道合并计算),优秀创新创业导师若干名。

萌芽赛道:设创新潜力奖20个和单项奖若干个。

(二)历届回顾

1. 第一届

以"'互联网+'成就梦想,创新创业开辟未来"为主题,在吉林大学成功举办,参赛项目主要包括"互联网+"传统产业、"互联网+"新业态、"互联网+"公共服务和"互联网+"技术支撑平台四种类型。大赛共吸引了31个省份及新疆生产建设兵团1 878所高校的57 253支团队报名参加,提交项目作品36 508个,参与学生超过20万人,带动全国上百万大学生投入创新创业活动。冠军项目是哈尔滨工程大学项目"点触云安全系统"。

2. 第二届

本届大赛主题为拥抱"互联网+"时代,共筑创新创业梦想。大赛自2016年3月启动,吸引了全国2 110所高校参与,占全国普通高校总数的81%,报名项目数近12

万个,参与学生超过 55 万人。冠军项目:西北工业大学"翱翔系列微小卫星"。

3. 第三届

2017 年 3 月 27 日,本届大赛正式启动。本届比赛增加了参赛项目类型,鼓励师生共创。本届主题为搏击"互联网+"新时代 壮大创新创业主力军。冠军项目:浙江大学杭州光珀智能科技有限公司研发的一代固态面阵激光雷达。

4. 第四届

本届大赛以"勇立时代潮头敢闯会创,扎根中国大地书写人生华章"为主题,于 2018 年 3 月 29 日在厦门全面启动。总决赛于 2018 年 10 月 13 日开赛。冠军项目:北京理工大学"中云智车——未来商用无人车行业定义者"项目。

5. 第五届

2019 年 6 月 13 日,本届大赛在浙江正式启动。大赛自 2015 年创办以来,累计有 490 万名大学生、119 万个团队参赛,覆盖了 51 个国家和地区。本届大赛共有来自全球五大洲 124 个国家和地区的 457 万名大学生、109 万个团队报名参赛,参赛项目和学生数接近前四届大赛的总和。冠军项目:清华大学交叉双旋翼复合推力尾桨无人直升机。

6. 第六届

2020 年 11 月 17—20 日,本届大赛在广东华南理工大学举行,大赛以"我敢闯、我会创"为主题。报名参赛项目与报名人数再创新高,内地共有 2 988 所学校的 147 万个项目、630 万人报名参赛;包括内地本科院校 1 241 所、科研院所 43 所、高职院校 1 130 所、中职院校 574 所。较之 2019 年,参赛项目与人数均增长 25%,红旅赛道项目数增幅 54%。中国港澳台地区报名参赛项目已超过 2019 年的总数,达到 256 个。冠军项目:北京理工大学"星网测通"。

7. 第七届

本届大赛于 2021 年 4 月至 10 月举办,总决赛于 2021 年 10 月 12 日开幕。本届大赛共有来自国内外 121 个国家和地区、4 347 所院校的 228 万余个项目、956 万余人次报名参赛。冠军项目:南昌大学的"中科光芯——硅基无荧光粉发光芯片产业化应用"。

"挑战杯"中国大学生创业计划竞赛

(一)大赛介绍

1. 简介

"挑战杯"中国大学生创业计划竞赛是一项全国性的竞赛活动,简称"小挑","挑战杯"中国大学生创业计划竞赛是由共青团中央、中国科协、教育部、全国学联主办的大学生课外科技文化活动中一项具有导向性、示范性和群众性的创新创业竞赛活动,每两年举办一届。根据参赛对象,分普通高校、职业院校两类。设科技创新和未来产业、乡村振兴和脱贫攻坚、城市治理和社会服务、生态环保和可持续发展、文化创意和区域合作五个组别。

2. 竞赛方式

大赛分校级初赛、省级复赛、全国决赛。校级初赛由各校组织,广泛发动学生参与,遴选参加省级复赛项目。省级复赛由各省(自治区、直辖市)组织,遴选参加全国

第九章 大学生创业

决赛项目。全国决赛由全国组委会聘请专家根据项目社会价值、实践过程、创新意义、发展前景和团队协作等综合评定金奖、银奖、铜奖等项目。大赛期间组织参赛项目参与交流展示活动。

3. 奖项介绍

全国评审委员会对各省(自治区、直辖市)报送的参赛作品进行复审,评出参赛作品总数的90%左右进入决赛。竞赛决赛设金奖、银奖、铜奖,各等次奖分别约占进入决赛作品总数的10%、20%和70%;各组参赛作品获奖比例原则上相同。

全国评审委员会将在复赛、决赛阶段,针对已创业(甲类)与未创业(乙类)两类作品实行相同的评审规则;计算总分时,将视已创业作品的实际运营情况,在其实得总分基础上给予1%~5%的加分。

(二) 历届回顾

1. 第一届

1999年,首届竞赛在北京成功举办,汇集了全国120余所高校近400件作品。大赛的举办使"创业"的热浪从清华园向全国扩散,在全国高校掀起了一轮创新创业的热潮,孕育了视美乐、易得方舟等一批高科技公司,产生了良好的社会影响。

2. 第二届

2000年,第二届竞赛在上海成功举办。大会共收到来自全国24个省137所高校的455件作品。在社会各界的关心支持下,一批创业计划进入实际运行操作阶段,技术、资本和市场的结合向更深的层次推进。

3. 第三届

2002年,第三届竞赛在杭州成功举办。竞赛成为2002西湖博览会的重要活动之一。竞赛组委会共收到来自全国29个省、自治区、直辖市244所高校的参赛作品共542件。据统计,部分参赛作品开赛前就吸引了部分风险投资,金额达10 400万元,其中签订合同的项目6件,签约金额4 640万元。决赛期间,正式签约项目4件,金额达5 760万元。其中,南京大学的"格霖新一代绿色环保空气净化器"商业计划获得了高达2 595万元的风险投资。

4. 第四届

2004年,第四届竞赛在厦门大学成功举办,则把大学生创业浪潮推向了新的高峰。来自全国29个省、自治区、直辖市276所高校的603件作品参加了竞赛,其中100件作品进入了终审决赛。台湾地区首次派队参加,香港特别行政区和澳门特别行政区的大学也应邀观摩。参加终审决赛的参赛学生达1 000余人,参加观摩的各界人士2 000余人,使"挑战杯"创业计划竞赛在短短4届、5年的时间里就达到了空前的规模。

5. 第五届

2006年第五届竞赛在山东大学成功举办,部分作品在赛前就受到社会各界尤其是企业界和风险投资界的关注。据统计,赛前共有13个参赛项目与25家企业达成投资意向,获得了5 921.35万元的风险投资。在终审决赛期间的投资意向洽谈会上,共有 3 个项目与 4 家企业正式签约,风险投资达 2 225 万元。该届竞赛得到了来自港澳台地区众多高校的热烈响应,香港地区首次正式参赛,共有来自香港地区的 9 所高校、澳门地区 1 所高校、台湾地区的 3 所高校前来参赛、参展、观摩。

6. 第六届

2008 年 11 月 16 日第六届竞赛决赛开幕式在四川大学举行,来自内地的 109 所高校的 150 支大学生团队以及港澳地区的 18 支大学生团队在角逐金银铜奖。

7. 第七届

本届竞赛共收到来自全国 374 所高校(含港澳台)的 640 项创业作品,参赛学生达 6 000 多名。比赛不仅要用展板、实物、资料、幻灯片和答辩等形式展示自己的设计成果,而且还要进行项目计划书评审、秘密答辩和"创业之星"网络虚拟运营竞赛。其中,"创业之星"网络虚拟运营竞赛是本届"挑战杯"新增的环节,它标志着这项全国性的大学生实践大赛已经开始由单纯的创业计划的撰写与答辩向创业计划如何有效实施转变。

8. 第八届

本届竞赛共有内地 152 所高校的 200 件作品进入全国决赛。竞赛评审委员会共评出金奖作品 65 件,银奖作品 135 件,铜奖作品 450 件。港澳地区共有 10 所大学的 23 件作品进入全国决赛,评出金奖作品 4 件,银奖作品 7 件,铜奖作品 12 件。本届竞赛期间,主办单位还设立了"网络虚拟运营"专项竞赛。共有 187 支参赛团队入围专项竞赛决赛,最终评出一等奖 20 个,二等奖 40 个,三等奖 98 个。

思考题: 查阅资料,参加上述大赛需要进行哪些准备?

第三节　大学生成功创业

一、大学生创业的方向选择

(一) 大学生创业要发挥自身优势

如今创业市场商机无限,但对资金、能力、经验都有限的大学生创业者来说,并非"遍地黄金"。在这种情况下,大学生创业只有根据自身特点,找准"落脚点",才能闯出一片真正适合自己的新天地。

1. 高科技领域

身处高新科技前沿阵地的大学生,在这一领域创业有着近水楼台先得月的优势,但并非所有的大学生都适合在高科技领域创业。一般来说,技术功底深厚、学科成绩优秀的大学生才更有成功的把握。有意在这一领域创业的大学生,可积极参加各类创业大赛,获得脱颖而出的机会,同时吸引风险投资。比如:软件开发、网页制作、网络服务、手机游戏开发等。

2. 智力服务领域

智力是大学生创业的资本，在智力服务领域创业，大学生游刃有余。例如，家教领域就非常适合大学生创业，一方面，这是大学生勤工俭学的传统渠道，积累了丰富的经验；另一方面，大学生能够充分利用高校教育资源，更容易赚到"第一桶金"。此类智力服务创业项目成本较低，一张桌子、一部电话就可开业。比如：家教、家教中介、设计工作室、翻译事务所等。

3. 连锁加盟领域

对创业资源十分有限的大学生来说，借助连锁加盟的品牌、技术、营销、设备优势，以较少的投资、较低的门槛实现自主创业。但连锁加盟并非"零风险"，在市场鱼龙混杂的现状下，大学生涉世不深，在选择加盟项目时更应注意规避风险。一般来说，大学生创业者资金实力较弱，适合选择启动资金不多、人手配备要求不高的加盟项目，从小本经营开始为宜；此外，最好选择运营时间在5年以上、拥有10家以上加盟店的成熟品牌。比如：快餐业、家政服务、校园小型超市、数码速印站等。

4. 开店

大学生开店，一方面可充分利用高校的学生顾客资源；另一方面，由于熟悉同龄人的消费习惯，入门较为容易。正由于走"学生路线"，因此要靠价廉物美来吸引顾客。此外，由于大学生资金有限，不可能选择热闹地段的店面，因此推广工作尤为重要，需要经常在校园里张贴广告或和社团联办活动，才能广为人知。比如：可在高校内部或周边地区开设餐厅、咖啡屋、美发屋、文具店、书店等。

（二）大学生的低成本创业

很多人都渴望创业，但苦于没有资金。想要创业，就必须考虑如何能低成本创业。那如何进行低成本的创业呢？必须要有心理准备，要有吃苦和百折不挠的精神，要勤奋，要有正确的方向和方法，要良好的规划和人生设计，要充分利用现有的资源，要发挥自己的主观能动性，要发挥自己的优势，扬长避短、要善于借势。下面列举几个低成本创业的例子。

（1）知识密集型的行业。这些行业，有特殊知识或技能的人可以低成本创业，不需要大的资金投资，只需要智力投资，如特有专长、管理才能、行销才能、专利等。这方面的例子很多。实际上，个人的智能和专长就是一种资源。

（2）劳动密集型的服务行业。这些行业主要依靠出卖劳动力，资本方面的投入非常少，如搬家公司、家政服务等。

（三）大学生首次创业选择好项目

当大学生创业者经过深思熟虑，决定进行自主创业后，项目的选择，尤其是第一个创业项目的选择非常重要，以下几个项目的选择可以作为参考：

（1）选择个人有兴趣或擅长的项目；

（2）选择市场消耗比较频繁或购买频率比较高的项目；

(3) 选择投资成本较低的项目；
(4) 选择风险较小的项目；
(5) 选择客户认知度较高的项目；
(6) 可先选择网络创业（免费开店），后进入实体创业项目。

(四) 大学生的曲线创业

先不考虑创业，在"打工"过程中创造个人品牌，如一些有名的职业经理人、行销专家、发明家等，然后利用自己的无形资产和别人的有形资产结合，达到无本创业、曲线创业的目的。

专栏9-4　大学生创业可以选择曲线创业

2012年，复旦大学计算机系毕业生俞孟昊终于拥有了属于自己的软件公司，他的团队正在开发一个网页游戏，已有几家风险投资方闻风而来。而这，距离他毕业已有三年多时间。

当年，小俞有三个选择：一是办软件公司，凭借已被业界认可的编程能力，圆创业梦想；二是接受对毕业生颇具诱惑力的过万月薪，就职于小型软件公司；三是投身业内大型企业。踌躇再三，小俞对自己说："一个编程天才，未必能当得了好老板。用一个管理者来衡量自己，我还差得太远，要学的还太多。"他决定先在大型IT企业中边工作边学习，学习一流的开发经验和大型项目的管理模式。三年"修行"，收获良多。如在学校跟导师做项目，可能随口说一个大概的时间，具体在哪些阶段做些什么心里都没谱。在大公司工作让他学会了精确评估开发项目所需的时间，然后将时间"拆分"，做到哪一天该干些什么都心中有数。自己做老板后，这种严谨的观念和精确的时间管理模式，让他和团队的效率和效益大大提高。

有志创业却不急于"开张"，毕业后先就业，为今后"当老板"积累更多经验和人脉——目前，已有不少大学毕业生选择这一"曲线模式"创业。有关专家指出，有针对性地就业，不失为一种很好的创业准备。

思考题：大学生曲线创业需要注意哪些问题？

二、大学生创业的筹划

(一) 大学生进行创业筹划的程序

很多成功创业者回顾历程的时候都会感慨"罗马不是一天建成的"，创业的成功可能就是很多次失败之后迎来的"雨后彩虹"，一次创业就成功的毕竟是少数。因此，

第九章 大学生创业

有志于创业的同学们一定要做好心理准备。

一次两次创业失败并不可怕，关键是要从中吸取经验教训，认真对待每一个机会，千万不要草率从事。图9-1展示了创业筹划的基本流程。

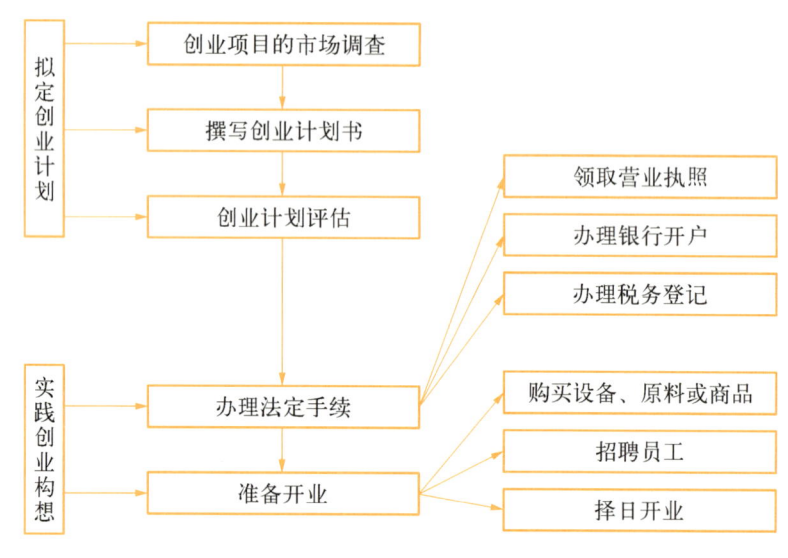

图 9-1 创业筹划的基本流程

（二）选择进入创业孵化器

大学生创业的规模一般都比较小，而且近年来在新兴的网络商务方面的项目很多，创业孵化器可以为大学生们提供良好的创业平台，进入之后借助平台的资源，创始企业可以快速度过婴儿期，有机会获得投资发展壮大。

创业孵化器是指为创业之初的公司提供办公场地、设备，甚至是咨询意见和资金的企业。通常是由大学、非营利性组织和风险投资家创建的，孵化器一般分为两种类型：

1. 托管型孵化器

面向的人群为初次创业者或高科技及互联网创业者。其提供的典型服务一般包括：免费或付费的办公场地、定期的创业培训、项目毕业路演培训、投资人对接等。托管型孵化器为创业者提供了企业生存的基础设施，使创业者可以全身心投入到产品的设计和研发中。例如，目前很多大学为支持大学生创业，都建立了创业园。园区以极低的价格将工位租给大学生创业者。这是典型的有政府支持的托管型孵化器。

此外，还有很多企业家、投资人为了支持创业、孵化优质的高科技及互联网项目，成立了私营的托管型孵化器。例如，联想旗下的联想之星孵化基地等。

2. 策划型孵化器

一般依托于大型的咨询策划公司，面向人群为有一定经济基础的多次创业者或者传统中小微企业家。入驻策划型孵化器的企业可以分为两类。一类是企业初创阶段找不到合适的商业模式而需要进行资源对接的企业。另一类是由于社会、经济环境的变化而遇到瓶颈需要转型的企业。这些企业家往往"身怀绝技",在某一领域内拥有一定的人脉、技术等资源,但是由于行业的局限或者未能及时顺应时代的潮流而陷入困境。

策划型孵化器依据其多年的企业服务经验,为企业提供一对一的咨询服务,通过自有基金直接投资或者对接外部投资机构投资,同时,策划型孵化器以企业联盟的形式搭建企业资源平台,共享孵化器的资本、咨询和人脉等资源。

专栏9-5 孵化器的历史与现状

1959年第一家孵化器"贝特维亚工业中心"在美国诞生,商业孵化器经过长期的发展,孵化模式已经比较成熟,获得了众多创业者的垂青。大名鼎鼎的YC孵化器平均每分钟就会收到一封创业者加入孵化器的申请书。加入知名孵化器甚至比进美国顶级商学院还要困难很多倍。中国1987年诞生了第一家孵化器——武汉东湖新技术创业中心,1999年诞生了第一家民营孵化器——南京民营创业中心。我国科技孵化器在大众创新创业方面有很好的基础。截至2019年,全国的科技企业孵化器已达5 206家。

思考题:大学生创业如何选择孵化器?

三、大学生创业应注意规避风险

大学生创业者要认真分析自己创业过程中可能会遇到哪些风险,这些风险中哪些是可以控制的,哪些是不可控制的,哪些是需要极力避免的,哪些是致命的或不可管理的。一旦这些风险出现,应该如何应对和化解。特别需要注意的是,一定要明白最大的风险是什么,最大的损失可能有多少,自己是否有能力承担并渡过难关。大学生创业应注意规避以下几个方面的风险:

(一)项目选择太盲目

大学生创业时如果缺乏前期市场调研和论证,只是凭自己的兴趣和想象来决定投资方向,甚至仅凭一时心血来潮做决定,一定会碰得头破血流。

大学生创业者在创业初期一定要做好市场调研,在了解市场的基础上创业。一般来说,大学生创业者资金实力较弱,选择启动资金不多、人手配备要求不高的项目,从小本经营做起比较适宜。

(二)缺乏创业技能

很多大学生创业者眼高手低,当创业计划转变为实际操作时,才发现自己根本不

第九章 大学生创业

具备解决问题的能力,这样的创业无异于纸上谈兵。一方面,大学生应去企业"打工"或实习,积累相关的管理和营销经验;另一方面,大学生应积极参加创业培训,积累创业知识,接受专业指导,提高创业成功率。

(三) 资金风险

资金风险在创业初期会一直伴随在创业者的左右。是否有足够的资金创办企业是创业者遇到的第一个问题。企业创办起来后,就必须考虑是否有足够的资金支持企业的日常运作。对于初创企业来说,如果连续几个月入不敷出或者因为其他原因导致企业的现金流中断,都会给企业带来极大的威胁。相当多的企业会在创办初期因资金紧缺而严重影响业务的拓展,甚至错失商机而不得不关门大吉。

另外如果没有广阔的融资渠道,创业计划只能是一纸空谈。除了银行贷款、自筹资金、民间借贷等传统方式外,还可以充分利用风险投资、创业基金等融资渠道。

(四) 社会资源贫乏

企业创建、市场开拓、产品推介等工作都需要调动社会资源,大学生在这方面会感到非常吃力。平时应多参加各种社会实践活动,扩大自己人际交往的范围。创业前,可以先到相关行业领域工作一段时间,通过这个平台,为自己日后的创业积累人脉。

(五) 管理风险

一些大学生创业者虽然技术出类拔萃,但理财、营销、沟通、管理方面的能力普遍不足。要想创业成功,大学生创业者必须技术、经营两手抓,可从合伙创业、家庭创业或从虚拟店铺开始,锻炼创业能力,也可以聘用职业经理人负责企业的日常运作。

长春大学张化勋在《大学生创业现状的思考》一文的相关调查中发现,大学生创业失败的最大原因是管理方面出了问题,其中包括:决策随意、信息不通、理念不清、患得患失、用人不当、忽视创新、急功近利、盲目跟风、意志薄弱,等等。特别是大学生知识单一、经验不足、资金实力和心理素质明显不足,更会增加在管理上的风险。

(六) 竞争风险

寻找蓝海是创业的良好开端,但并非所有的新创企业都能找到蓝海。更何况,蓝海也只是暂时的,所以,竞争是必然的。如何面对竞争是每个企业都要随时考虑的事,而对新创企业更是如此。如果创业者选择的行业是一个竞争非常激烈的领域,那么在创业之初极有可能受到同行的强烈排挤。一些大企业为了把小企业吞并或挤垮,常会采用低价销售的手段。对于大企业来说,由于规模效益或实力雄厚,短时间的降价并不会对它造成致命的伤害,而对初创企业则可能意味着彻底毁灭的危险。因此,考虑好如何应对来自同行的残酷竞争是创业企业生存的必要准备。

（七）团队分歧的风险

现代企业越来越重视团队的力量。创业企业在诞生或成长过程中最主要的力量来源一般都是创业团队，一个优秀的创业团队能使创业企业迅速地发展起来。但与此同时，风险也就蕴含在其中，团队的力量越大，产生的风险也就越大。一旦创业团队的核心成员在某些问题上产生分歧不能达到统一，极有可能会对企业造成强烈的冲击。

事实上，做好团队的协作并非易事。特别是与股权、利益相关联时，很多初创时很好的伙伴都会闹得不欢而散。

（八）核心竞争力缺乏的风险

对于具有长远发展目标的创业者来说，他们的目标是不断地发展壮大企业，因此，企业是否具有自己的核心竞争力就是最主要的风险。一个依赖别人的产品或市场来"打天下"的企业是永远不会成长为优秀企业的。核心竞争力在创业之初可能不是最重要的问题，但要谋求长远的发展，这就是最不可忽视的问题。没有核心竞争力的企业终究会被淘汰出局。

（九）人力资源流失风险

一些研发、生产或经营性企业需要面向市场，大量的高素质专业人才或业务队伍是这类企业成长的重要基础。防止专业人才及业务骨干流失应当是创业者时刻注意的问题，在那些依靠某种技术或专利创业的企业中，拥有或掌握这一关键技术的业务骨干的流失是创业失败的最主要风险源。

（十）意识上的风险

意识上的风险是创业团队最内在的风险。这种风险是无形的，却有强大的毁灭力。风险性较大的意识有：投机的心态、侥幸心理、试试看的心态、过分依赖他人、回本的心理等。

大学生创业是一条艰辛的道路，但是任何成功者都不是天生的，创业成功的重要原因之一就是开发了自己的无穷无尽的潜能。生命的最高境界，就是选对舞台，尽情挥洒才华。祝各位有志于创业的青年大学生们走出一条美丽的创业之路。

专栏 9-6　　大学生创业之互联网＋餐厅"饿了么"

张旭豪，"饿了么"网上订餐平台创始人。2009年4月在读期间与其同学创办饿了么网上餐厅。"饿了么"主要通过加盟餐厅的后台管理系统和前台网站页面的年服务费，交易额提成，竞价排名费用来盈利。

第九章 大学生创业

2009年,张旭豪决定只做网上订餐,他买下饿了么的域名,饿了么网站上线。最初的创业是快乐而又艰辛的,大家并肩奋战,尽情挥洒青春的激情,却也有碰壁、资金缺乏时的困惑。"饿了么"团队刚开始时承包过一家餐饮店的外卖业务,用来熟悉"行情"。作为团队的领头人,张旭豪几乎连续几个月每天只睡四到五个小时,经常亲自"披挂上阵"送外卖,狂风暴雨也从不间断。

2015年8月,饿了么获得6.3亿美元融资。后又有传闻,阿里巴巴和饿了么已于12月17日签署投资框架性协议,将要投资饿了么12.5亿美元。2018年4月2日,张旭豪担任饿了么董事长。2018年4月,阿里巴巴以95亿美元收购饿了么。2021年12月,张旭豪以55亿元人民币财富入选2021胡润U40青年企业家榜,位列第42位。

思考题:查阅资料,了解饿了么的创业过程,大学生创业应如何规避风险?

四、设计好创业路线

一般来说,大学生创业应该走一条面对现实,降低起点,先融入社会再寻求发展的道路,也就是"先就业,后择业,再创业"。这种观点虽然存在一定的争议,但对于有志于自主创业的大学生而言却是一条有效的创业路线。有了一段就业和择业的经历,自己各方面的能力都有所提高,当具备了创业的自信心和一定的主观条件,客观上时机也到来时,可以考虑走创业之路。这是一种完善自我、减少创业风险的好途径。但也不能苛求每个人都这样循规蹈矩,对有一定知识产权、发明创造的毕业生,可将自己的技术作为资本投入企业或自己开办公司直接进入创业阶段。

"先就业,后择业,再创业"的过程,是以职业流动观、创业观等取代就业观为基础,并符合市场经济发展规律的。这种就业观是一个有志有为青年在市场经济环境下奋力拼搏、追求发展、事业有成的鲜明写照,是人生事业发展的三部曲。

有了创业的志向,但主客观条件不具备时,可以先就业。即使从事的工作与你创业的志向不一致,也必须为了解决基本生活问题先稳定下来。当基本生活有了保障,并对现有工作不满意而再择业时,应进入欲创业的行业。目的是观察、了解和熟悉该行业。因为对特定行业熟悉是创业成功的基础。仔细观察各行各业,自主创业成功的关键只在"熟悉"二字。熟悉一个行业到一定程度,研究它的规律,具备比较成熟的业务关系和一定量的资金,你就可以自己创业了。

能够选择自己熟悉并感兴趣和喜欢的行业去创业,是最佳的。比尔·盖茨为什么选择了电脑而不改行?因为他喜欢电脑。沃伦·巴菲特为什么不建汽车厂?因为他熟悉金融市场,能从股票市场找到赚钱的感觉。有一条规律对有志创业者是有用的:<u>一年入行,二年入门,三年有小成</u>。如果不敢确定自己是天才,那么熟悉欲创业的行业,选择创业时机,预测创业结果,最终付诸行动,这条规律人人都可以作为参考。

由此可见,创业成功者的秘诀就是对创业领域的熟悉再加上勤奋和自信心。所以不要担心自己不如别人聪明能干,因为多数人的智商差别不大。许多工作、许多行业需要的是熟悉、熟悉、再熟悉,而不是天才。只有熟悉以后,才能总结出规律,找到成功的诀窍。

本 章 小 结

1. 大学生创业的优势是大学生创业充满激情、大学生创业知识含量高、大学生创业能学以致用、大学生创业得到各方支持。但同时也存在一些不足。

2. 大学生有志于创业就应该进行有针对性的准备，比如积极参加社会实践活动、投身于真正的创业进行实习、积极参与创业竞赛活动。

3. 大学生更需要从创业精神、创业意识、创业意志等方面去磨砺自己，这些品质对于大学生而言，即使不进行"狭义"的创业，即创办自己的企业，在常规的职业领域也是非常重要的。

课 堂 讨 论

1. 大学生创业的优势和劣势各是什么？
2. 大学生创业应该进行哪些准备？
3. 大学生创业筹划的程序有哪些？应该注意规避哪些风险？

案 例 分 析

助力"儿时的自己"[①]

2021年4月23日是第26个世界读书日。在我国偏远地区的乡村，即使面临课外读物不足的困境，依旧阻挡不住孩子们对阅读的喜爱与渴望。为了圆孩子们的阅读梦想，一本本图书，经由公益组织送到孩子们身边；一粒粒梦想的种子，开始生根、发芽、成长。

世界读书日前一天，毕业后公益基金创办人刘楠鑫收到同事的出行申请，目

---

① 公益图书馆(室)：点亮乡村读书梦[OL]．http：//www.rmzxb.com.cn/c/2021-04-27/2841312.shtml

第九章　大学生创业

的地是江西。这意味着,目前已接近1 600个项目点的"毕业后公益图书室",又将增添一名新成员。

5年来,在广州市白云区嘉禾街这个梦想开始的地方,刘楠鑫和那些同他一样曾经童年留守的团队伙伴,以书为媒,让全国各地近40万名"儿时的自己"共享阅读的力量。

"云南省昭通市永善县溪洛渡镇吞都村,我出生的地方。翻过村子对面的山头,就是四川大凉山。一山之隔,那时同样的土地贫瘠、交通闭塞。"刘楠鑫记得,小学时学识字,班上只有一本上届学生留下的新华字典,同学们将这本字典分成两半,翻得破破烂烂。

读四年级时,一次校长代课,无意中提起办公室放着几本朋友送来的课外书。在大家的怂恿下,趁着周末,当时极度内向的刘楠鑫和班上几个同学爬水管,从窗户偷偷进入校长办公室,拿到了一本《阿凡提的故事》。

"故事很短,一个下午就全部读完了。可我们反复看了好几遍,甚至在放牛、割猪草时也塞在裤腰带里,最后这本书被翻烂了,也没能送回去。"对精神食粮的渴望,贯穿着刘楠鑫整个童年时代,也在他内心悄悄播下一颗公益的种子,立志长大后要帮助像自己一样的乡村留守儿童,实现阅读的梦想。

2016年,刘楠鑫就读于广州大学的第二年。凭着一股初生牛犊不怕虎的闯劲儿和一封充满诚意的倡议书,他慢慢凝聚起500多名大学生的力量,发起"毕业后公益图书室"项目,捐赠优秀课外读物,改善乡村小学阅读条件,提升乡村孩子阅读品质。同年,在离广州较近的清远佛冈县一所小学内,第一间"毕业后公益图书室"应运而生。

"我想做一面旗帜,引领更多的人。"刘楠鑫介绍说,团队初建时力量不足,他们就组织了一场名为"千图计划"的活动,号召1 000名大学生加入,筹集2 000册课外书,帮助一所乡村学校搭建公益图书室。到最后,通过调集各方资源,"千图计划"让700余所乡村小学的孩子们感受到了阅读的快乐。

2019年,"毕业后"团队进一步规范书籍选择体系,建立了三类针对性书单:安全书单、情商书单、心理书单。所有的配书都是按照这三种类型进行分类,进一步做到了专业。

刘楠鑫说:"最大的嘉许来源于自我的肯定,最大的肯定来源于孩子们的真实受益。"现阶段,"毕业后"不再简单追求图书室的增量,团队规划的新的努力方向,是深层次解决留守儿童心智成长的难题,从阅读延伸到美育、科技等维度,发动志愿者借助线上线下陪伴,在孩子们的成长中给予温暖关爱。

思考题:

1. 你有计划进行创业吗?如果有,你认为自己成功的关键因素会是什么?如果没有,你认为是什么原因导致你做这样的决定?

2. 阅读本案例后,你认为创业的目的是什么?

主要参考文献

[1] KURATKOS.创业学[M].9版.薛志红,李静,译.北京:中国人民大学出版社,2014.

[2] 圣吉.第五项修炼:学习型组织的艺术与实践[M].张成林,译.北京:中信出版社,2018.

[3] 郝雨洁,陈天祥,王国颖.人力资源管理:理论与实务[M].广州:中山大学出版社,2023.

[4] 张帏,姜彦福.创业管理学[M].2版.北京:清华大学出版社,2018.

[5] 廖泉文.人力资源管理[M].3版.北京:高等教育出版社,2018.

[6] 诺伊,等.人力资源管理:赢得竞争优势[M].9版.刘昕,柴茂昌,译.北京:中国人民大学出版社,2018.

[7] 罗珉,曾涛,周思伟.企业商业模式创新:基于租金理论的解释[J].中国工业经济,2005(7).

[8] 波特.竞争优势[M].陈丽芳,译.北京:中信出版社,2014.

[9] 苗莉.基于企业内创业的企业持续成长研究[J].财经问题研究,2005(2).

[10] 彭剑锋.人力资源管理概论[M].3版.上海:复旦大学出版社,2018.

[11] 罗宾斯,库尔特.管理学[M].13版.刘刚,等,译.北京:中国人民大学出版社,2017.

[12] 姚裕群,姚清,周小舟.职业生涯规划[M].北京:科学出版社,2016.

[13] 杨俊.创业过程研究及其发展动态[J].外国经济与管理,2004(9).

[14] 叶余建.创业团队研究综述[J].技术经济与管理研究,2006(1).

[15] 张玉利,薛红志,陈寒松,等.创业管理[M].5版.北京:机械工业出版社,2020.

[16] 顾庆良.企业家和创新创业精神[M].北京:北京大学出版社,2016.

[17] 李家华,郭朝辉.大学生创新创业基础[M].北京:高等教育出版社,2020.

[18] 李家华,雷玉梅,黄杰.大学生职业发展与就业指导[M].北京:高等教育出版社,2022.

[19] 李华晶.创业管理[M].北京:机械工业出版社,2021.

[20] 王关义,刘益,刘彤,等.现代企业管理[M].5版.北京:清华大学出版社,2019.

[21] 斯皮内利,亚当斯.创业学:21世纪的企业家精神[M].蒂蒙斯创业学研习社,译.北京:机械工业出版社,2022.

[22] 葛建新.商业模式[M].北京:高等教育出版社,2020.
[23] 刘昕.人力资源管理[M].4版.北京:中国人民大学出版社,2020.
[24] 韩树杰.创业地图:商业计划书与创业行动指南[M].北京:机械工业出版社,2020.
[25] 吕爽,杨娟,陈迎阳.创业行动[M].北京:清华大学出版社,2022.
[26] 梅强.创业计划[M].北京:高等教育出版社,2018.
[27] 杜鹏,樊帅.服务创业管理[M].北京:清华大学出版社,2022.
[28] 王忠勇,朱国贞.工程创新创业基础[M].北京:高等教育出版社,2021.
[29] 杨俊,朱沆,于晓宇.创业研究前沿:问题、理论与方法[M].北京:机械工业出版社,2022.

教师教学资源服务指南

关注微信公众号"**高教财经教学研究**",可浏览云书展了解最新经管教材信息、申请样书、下载课件、下载试卷、观看师资培训课程和直播录像等。

课件及资源下载

电脑端进入公众号点击导航栏中的"教学服务",点击子菜单中的"资源下载",或浏览器输入网址链接http://101.35.126.6/,注册登录后可搜索相应资源并下载。

样书申请及培训课程

点击导航栏中的"教学服务",点击子菜单中的"云书展",了解最新教材信息及申请样书。

点击导航栏中的"教师培训",点击子菜单中的"培训课程"即可观看教师培训课程和"名师谈教学与科研直播讲堂"的录像。

联系我们

联系电话:(021)56718921

高教社管理类教师交流QQ群群号:248192102

郑重声明

高等教育出版社依法对本书享有专有出版权。任何未经许可的复制、销售行为均违反《中华人民共和国著作权法》，其行为人将承担相应的民事责任和行政责任；构成犯罪的，将被依法追究刑事责任。为了维护市场秩序，保护读者的合法权益，避免读者误用盗版书造成不良后果，我社将配合行政执法部门和司法机关对违法犯罪的单位和个人进行严厉打击。社会各界人士如发现上述侵权行为，希望及时举报，我社将奖励举报有功人员。

反盗版举报电话　（010）58581999　58582371
反盗版举报邮箱　dd@hep.com.cn
通信地址　北京市西城区德外大街 4 号　高等教育出版社知识产权与法律事务部
邮政编码　100120